I0759483

MI TIEMPO CON DIOS

PARA CHICOS

BroadStreet
ESPAÑOL

BroadStreet Español
Savage, Minnesota, E.U.A.
BroadStreet Español es una marca editorial de BroadStreet Publishing Group, LLC
BroadStreetPublishing.com

MI TIEMPO CON DIOS PARA CHICOS

Derechos de edición en español, © 2024 por BroadStreet Publishing®
Publicado originalmente en inglés con el título *A Little God Time for Boys*,
© 2021 por BroadStreet Publishing®

ISBN: 978–1–4245–6874–1 (piel símil)
e–ISBN: 978–1–4245–6875–8 (libro electrónico)

Devociones escritas por Natasha Marcellus.

Todos los derechos reservados. Ninguna parte de esta publicación puede ser reproducida, distribuida o transmitida en cualquier forma o por cualquier medio, incluyendo fotocopias, grabaciones u otros métodos electrónicos o mecánicos, sin el permiso previo por escrito de la editorial, excepto en el caso de breves citas incorporadas en revisiones críticas y ciertos otros usos no comerciales permitidos por la ley de derechos de autor.

A menos que se indique lo contrario, las escrituras son tomadas de la Santa Biblia, NUEVA VERSIÓN INTERNACIONAL® NVI® © 1999, 2015 por Biblica, Inc.® Usada con permiso de Biblica, Inc.® Todos los derechos reservados en todo el mundo. / Las escrituras marcadas como «NTV» son tomadas de la Santa Biblia, Nueva Traducción Viviente, © 2010 por Tyndale House Foundation. Usada con permiso de Tyndale House Publishers, Inc., 351 Executive Dr., Carol Stream, IL 60188, Estados Unidos de América. Todos los derechos reservados. / Las escrituras marcadas como «RVC» han sido tomadas de la versión Reina Valera Contemporánea® © Sociedades Bíblicas Unidas, 2009, 2011. Todos los derechos reservados. / Las escrituras marcadas como «DHH» son tomadas de la Biblia Dios habla hoy®, Tercera edición © 1966, 1970, 1979, 1983, 1996 por Sociedades Bíblicas Unidas. Usada con permiso. / Las escrituras marcadas como «NBV» son tomadas de la Nueva Biblia Viva © 2006, 2008 por Biblica, Inc.® Usada con permiso de Biblica, Inc.® Todos los derechos reservados en todo el mundo. / Las escrituras marcadas como «PDT» son tomadas de La Biblia: La Palabra de Dios para Todos (PDT) © 2005, 2008, 2012, 2015 por Centro Mundial de Traducción de la Biblia. Usada con permiso.

Diseño por Garborg Design Works | garborgdesign.com
Traducción, adaptación del diseño y corrección en español por LM Editorial Services | lmeditorial.com | lydia@lmeditorial.com con la colaboración de Belmonte Traductores (traducción) y Candace Ziegler (tipografía)

Impreso en China / Printed in China

24 25 26 27 28 29 * 6 5 4 3 2 1

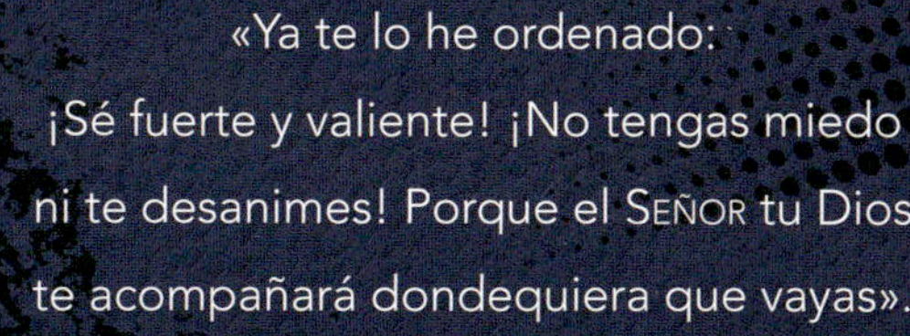

«Ya te lo he ordenado:
¡Sé fuerte y valiente! ¡No tengas miedo
ni te desanimes! Porque el Señor tu Dios
te acompañará dondequiera que vayas».

Josué 1:9

INTRODUCCIÓN

Cada persona tiene un propósito en esta vida. A medida que pases tiempo con Dios, aprenderás más sobre quién eres y para qué fuiste creado.

Este devocionario está escrito específicamente para chicos como tú. Te enseña que Dios es fuerte, confiable y bueno. Te anima a caminar cerca de Él, a tomar decisiones sabias, a servir a otros, y a ser valiente con respecto a quién tú eres.

Dios te creó con un propósito. Eres importante para Él, y quiere tener una relación especial contigo. No hay nadie como tú, ¡y Él se deleita al llamarte su hijo! Deja que Dios llene tu corazón con propósito a medida que pasas un ratito con Él cada día.

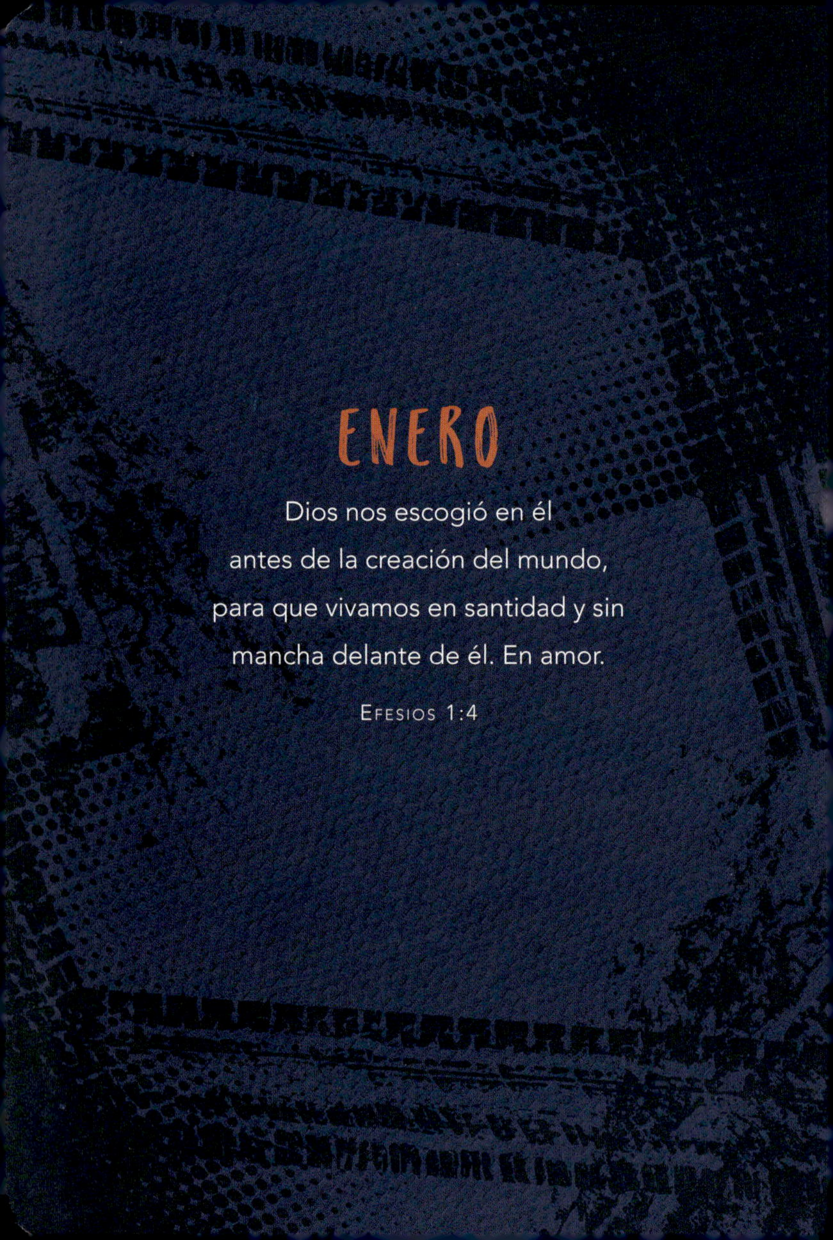

ENERO

Dios nos escogió en él
antes de la creación del mundo,
para que vivamos en santidad y sin
mancha delante de él. En amor.

Efesios 1:4

UNA NUEVA CREACIÓN

Esto significa que todo el que pertenece a Cristo se ha convertido en una persona nueva. La vida antigua ha pasado; ¡una nueva vida ha comenzado!

2 Corintios 5:17 NTV

En mitad del invierno puede que nos parezca que nunca llegará la primavera. Sin importar cuántos días helados queden aún por llegar, sueñas con cuán emocionante y refrescante será el tiempo primaveral. Todo a tu alrededor se llenará de calidez y brotará la vida. Florecerán las plantas, nacerán niños, la hierba se pondrá verde, y sentirás el sol en tu rostro mientras corres al aire libre. El mundo se renueva otra vez.

Cuando perteneces a Cristo, tu vida es como el mundo en primavera. Es nuevo. Te has convertido en una criatura distinta. Tu corazón ha sido renovado y está lleno de vida. El amor de Dios te ha transformado al igual que el mundo se transforma en cada nueva estación. Hoy mismo, alégrate por tener una vida nueva en tu interior. Pídele a Dios que te renueve ¡y te haga sentir vivo otra vez! No tienes que seguir siendo como eras antes.

Gracias, Dios, por hacerme nuevo. Ayúdame a recordar que tú me ves a través de Jesús. Cuando esté desanimado, recuérdame que soy tuyo.

QUÉDATE QUIETO

¡Quédense quietos y sepan que yo soy Dios!
Toda nación me honrará.
Seré honrado en el mundo entero.
SALMOS 46:10 NTV

¿Alguna vez te sientes ansioso o frustrado? Hay muchas cosas en tu vida que no puedes controlar, y probablemente tus padres toman muchas decisiones por ti. A pesar del poco control que tienes, puedes elegir estar tranquilo y reconocer quién es Dios.

Puedes sentarte por un momento y recordar que Dios está en control. Él es quien conoce todos tus días. Puedes adorarlo sin importar todo lo que esté sucediendo en tu vida. A pesar de cuán frustrado puedas estar, puedes alabarlo. Puedes elegir responder a Dios con adoración y admiración. Es decisión tuya amar a Dios con tus acciones, palabras y actitudes. Aunque todo a tu alrededor parezca una locura, puedes estar quieto y saber quién es Dios.

Jesús, no importa cuán estresado me sienta, puedo elegir alabarte. Cuando me sienta abrumado o fuera de control, ayúdame a elegir adorarte.

ORA POR TODO

No se preocupen por nada;
en cambio, oren por todo.
Díganle a Dios lo que necesitan
y denle gracias por todo lo que él ha hecho.

FILIPENSES 4:6 NTV

¿Sabías que a Dios le importan tus problemas? Por muy grandes o pequeños que sean, a Dios le importan. Si estás frustrado en la escuela, le importa. Si tu familia está atravesando un tiempo difícil, le importa. Si no te gusta lo que hay para cenar, le importa. No hay nada en tu vida que a Dios no le importe. Nada es demasiado pequeño para que Él lo observe o demasiado grande para que lo pueda manejar.

Él quiere que sepas que te ama y que cuidará de ti. Quiere que compartas tus problemas con Él. Incluso si piensas que es una tontería, quiere que hables con Él sobre tu día, tanto de los buenos momentos como de los difíciles. Cuando le hablas, Él puede sustituir tu preocupación por paz, y puedes darle gracias por su bondad.

Gracias, Dios, porque puedo hablar contigo. Gracias por interesarte por mí y por ocuparte de mis preocupaciones. Enséñame a orar por todo en lugar de preocuparme por lo que necesito o quiero.

MANTENTE FIRME

A aquel que es poderoso para guardarlos
sin caída y presentarlos
sin mancha delante de su gloria
con gran alegría.
JUDAS 1:24

Imagina que vas caminando por un sendero en el bosque. Parte de tu camino desciende por algunas rocas. Mientras te concentras para mantener tu equilibrio, tratas de acercarte a los árboles o ramas que estén a tu alrededor. No quieres caerte, así que buscas algo que te ayude a mantener tus pasos firmes.

En tu vida diaria, Dios te mantiene firme. Agarrarte a Él evitará que te caigas, al igual que agarrar una rama te ayuda a mantener la estabilidad al caminar por el sendero. Tal vez te sientes inestable porque estás teniendo dificultades en la escuela, o quizá te resulta difícil mantener una buena actitud. Puede que tengas un problema con un amigo o que tu familia esté atravesando un momento difícil. Sea cual sea la razón de tus dificultades, Dios puede mantenerte firme. Extiende tu mano hacia Él y pídele ayuda.

Dios, gracias por mantenerme firme. Tú eres quien me ayuda a no caer. Cuando estoy pasando por momentos difíciles, sé que puedo contar contigo.

COMPARTIR BUENAS NOTICIAS

A la verdad, no me avergüenzo del evangelio, pues es poder de Dios para la salvación de todos los que creen.
ROMANOS 1:16

Cuando compartes el evangelio, estás dando un regalo maravilloso. Puede que te sientas nervioso o que no sepas bien qué decir, pero no tienes que avergonzarte. Hablar acerca de Jesús con alguien puede cambiar su vida. El evangelio es realmente una buena noticia, y cuando tienes algo bueno, ¡quieres compartirlo!

Imagina tener un pastel de cumpleaños, pero a nadie con quien compartirlo. Imagina tener un cuarto lleno de regalos, pero no tener a nadie con quien jugar. Cuando tienes cosas buenas, lo mejor es compartirlas. No es divertido quedarse con cosas buenas solamente para ti. Hoy, pídele a Dios que te enseñe a compartir su amor con alguien. Él te dará valentía y las palabras adecuadas que decir. Te ayudará incluso si te sientes nervioso.

Gracias, Dios, por el regalo del evangelio. Ayúdame a compartirlo con los que me rodean. Dame las palabras correctas que decir y ayúdame a que mis acciones muestren cuánto tú amas a las personas. No quiero quedarme con las cosas buenas solamente para mí.

ENFOCA TU CORAZÓN

Concéntrense en todo lo que es verdadero,
todo lo honorable, todo lo justo, todo lo puro,
todo lo bello y todo lo admirable.
Piensen en cosas excelentes
y dignas de alabanza.

FILIPENSES 4:8 NTV

Te conviertes en aquello en lo que piensas, en lo que escuchas y en lo que ves. Por eso la Biblia dice que te enfoques en lo que es verdadero, justo, puro y bello. Si te centras en lo negativo, también te volverás así. Si descubres que tus pensamientos están llenos de preocupación, negatividad o envidia, sentirás que tu corazón está cargado.

Un corazón enfocado en lo bueno está lleno de paz. Una manera de concentrarte en lo verdadero es practicar la gratitud. Cuanto más practiques ver las cosas buenas en tu vida, más fácil será enfocarte en lo que es bueno. Hoy, pídele a Dios que te ayude a mantener tu mente enfocada en lo que es bueno.

Quiero que mis pensamientos te honren, Dios. Muéstrame dónde me estoy enfocando en cosas negativas. Gracias por ayudarme siempre cuando lo necesito. Ayúdame a practicar la acción de gracias como un modo de concentrarme en lo verdadero.

PAZ DE JESÚS

Y que la paz que viene de Cristo gobierne en sus corazones.

COLOSENSES 3:15 NTV

¿Qué significa que la paz de Cristo gobierne en tu corazón? Significa que la paz es la que está al mando. La paz es el sentimiento más grande, fuerte e importante dentro de tu corazón. La paz le dice al miedo que se vaya. La paz le dice a la preocupación que no es bienvenida. Cuando la paz está gobernando, estarás consciente constantemente de dónde viene esa paz.

La paz viene de poner tu fe en Jesús. La paz viene al saber que Cristo murió por ti, resucitó de entre los muertos y volverá otra vez. La paz viene de saber que no hay ningún problema en esta tierra que pueda cambiar la verdad de quién es Jesús. En este día, deja que la paz tome el control de tu corazón. Permite que la paz le diga a todo temor y pensamiento ansioso que se vayan. Jesús es tan grande ¡que no hay espacio para nada más!

Jesús, gracias por tu paz. Quiero que la paz gobierne en mi corazón. No quiero que haya espacio para el miedo. Enséñame a permitir que la paz esté a cargo. Gracias porque tu verdad nunca cambia.

CREADOS A IMAGEN DE DIOS

Con la lengua
bendecimos al Dios y Padre,
y con ella maldecimos a los seres humanos,
que han sido creados a imagen de Dios.
SANTIAGO 3:9 RVC

Tú eres creado a imagen de Dios. Esto significa que fuiste hecho para parecerte a Dios. ¿Lo sabías? Cada parte de ti es preciosa y está hecha para reflejar quién es Dios. Él es bueno, lo que significa que todas sus creaciones son también buenas.

Si estás hecho a la imagen buena y perfecta de Dios, entonces también lo está cada persona. Cada individuo a quien ves o con quien hablas es un reflejo de Dios, al igual que tú. No importa cuán diferente sea alguien de ti, es una creación de Dios perfecta y buena. Tu amor por personas de todas las formas, colores, tamaños y edades proviene de tu amor por Dios. Cuando amas a las personas incluso cuando son diferentes a ti, muestras el amor de Dios. Si amas a Dios, también debes amar a su gente.

Dios, tú creaste a todos a tu imagen. Ayúdame a ver a las personas como tú las ves: preciosas y buenas. Enséñame a amar a todos por igual, sin importar cuán diferentes sean de mí.

UNA OBRA MAESTRA

Pues somos la obra maestra de Dios.
Él nos creó de nuevo en Cristo Jesús,
a fin de que hagamos las cosas buenas
que preparó para nosotros tiempo atrás.
EFESIOS 2:10 NTV

¿Alguna vez trabajaste muy duro, realmente duro en un proyecto? Cuando terminaste, ¿te sentiste orgulloso de lo que creaste? Probablemente estabas contento por el esfuerzo que le dedicaste. Tal vez querías contárselo a todos porque estabas muy orgulloso de ello.

Tú eres la obra maestra de Dios, y Él está muy orgulloso de ti. Eres su creación más preciosa. Él ha hecho todo lo que puedes ver y, sin embargo, sigues siendo su creación favorita. Tienes más valor para Él que el amanecer más hermoso, la montaña más majestuosa y el ecosistema más complicado. Fuiste creado de forma maravillosa, y Dios está contento con cómo te hizo. Cuando sientas que no eres importante, recuerda que eres una obra maestra. Tienes un propósito especial.

Dios, ¡gracias por crearme! Sé que estás orgulloso de mí. Recuérdame que soy importante porque tú me hiciste. Cuando me sienta mal conmigo mismo, recuérdame que fui creado maravillosamente.

MÁS QUE APRENDER

Dios mío, ¡cuán preciosos
me son tus pensamientos!
¡Cuán vastos son en su totalidad!
Si los contara, serían más que la arena.
SALMOS 139:17–18 RVC

¿Podrías imaginar cuántos granos de arena hay en el mundo? ¿Podrías contar incluso un puñado de arena? Sería un número muy grande. Contar granos de arena es como intentar contar los pensamientos de Dios. ¡Es imposible! Podrías pasar toda tu vida intentando entender lo que Dios piensa, y aun así no habría tiempo suficiente.

Siempre habrá algo que puedas aprender acerca de Dios. Nunca puedes saber lo suficiente acerca de Él. Nunca llegará un momento en tu vida en el que termines de conocerlo. Él es demasiado grande y magnífico. Esto es alentador porque significa que no te aburrirás al intentar conocerlo. También significa que no hay espacio para el orgullo. Incluso alguien que ha estado siguiendo a Dios por cincuenta años todavía tiene algo que aprender.

Dios, estoy contento de tener tiempo para conocerte. Me alegra que no se me agotarán las cosas que hacer a la hora de buscarte. Gracias por la emocionante aventura de aprender acerca de ti.

POR TI MISMO

Él fortalece al cansado
y acrecienta las fuerzas del débil.
ISAÍAS 40:29

Dios te ve a ti y tus necesidades, y le encanta ayudar. Cuando estés cansado, pídele fuerzas. Cuando te sientas débil, pídele poder. Él es mejor cuidando de ti que cualquier otra persona en el mundo. Te ama y quiere que dependas de Él para lo que necesitas.

Esto significa pedirle ayuda en lugar de intentar resolver un problema por ti mismo. En tus fuerzas hay muchas cosas que no puedes hacer. Con Dios de tu lado, tienes todo lo que necesitas. ¡Tienes acceso al Creador de todo el universo! Tiene sentido pedirle ayuda. Hoy, cuando enfrentes un problema, pídele a Dios que te ayude. Acude a Él con fe, sabiendo que puede hacer lo que necesitas. Cree que su fuerza es lo suficientemente grande para proveerte. Confía en que, cuando acudas a Él, te responderá.

Dios, gracias por darme todo lo que necesito. Sé que puedes fortalecerme y que mi poder viene de ti. Ayúdame a depender de ti cuando necesite ayuda. No quiero intentar hacerlo todo por mí mismo.

ÉL ES MÁS SABIO

No te dejes impresionar por tu propia sabiduría.
En cambio, teme al Señor y aléjate del mal.
Entonces dará salud a tu cuerpo
y fortaleza a tus huesos.

Proverbios 3:7–8 NTV

¿Alguna vez hiciste algo que pensabas que era correcto, pero resultó ser incorrecto? A veces, cuando creemos que estamos tomando la decisión correcta, en realidad no comprendemos toda la situación. A menudo, las personas creen que son más sabias de lo que realmente son.

Lo más inteligente que puedes hacer es confiar en que Dios es más sabio que tú. Su sabiduría es grande, y Él siempre sabe lo que es mejor. Él puede ver cada parte de tu vida y sabe exactamente lo que deberías hacer. Cuando confías en Él para guiarte, será fiel en enseñarte lo que es correcto. No puedes equivocarte con Él como tu maestro. En todas las cosas, busca la sabiduría de Dios. A Él le encanta ayudar a sus hijos. En ningún momento se frustrará porque le pidas ayuda.

Dios, ¡tu sabiduría es grande! Sé que eres el mejor maestro que tengo. Ayúdame a depender más de tu sabiduría que de la mía. Tú sabes lo que es mejor, y quiero incluirte en todas mis decisiones.

SÉ UN ANIMADOR

Los rumores son deliciosos bocaditos que penetran en lo profundo del corazón.
PROVERBIOS 18:8 NTV

¿Sabes qué es el chisme? Es hablar sobre una persona o situación que no tiene que ver contigo. A veces, la gente hace chismes porque les hace sentir mejor consigo mismos. Puede ser tentador hablar sobre otras personas, pero también puede ser muy dañino. Imagina cómo te sentirías si descubrieras que tus amigos están diciendo cosas crueles o falsas acerca de ti cuando no estás presente.

Parte de ser un buen amigo es honrar a los demás con tus palabras. Pueden parecer inofensivas, pero tus palabras tienen poder. Úsalas para animar a otros, no para hablar de ellos a sus espaldas. Cuando hablas con bondad, honras a las personas y a Dios.

Gracias, Dios, por enseñarme a amar a los demás. Ayúdame a ser respetuoso y amable con mis palabras, incluso cuando el chisme pueda parecer divertido. Ayúdame a defender a los demás cuando escuche chismes y a honrarte a ti con lo que digo.

ESCOGER A LOS AMIGOS

El justo es guía de su prójimo,
pero el camino del malvado lo hace errar.
PROVERBIOS 12:26

¿Alguna vez has visto a un animal huérfano criado por otro animal diferente? Hubo una vez una cabrita a la que su mamá abandonó. Esta cabrita se encariñó mucho con un perro. A medida que la cabrita crecía, actuaba cada vez más como un perro porque el perro era la influencia principal en su vida. Nunca aprendió a ser una cabra.

Es chistoso de ver, y también muestra que te vuelves como las personas y los amigos con quienes pasas tiempo. Cuando pasas mucho tiempo con alguien, comienzas a ser como esa persona. Por eso es importante elegir a tus amigos con cuidado. Deberíamos amar a todos, pero las personas con las que pasamos más tiempo deberían ser amables, alentadoras, y ayudarnos a crecer en nuestra relación con Dios. ¡Los buenos amigos son un gran regalo!

Jesús, gracias por los buenos amigos. Ayúdame a elegir sabiamente a mis amigos. Muéstrame cómo están influyendo en mis decisiones. Ayúdame a ser el tipo de amigo que levanta a los demás y los anima.

LISTA DE ERRORES

El que perdona la ofensa cultiva el amor;
el que insiste en la ofensa divide a los amigos.

PROVERBIOS 17:9

Dios no lleva un registro de los errores, y nosotros tampoco deberíamos hacerlo. Imagina que tienes una pelea con tu amigo. Él dice algo que te lastima, y tú le respondes de manera hiriente. Se disculpan mutuamente y se piden perdón. Una vez que han sanado su amistad, no es bueno seguir sacando el tema. Sería perjudicial para su amistad si sigues recordándole cómo te hizo algo malo aquella vez.

Por eso la Biblia nos recuerda que debemos cubrir la ofensa con amor. Esto significa que tu amor por tu amigo es más importante que la pelea. Cuando amas a alguien, no llevas un registro de todos sus errores. Así es como Dios nos ama. Pedimos perdón, y Él no tiene una lista. Él aleja nuestros pecados y no se acuerda más de ellos.

Dios, quiero ser alguien que perdona rápidamente y ama bien. Ayúdame a no tener una lista de errores. Ayúdame a recordar cómo me amas. Gracias por perdonarme y apartar todas las cosas que he hecho mal.

PADRE Y CREADOR

«Observen cómo crecen los lirios del campo: no trabajan ni hilan, y aun así ni el mismo Salomón, con toda su gloria, se vistió como uno de ellos».

MATEO 6:28 RVC

¿Alguna vez tu mamá o tu papá te hicieron algo que te gustó mucho? Piensa en una ocasión en la que tu mamá cocinó una comida deliciosa solo para ti, para que pudieras disfrutarla. Tal vez tu papá te ayudó a construir un set de Lego para que pudieras jugar con él. Ellos te aman, y les encanta cuando disfrutas de lo que han hecho.

De la misma manera, Dios hizo el mundo hermoso para que pudiéramos disfrutarlo. No tenía que crear flores ni montañas. No tenía que crear praderas ondulantes ni playas arenosas. La belleza que ves en la naturaleza es un recordatorio de quién es Dios. Él hizo un mundo amplio y maravilloso para que lo disfrutemos. Todo lo que ha creado nos recuerda que es un papá bueno a quien le encanta ver felices a sus hijos. Cuando veas cosas hermosas, ¡da gracias a Dios por ellas! Alábalo por el mundo que te rodea. Hoy, piensa en tus partes favoritas de la creación y da gracias a Dios por ellas.

Dios, ¡gracias por todo lo que has creado! Ayúdame a pensar en tu bondad y amabilidad cuando vea todo lo que has hecho. No tenías que hacer el mundo hermoso, pero lo hiciste. ¡Gracias por ser un padre tan generoso!

ÉL TE VE

SEÑOR, tú me examinas y me conoces.
Sabes cuándo me siento y cuándo me levanto;
aun a la distancia me lees el pensamiento.
SALMOS 139:1–2

¿Alguna vez te sientes solo o incomprendido? A veces puede ser difícil comunicar cómo te sientes. Es difícil encontrar las palabras adecuadas para compartir lo que hay dentro de tu corazón y de tu mente. Cuando estás enojado, puede ser muy frustrante que las personas a tu alrededor no te entiendan.

Incluso cuando los que te rodean no te entiendan, Dios sí lo hace. Él sabe exactamente lo que hay en tu corazón. Él conoce todo acerca de ti sin que tengas que explicárselo. En Dios, eres completamente conocido y completamente amado. No hay ninguna parte de ti que le resulte confusa. A pesar de cuán solo te sientas, Dios está contigo. Él te conoce. La próxima vez que te sientas incomprendido, recuerda que Dios te entiende. Anímate al saber que Dios te conoce muy bien.

Gracias por conocerme, Dios. Gracias por estar cerca de mí todo el tiempo y por entenderme siempre. Ayúdame a recordar que estás cerca y que siempre estás consciente de mí.

NUNCA CANSADO

Pero los que confían en el SEÑOR
renovarán sus fuerzas;
levantarán el vuelo como las águilas,
correrán y no se fatigarán,
caminarán y no se cansarán.

ISAÍAS 40:31

¿Hasta dónde puedes correr antes de que tus piernas se cansen? ¿Puedes recorrer una milla? ¿Qué tal diez? ¿Y cien? ¿Te imaginas cómo sería correr y no cansarte nunca? Dios dice que, cuando pones tu esperanza en Él, es como correr sin cansarte nunca. Esta esperanza se produce cuando sirves al único Dios cuyo Hijo Jesús murió por tus pecados y resucitó de entre los muertos.

Cuando esa verdad es tu esperanza, correrás y no te cansarás. La verdad de Dios permanecerá para siempre. No hay nada más fuerte en lo que puedas poner tu esperanza. Cuando tu esperanza está en Dios, es segura, sólida y firme. Toma un momento hoy para pensar en lo que te da más esperanza. Si tu esperanza está en algo que no sea Dios, pídele que te ayude a cambiar de idea.

Gracias, Dios, porque mi esperanza está segura en ti. Ayúdame a poner mi esperanza en tu verdad. Muéstrame cuando esté poniendo mi esperanza en cosas que no durarán. Sé que, cuando mi esperanza está en ti, me haces fuerte.

ESCUCHA Y HAZ

El que oye la palabra, pero no la pone en práctica es como el que se mira a sí mismo en un espejo: se ve a sí mismo, pero en cuanto se va, se olvida de cómo es.

SANTIAGO 1:23–24 RVC

Probablemente puedas recordar una ocasión en la que tu mamá o tu papá te pidieron que hicieras algo y no escuchaste. Tal vez te dijeron que agarraras tu abrigo antes de salir de la casa, pero saliste corriendo al auto sin él. Más tarde, te diste cuenta de que la sugerencia era buena y que deberías haber escuchado. Tenías frío, y todo habría sido más divertido si hubieras estado abrigado.

Escuchar a tu mamá hablar acerca de tu abrigo no te ayuda a mantenerte abrigado. Lo único que marca la diferencia es si realmente te pones el abrigo. Esto también es cierto en tu relación con Dios. Puedes saber lo que Él quiere que hagas, pero lo más importante es que hagas lo que dice y no solo lo escuches. Se necesita valentía para escuchar la voz de Dios, pero su enseñanza es amorosa y amable, y es lo mejor para ti.

Dios, tú sabes lo que es mejor para mí. Ayúdame a hacer algo más que solo escuchar tus palabras. Ayúdame a escuchar también con mis acciones. Enséñame a seguirte.

ADORA SIEMPRE

Y todo lo que hagan, de palabra o de obra,
háganlo en el nombre del Señor Jesús,
dando gracias a Dios el Padre por medio de él.
COLOSENSES 3:17

Cualquier cosa que hagas, ya sea grande o pequeña, puede ser un acto de adoración a Dios. Cuando estudias tu lección de matemáticas, puede ser un acto de adoración. Cuando eres un buen amigo, o cuando compartes con tu hermana, estás adorando a Dios. Cuando escuchas a tus padres o ayudas a limpiar la casa, estás adorando a Dios.

La adoración no tiene que ser solamente cantar. Cualquier cosa que hagas en el nombre de Jesús puede ser adoración. Entrega tus acciones y palabras a Él, y pídele que te ayude a honrarlo con ellas. Cuando piensas en cómo tus acciones pueden ser un regalo para Dios, te puede ayudar a tener cuidado con lo que dices y haces. Puedes tomar decisiones de las que estés orgulloso. Cuando ves todo lo que haces como un acto de adoración, eso te puede ayudar a tomar decisiones sabias. En este día, busca adorar a Dios en todo lo que hagas.

Dios, quiero que todo lo que diga y haga te honre a ti. Ayúdame a adorarte con mis acciones y con mis palabras. Quiero que la manera en que vivo muestre a otras personas cuánto las amas. Ayúdame a tomar decisiones sabias y a hacer las cosas en tu nombre.

ADORACIÓN CON TALENTOS

«Tomen en cuenta que el SEÑOR ha escogido a Bezalel... y lo ha llenado del Espíritu de Dios, de sabiduría, inteligencia y capacidad creativa para hacer trabajos artísticos en oro, plata y bronce, para cortar y engastar piedras preciosas, para hacer tallados en madera».

ÉXODO 35:30–33

Cuando piensas en adorar a Dios, ¿en qué piensas? Lo primero que te viene a la mente podría ser estar en la iglesia, rodeado de personas y cantando un canto de adoración mientras una banda toca sobre la plataforma. Probablemente, eso es lo que a la mayoría de las personas le viene a la mente cuando piensan en la adoración.

Es bueno adorar a Dios con una canción, pero no es la única manera de hacerlo. ¿Sabías que cada vez que usas los talentos que Dios te dio, lo estás adorando? La adoración puede ser cualquier cosa, desde hacer arte hasta rastrillar hojas o correr una carrera. No importa qué talentos te haya dado Dios, puedes adorarlo en todo lo que haces. Lo adoras cuando usas con alegría las habilidades que Él te ha dado. Le brindas honor cuando usas tus talentos para alabarlo. Hoy, piensa en maneras nuevas de adorar a Dios.

Dios, ¡gracias por todas las diferentes maneras en las que puedo adorarte! Ayúdame a honrarte usando los dones que me has dado. Muéstrame maneras nuevas de adorarte.

NO TAN PESADA

Cristo nos libertó
para que vivamos en libertad.
Por lo tanto, manténganse firmes.
GÁLATAS 5:1

¡Jesús te ha hecho libre! Murió en la cruz para que tuvieras libertad. Sin su muerte, serías responsable de todos tus pecados. Eso sería una carga muy pesada y difícil de llevar.

Imagínate que estás de paseo con tu familia. Están subiendo una montaña y, con cada paso, tu mochila parece hacerse cada vez más pesada. Cuando llegas a la cima, dejas caer tu mochila y suspiras aliviado. Dejar de sentir el peso de tu mochila te produce una gran sensación de alivio. Aunque estás cansado, dejar tu pesada carga te hace sentir como si pudieras volver a subir la montaña. Eso es lo que sentimos cuando nos damos cuenta de que Cristo nos ha dado libertad. Él ha quitado la pesadez de nuestro pecado. Ya no tenemos que cargar con ello. ¡Hoy, celebra lo que Jesús ha hecho por ti! Disfruta de la libertad por la que Él pagó.

Gracias por llevar la carga de mi pecado, Jesús. Me alegra no tener que llevarla por mí mismo. Ayúdame a recordar lo que has hecho por mí y a mantenerme firme en mi libertad.

GUIAR Y DAR

Bien saben que el Señor su Dios los ha bendecido en todo lo que han emprendido, y los ha cuidado por todo este inmenso desierto. Durante estos cuarenta años, el Señor su Dios ha estado con ustedes y no les ha faltado nada.

Deuteronomio 2:7

¿Sabías que los israelitas vagaron por el desierto durante cuarenta años? En el Antiguo Testamento puedes leer que Dios les dijo a los israelitas que los llevaría a la Tierra Prometida. Parte de su viaje hacia ese lugar consistió en vagar por el desierto. Durante todo el tiempo que estuvieron allí, Dios proveyó para ellos. Hizo que cayera comida del cielo y que brotara agua de las rocas. Milagro tras milagro les proporcionó lo que necesitaban.

De la misma manera, Dios siempre te proveerá de lo que necesitas. Él vela por ti y cuida de ti. A menudo, los israelitas pensaban que Dios los había abandonado, pero Él nunca lo hizo. Siempre estuvo a su lado. Incluso cuando te sientas solo o perdido, Dios está cerca de ti. Él te está guiando y dándote todo lo que necesitas.

Gracias, Dios, por guiarme cuando estoy perdido. Enséñame a ver todas las maneras en que has cuidado de mí. Sé que estás de mi lado y que me darás lo que necesito. Gracias por no abandonarme nunca.

SIEMPRE COMPASIVO

Pero tú eres Dios perdonador,
misericordioso y compasivo,
lento para la ira
y grande en amor.
NEHEMÍAS 9:17

¿Alguna vez has sentido que Dios es grande o aterrador? ¿Te has sentido avergonzado por algo que has hecho o nervioso por hablarle acerca de tus errores? Si alguna vez temes acercarte a Él, recuerda lo que dice la Biblia acerca de quién es Dios. La verdad es que siempre es compasivo, siempre está lleno de amor y siempre es bueno. Es lento para enojarse. Siempre te perdonará.

Si recuerdas estas cosas, entonces verás a Dios de la manera correcta. A veces, debido a que los humanos cometen muchos errores, puede ser difícil entender cuán perfecto es Dios. Por encima de todo, Él te ama y quiere mostrarte ese amor. Él puede quitar tus mayores errores y llenarte de amor y paz. Cuando lo ves de la manera correcta, puedes correr hacia Él con alegría incluso con tus errores. No tendrás miedo de lo que Él podría hacer. En este día, pídele a Dios que te ayude a enfocarte en quién es Él realmente.

Dios, gracias por ser quién eres. Sé que siempre me amas y siempre eres compasivo. Incluso cuando no entiendo, tú eres tierno y lento para enojarte. Ayúdame a verte de la manera correcta.

SIN LISTAS DE ERRORES

El amor... No se irrita ni lleva un registro de las ofensas recibidas.

1 Corintios 13:4–5 NTV

¿Cuántas veces tu hermano, amigo o vecino ha hecho algo para molestarte? Puede ser realmente fácil llevar un registro de estas pequeñas ofensas. Si te gusta especialmente que las cosas sean justas, es tentador mantener una lista en tu mente de todas las ofensas que han hecho contra ti.

La Biblia dice que elegir amar a alguien significa que no llevas un registro de los errores. Dios perdona rápidamente a pesar de todas las cosas que has hecho mal, y te pide que ames a quienes te rodean de la misma manera. Afortunadamente, Dios no lleva una lista de todos tus errores, y te pide que hagas lo mismo con los demás. Cuando realmente quieras hacer una lista, recuerda que tu amor por los demás viene del amor de Dios por ti.

Gracias, Dios, por la forma en que me amas. No llevas un registro de todos mis errores, y me perdonas cuando acudo a ti. Ayúdame a amar a los demás de la misma manera. Puede ser difícil amar a las personas cuando cometen errores; ayúdame a amar como lo haces tú.

IGUAL QUE JESÚS

Lleven una vida de amor, así como Cristo nos amó y se entregó por nosotros.
Efesios 5:2

Si alguna vez no estás seguro de lo que significa amar a alguien, piensa en cómo amó Jesús a las personas. Jesús puso primero las necesidades de los demás y no las suyas. Igual que Jesús, puedes tratar de ver lo que otras personas necesitan en lugar de enfocarte en ti mismo. Jesús también habló cuando alguien estaba sufriendo. Igual que Jesús, puedes defender a los demás cuando están siendo intimidados o lastimados. Jesús notó cuando las personas estaban solas u olvidadas. Puedes buscar a personas que estén solas y ser un buen amigo para ellas.

Hay muchas maneras en que puedes tratar de amar como lo hizo Jesús. Cada día te ofrece oportunidades ilimitadas para vivir como Él lo hizo. Si no estás seguro de dónde comenzar, ¡pregúntale a Dios! A Él le encanta enseñarnos cómo ser más como Jesús. Pídele que te muestre cómo amar bien a las personas.

Jesús, ¡gracias por tu vida! Gracias por morir para que yo pueda vivir. Enséñame a amar como lo haces tú. Muéstrame cómo pensar en los demás antes de pensar en mí mismo.

TU OFRENDA

Por lo tanto, amados hermanos,
les ruego que entreguen
su cuerpo a Dios por todo lo que él ha hecho
a favor de ustedes. Que sea un sacrificio vivo y santo,
la clase de sacrificio que a él le agrada.

ROMANOS 12:1 NTV

En el Antiguo Testamento, antes de que Jesús estuviera vivo, la gente solía ofrecer sacrificios a Dios. Ofrecían sacrificios como un modo de pagar por sus pecados. Jesús murió para que no tengas que pagar el precio por tus pecados. El único sacrificio que necesitas hacer es seguir a Jesús. Ofrece tu vida a Dios porque Jesús dio su vida por ti.

Con cada día que vives, tu vida puede ser una ofrenda agradable a Dios. Él es el único digno de tu vida. Él te ha mostrado gran misericordia al pagar por tus pecados, y es correcto ofrecerle tu vida. No tienes que pagar el precio por tus pecados, y eres libre para amar a Dios y dedicarte a Él con tus palabras, tus acciones y tu corazón. Cuando le entregas tu vida, debería ser por amor y agradecimiento por las grandes cosas que Él te ha dado. ¿Cómo puedes vivir tu vida para Dios hoy? Pregúntale y te lo dirá.

Jesús, gracias por pagar el precio por mis pecados para que yo no tenga que hacerlo. Gracias por ser el sacrificio para que pueda estar cerca de Dios. Ayúdame a vivir para ti. Quiero que mis palabras y mis acciones honren lo que has hecho por mí.

SATISFACCIÓN DE DIOS

Tú me satisfaces más que un suculento banquete;
te alabaré con cánticos de alegría.

SALMOS 63:5 NTV

Imagina esperar con ilusión un evento emocionante. Tal vez sea un día feriado, una comida especial o una actividad familiar divertida. Cada día, esperas con impaciencia lo que está por llegar. Puede que hagas una cadena de papel para contar los días, o tal vez vas tachando cada día en el calendario, y te emocionas más a medida que se acerca el gran día.

¿Alguna vez has esperado algo con ilusión y luego te sentiste un poco triste al día siguiente, sabiendo que ya pasó y no pudo durar para siempre? Te sientes insatisfecho porque, aunque lo disfrutaste por un tiempo, ninguna comida, día feriado o evento puede durar para siempre. Esto no es cierto con Dios. Él puede darte satisfacción eterna. Su bondad dura para siempre. Su amor nunca se desvanece. Su misericordia no tiene fin. Él puede ofrecerte algo más grande que incluso lo mejor que puedas imaginar. Su amor por ti es perfecto y mejor que cualquier cosa que encuentres en la tierra.

¡Gracias por ser mejor que todas mis cosas favoritas combinadas, Dios! Ayúdame a sentir tu amor y a estar lleno de alabanza. Te amo, y quiero conocerte más.

CÓMO SER LEAL

Un amigo es siempre leal.
PROVERBIOS 17:17 NTV

¿Sabes lo que significa ser leal? Ser leal a alguien significa apoyarlo. Significa que estás de su lado. No abandonarás su equipo y estarás fielmente a su lado. Un amigo leal es un buen amigo.

Un modo de ser un amigo leal es defendiendo a alguien cuando otros dicen cosas desagradables sobre esa persona. Un amigo leal declara la verdad y dice palabras de aliento. Otra forma de ser leal es estar con tu amigo cuando está triste, incluso cuando preferirías hacer otra cosa. Un amigo leal hace que las personas se sientan amadas y queridas. En este día, piensa en algunas maneras en que puedes demostrar a tus amigos que eres leal a ellos. ¿Cómo puedes animarlos con tus palabras y acciones?

Dios, gracias por enseñarme a ser un buen amigo. Quiero ser leal a mis amigos y quiero animarlos. Muéstrame maneras de poder amar a los amigos que me has dado.

DIOS SIEMPRE AYUDA

Si alguno de ustedes requiere de sabiduría,
pídasela a Dios, y él se la dará,
pues Dios se la da a todos en abundancia
y sin hacer ningún reproche.
Pero tiene que pedir con fe y sin dudar nada,
porque el que duda es como las olas del mar,
que el viento agita y lleva de un lado a otro.

Santiago 1:5–6 RVC

¿Alguna vez has estado en una situación en la que no sabías qué hacer? ¡Probablemente sucede a menudo! ¿Sabías que incluso los adultos no tienen todas las respuestas? La Biblia te dice que, si necesitas sabiduría o necesitas saber qué hacer, puedes pedírsela a Dios. Él te responderá. Una de sus cosas favoritas es ayudar a sus hijos cuando acuden a Él. Le encanta guiarte, al igual que un buen pastor guía y protege a sus ovejas.

A Dios le encanta ayudarte. Cuando necesitas sabiduría, nunca debes avergonzarte por no conocer la respuesta. Tu Padre en el cielo tiene conocimiento perfecto y lo sabe todo. Siempre es paciente y está dispuesto a ayudarte.

Dios, tú lo sabes todo, y sé que me ayudarás cuando te lo pida. Gracias por ser paciente conmigo. Cuando necesite ayuda, enséñame a acudir a ti en lugar de frustrarme o avergonzarme. Me alegra poder pedirte sabiduría.

LO QUE NO PUEDES VER

*Pues vivimos por lo que creemos
y no por lo que vemos.*
2 Corintios 5:7 NTV

Cuanto más tiempo sigas a Jesús, más aprenderás que lo que no ves suele ser más importante que lo que ves. La fe en Dios significa que confías en lo que no puedes ver. No puedes ver el amor de Dios. No puedes ver a Jesús en persona. No viste su muerte en la cruz con tus propios ojos, pero aun así crees que sucedió.

Solo porque no puedas ver algo no significa que no exista. No puedes ver el viento, pero puedes sentirlo. No puedes ver el calor del sol, pero puedes sentirlo en tu rostro. La fe en Dios es así. No siempre puedes ver lo que Él hace, pero puedes sentir su amor. Puedes confiar en su bondad y depender de su fuerza, aunque no puedas verlo. Un día lo verás, pero hasta entonces, seguir a Jesús significa confiar en lo que no puedes ver con tus propios ojos.

Aunque no pueda verte, Dios, sé que estás cerca de mí. Ayuda a mi fe a crecer. Fortalece mi corazón para que viva según lo que creo y no según lo que veo. Quiero confiar en la verdad incluso cuando no la puedo ver.

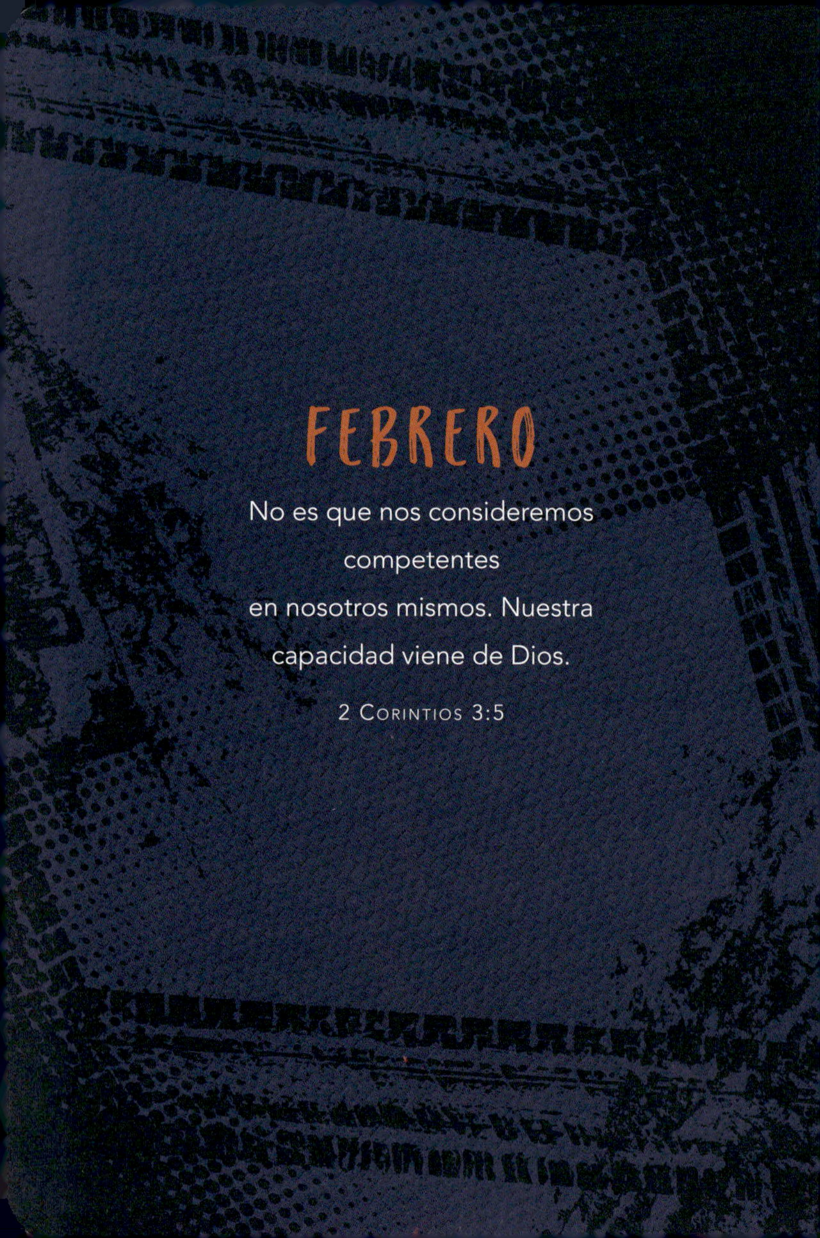

FEBRERO

No es que nos consideremos
competentes
en nosotros mismos. Nuestra
capacidad viene de Dios.

2 Corintios 3:5

SIEMPRE CERCA

El Señor está cerca de todos los que lo invocan, sí, de todos los que lo invocan de verdad.

Salmos 145:18 NTV

¿Alguna vez alguien rompió una promesa que te hizo? A veces, las personas se olvidan. Los planes cambian, y esa persona no está disponible para hacer lo que dijo que haría. Eso puede ser decepcionante y frustrante. Puedes sentirte desilusionado, ignorado, o como si a esa persona no le importara lo que dijo. A veces, la gente no es muy buena para cumplir promesas.

Dios cumple todas sus promesas. Nunca se olvida, no cambia y siempre está disponible. Él dice que estará cerca de ti cuando lo llamas, y lo que Él dice es verdad. Por muchas veces que las personas te decepcionen, siempre puedes confiar en Dios. Él siempre te escucha cuando pronuncias su nombre. Nunca te dejará solo.

Gracias, Dios, porque puedo contar contigo. Gracias por escucharme siempre y por no estar nunca demasiado ocupado para estar cerca de mí. Cuando esté triste o decepcionado, enséñame a pedirte ayuda porque prometes que estarás ahí para mí.

DIOS ES PRIMERO

Daniel... se fue a su casa y subió a su dormitorio, cuyas ventanas se abrían en dirección a Jerusalén. Allí se arrodilló y se puso a orar y alabar a Dios, pues tenía por costumbre orar tres veces al día.

DANIEL 6:10

Cuando Daniel oraba tres veces al día, era algo peligroso. No vivía en una época y lugar donde la gente pudiera adorar a Dios libremente. Cuando él vivía, se aprobó una ley que hacía ilegal adorar a cualquier otro que no fuera el rey. Daniel conocía la ley, pero aun así elegía adorar a Dios. Sabía que lo arrojarían a un foso de leones si lo atrapaban, pero adoró a Dios de todos modos. Era muy valiente, y su fe en Dios era fuerte.

Cuando Daniel fue lanzado al foso de los leones, Dios lo protegió. Hizo un milagro y mantuvo cerradas las bocas de los leones. Daniel confiaba en que Dios lo mantendría a salvo. Sabía que nada le impediría adorar a Dios, ni siquiera algo aterrador o peligroso. Puede haber momentos en tu vida en los que parece que no vale la pena seguir a Jesús. En esos momentos, poner tu fe en Dios siempre será la mejor decisión que puedas tomar.

Dios, ¡quiero tener una fe como la de Daniel! Enséñame a ser fuerte cuando adorarte parezca difícil o imposible. Fortalece mi fe mientras te sigo. Quiero verte siempre como el único y verdadero Rey.

ALEGRE MEDICINA

El corazón alegre es una buena medicina,
pero el espíritu quebrantado consume las fuerzas.
PROVERBIOS 17:22

Un corazón alegre y gozoso es como medicina. Puede contagiar sanidad y fuerza a quien esté cerca. Sin embargo, un espíritu aplastado y triste te quitará la energía. ¡Necesitas alegría para vivir! La alegría hace que tu corazón se sienta vivo. ¿Sabes de dónde viene la alegría? La Biblia dice que, cuando Jesús nació, un ángel anunció que «traía buenas nuevas de gran gozo». La verdadera alegría viene de saber que Jesús es tu Salvador. Él vino a la tierra para estar cerca de ti y salvarte de tu pecado.

Si alguna vez sientes que no tienes alegría, pídele a Dios que te recuerde las buenas noticias sobre Jesús. Deja que su alegría empape tu corazón como el agua empapa la tierra seca. Dios no solo quiere que seas feliz; quiere que estés verdaderamente alegre por lo que Jesús ha hecho por ti. Pide hoy a Dios que te muestre cómo es la verdadera alegría.

Gracias por la alegría que puedo tener en ti, Jesús. ¡Quiero que mi alegría venga de ti! Quiero tener un corazón alegre y quiero compartirlo con los demás. Muéstrame cómo tener verdadera alegría.

SOLO LA VERDAD

Así que Dios ha hecho ambas cosas:
la promesa y el juramento.
Estas dos cosas no pueden cambiar,
porque es imposible que Dios mienta.
HEBREOS 6:18 NTV

Es imposible que Dios mienta. Todo lo que Él dice es verdad, pase lo que pase. Ni siquiera podría decir una mentira, aunque quisiera. Mentir no es parte de su carácter. Nada podría hacer que Dios te dijera algo que no sea la verdad. Cuando alguien no miente, se puede decir que tiene honestidad. La honestidad de Dios es lo que lo hace digno de confianza.

Dios es realmente poderoso. ¿Qué pasaría si mintiera a veces? Imagínate si fuera realmente amoroso y amable, pero a veces mintiera. Mentir lo haría menos confiable. Podemos confiar en su bondad y perfección porque nunca cambian. Todo acerca de Él es perfecto. Siempre te dirá la verdad. Cuando Él te habla, puedes confiar en lo que dice. En este día, deja que sus palabras buenas y verdaderas profundicen más en tu corazón.

Gracias por tu Palabra, Dios. Sé que lo que dices es siempre verdad. Gracias por ser tan confiable. Enséñame a confiar en lo que dices porque nunca puede cambiar.

LA NUEVA LEY

¡Cuánto amo yo tu Ley!
Todo el día medito en ella.
SALMOS 119:97

En el Antiguo Testamento, la Ley era una lista de reglas que cada persona tenía que seguir para honrar a Dios. En el Nuevo Testamento aprendemos que Jesús vino y cumplió la Ley. Las personas nunca pueden cumplir con las normas perfectas de Dios, así que Jesús se sacrificó a sí mismo para cumplir la Ley por nosotros. Ahora, se nos dice que amemos al Señor y que nos amemos unos a otros como nos amamos a nosotros mismos.

Esta es la nueva ley. No necesitamos volvernos buenos siguiendo todas las reglas y esforzándonos por la perfección. Jesús nos hace perfectos. ¡Esta es una verdad maravillosa! Piensa hoy en que Jesús cumplió la Ley. Reflexiona sobre cuán agradecido estás de no tener que esforzarte para ser lo suficientemente bueno para estar con Dios. El sacrificio de Jesús significa que siempre serás lo suficientemente bueno. Has recibido un regalo a través de la gracia. Dedica tiempo a reflexionar sobre la bondad de lo que Dios ha hecho.

Gracias por todo lo que me has dado, Jesús. Gracias por tus buenos planes y por cumplir la Ley. Ya no tengo que ser lo suficientemente bueno para estar cerca de ti. ¡Me encanta la libertad que me has dado!

SU BENDICIÓN

«El Señor te bendiga y te guarde;
el Señor haga resplandecer su rostro sobre ti
y te extienda su amor;
el Señor mueva su rostro hacia ti
y te conceda la paz».
Números 6:24–26

En este día, que el Señor te bendiga y te guarde. Que te sientas muy amado por Él. Permite que tu corazón sienta el consuelo de su amor. Aunque todo a tu alrededor parezca una locura, que te sientas seguro y cómodo en tu corazón. Que sepas que estar cerca de Él es el mejor lugar para ti.

Si estás teniendo un día difícil, que sepas que, por encima de todo, eres un tesoro de Dios. Si estás estresado por algo, permite que Dios lleve tus preocupaciones y descansa en su presencia. Respira profundamente y relájate. Dios está de tu lado y siempre pelea por ti. Si tu familia está atravesando alguna situación difícil, ten paz al saber que Dios cuidará de ti. Lo que es importante para ti es importante para Él. Deja que su amor te rodee hoy.

Dios, gracias por la forma en que me amas. Gracias por tu forma de protegerme y cuidarme. Ayúdame a ver todo lo que estás haciendo. ¡Te alabo por ser tan bueno y amoroso! No hay nadie como tú.

HABLA CON AMOR

La respuesta amable calma la ira;
la respuesta grosera aumenta el enojo.
PROVERBIOS 15:1 RVC

¿Alguna vez has tenido una discusión a gritos con un hermano o uno de tus padres? ¿Observas que, a medida que aumenta el volumen de las voces, va aumentando el enojo dentro de ti? ¿Has observado también que un abrazo suave o una palabra tranquila pueden ayudar a calmarte cuando te sientes enojado? La Biblia nos recuerda que la amabilidad y la gentileza son las únicas formas productivas de lidiar con el enojo. Son como medicina para un rasguño. La gentileza hace la paz, mientras que la falta de amabilidad solo empeora la ira.

Hoy, si estás cerca de alguien que está enojado, tal vez un amigo o un hermano, intenta mantenerte tranquilo y hablar con palabras suaves. Recuerda que a veces tú también te enojas. Trata a los demás como te gustaría que te trataran. Dios nos pide que siempre hablemos con amor. No siempre puedes controlar el enojo de otras personas, pero puedes controlar cómo les hablas y cómo reaccionas.

Dios, a veces puede ser difícil saber cómo actuar. Gracias por darme sabiduría a través de tu Palabra. Quiero ser el tipo de persona que ayuda a los demás a sentirse calmados y en paz. Enséñame a hablar con gentileza cuando otros estén enojados.

MAMÁS Y PAPÁS

Honra a tu padre y a tu madre,
como el SEÑOR tu Dios te lo ha ordenado,
para que disfrutes de una larga vida
y te vaya bien en la tierra
que te da el SEÑOR tu Dios.

DEUTERONOMIO 5:16

Honra a tu padre y a tu madre. Probablemente ya sepas que debes hacer eso. Puedes sentir la tentación de decir: «Ya sé, ya sé. Se supone que debo escuchar». Lo que quizá no sepas es que hay muchas formas de honrar a tu mamá o tu papá. Honrarlos puede ser mucho más que simplemente escuchar lo que dicen.

Puedes honrarlos por la forma en que hablas de ellos a tus amigos. Puedes honrarlos respetando su hogar y manteniendo ordenado tu cuarto. Puedes honrarlos contando a otros las cosas buenas que hacen por ti. Puedes honrarlos dándoles gracias por su arduo trabajo. Dios dice que, cuando honras a tus padres, tendrás una vida larga y feliz. En el día de hoy, piensa en algunas maneras en que puedes honrar a tus padres.

Gracias, Dios, por mis padres. Sé que trabajan muy duro y hacen todo lo posible para cuidarme. Ayúdame a honrarlos con mis palabras y mis acciones. Recuérdame que les dé las gracias por todo lo que hacen por mí. Quiero que se sientan amados y cuidados, así como ellos me aman y cuidan de mí.

HIJO AMADO

«Yo seré un Padre para ustedes
y ustedes serán mis hijos y mis hijas,
dice el Señor Todopoderoso».
2 Corintios 6:1

Dios es el ser más poderoso que existe. Es un rey poderoso y un gobernante fuerte. ¡Él creó todo el universo! Una de las cosas más hermosas acerca de Dios es que también ha elegido ser nuestro Padre. Podría haber gobernado sobre nosotros solamente con su poder, pero también eligió ser amable, generoso y misericordioso. Quería ser nuestro Padre y nos creó para ser sus hijos. No somos solo súbditos o personas que adoran su grandeza. Somos sus hijos y sus hijas a quienes atesora y adora.

Tú eres su hijo, y Él está orgulloso de ti. Cuando piensa en ti, sonríe. Cuando pasas tiempo con Él, se deleita. Cuando le pides ayuda, se alegra de compartir contigo todo lo que tiene. Hoy, al pensar en Dios, recuerda que es poderoso y también un papá muy, muy bueno.

Gracias por ser un papá tan bueno, Dios. Eres fuerte y poderoso, pero también eres gentil y generoso. Me alegra que no seas solo un gobernante poderoso. Gracias por crearme como tu hijo.

LAS MENTIRAS NO DURAN

Los labios sinceros permanecen para siempre, pero la lengua mentirosa dura solo un instante.

PROVERBIOS 12:19

¿Alguna vez hiciste algo que sabías que estaba mal? Tal vez copiaste en un examen en la escuela o arruinaste el juguete favorito de tu hermana. Desearías no haberlo hecho y, en lugar de ser sincero, mentiste al respecto.

La Biblia nos dice que una mentira solo dura un momento, pero la verdad dura para siempre. Esto significa que, aunque una mentira pueda hacerte sentir bien por un momento, es perjudicial después. Es mejor decir la verdad, aunque sea difícil hacerlo. La valentía que se necesita para ser sincero fortalecerá tu corazón. Por otro lado, decir una mentira solo hará que te sientas más pesado. Decir la verdad, por difícil que sea, siempre producirá libertad.

Dios, a veces es realmente difícil ser sincero. Quiero que las cosas que digo sean verdaderas, y necesito tu ayuda. Dame valor para hablar solo palabras veraces. Gracias por enseñarme a vivir de una manera que te honre a ti.

TAREAS Y LIBERTAD

El que es confiable en lo poco,
también lo es en lo mucho;
y el que no es confiable en lo poco,
tampoco lo es en lo mucho.
Lucas 16:10 RVC

A medida que creces, es posible que notes que tus padres tienen expectativas diferentes para ti. Cuanto más creces, más puedes hacer, así que tus padres te dan diferentes responsabilidades. Al principio, tal vez tu única tarea era mantener ordenado tu cuarto. Cuando tus padres vieron que podías hacerlo bien, tal vez te pidieron que ayudaras a limpiar la mesa o barrer el piso. Cuanto más creces, más puedes ayudar a tus padres en la casa. Esto se debe a que te confiaron cosas pequeñas, y ahora pueden confiarte más.

A medida que te dan más responsabilidades, es probable que también obtengas más libertad. No importa cuán pequeña sea la tarea que te pidan hacer, hazla bien. Un día, se te dará más por el buen trabajo que hiciste. Recuerda que incluso las cosas más pequeñas, hechas con una buena actitud, pueden marcar una gran diferencia.

Dios, quiero ser digno de confianza con cualquier cosa que tenga. Ayúdame a ser responsable con las tareas que tengo que hacer. Enséñame cómo hacer bien cada cosa para que más adelante puedan confiarme más cosas.

PREOCUPACIÓN Y ESPERA

¿Acaso con todas sus preocupaciones pueden añadir un solo momento a su vida?

MATEO 6:27 NTV

¿Alguna vez te has sentido atascado en tu preocupación? Mientras esperas que algo suceda, ¿has sido incapaz de pensar en otra cosa porque estabas muy nervioso por cómo podría resultar? Tal vez estás preocupado por algo sencillo, como un examen en la escuela. Quizá estás preocupado por algo realmente grande y aterrador, como una enfermedad en tu familia.

Sin importar cuán grande o pequeño sea un problema, preocuparse por ello no cambiará nada. Lo único que hará la preocupación es robar tu tiempo y causar más estrés. Dios nos dice que la preocupación no puede añadir nada de tiempo a tu vida. En cambio, puedes entregar a Él tus preocupaciones. Él es quien puede sostener tus miedos y darte paz en su lugar. Todas tus preocupaciones, grandes y pequeñas, estarán seguras en sus manos mientras le pides ayuda.

Dios, cuando estoy preocupado puedo pedirte que sostengas mis miedos. Gracias porque puedo contarte todos mis problemas. Sé que me darás paz y fortaleza. Ayúdame a buscar tu ayuda en lugar de quedarme atascado en mi preocupación.

EL TEMPLO DE DIOS

¿No saben que ustedes son templo de Dios, y que el Espíritu de Dios habita en ustedes?

1 Corintios 3:16 RVC

¿Alguna vez has visto una imagen de un templo? En el Antiguo Testamento hay muchas descripciones de los templos donde la gente adoraba a Dios. Había reglas que había que seguir y tradiciones que había que mantener. Había que adorar a Dios de una manera específica, y romper esas reglas no era cualquier cosa. Por ejemplo, solo ciertas personas podían acercarse a Dios. No todos tenían acceso a Él.

Jesús vino a la tierra para abrir un camino para que tú estuvieras cerca de Dios. Después de su muerte te convertiste en el templo de Dios. Él te dio el Espíritu Santo, y ahora Él vive dentro de ti. Eres el templo de Dios, por lo que puedes adorar a Dios en cualquier momento sin ninguna regla. Puedes estar cerca de Dios cuando quieras.

Gracias, Jesús, por abrir un camino para que esté cerca de ti todo el tiempo. Gracias porque puedo adorarte siempre que quiera. Me alegra no tener que seguir una lista de reglas para estar cerca de ti. Ayúdame a recordar que soy tu templo y que el Espíritu Santo vive dentro de mí.

EL AMOR NO ES CELOSO

El amor no es celoso.
El amor no tiene envidia,
no es jactancioso ni orgulloso.
No es grosero, no es egoísta,
y no se irrita fácilmente.
1 CORINTIOS 13:4–5

¿Alguna vez sentiste celos de alguien? Tal vez tu hermano recibió algo para su cumpleaños que tú realmente querías. Quizá tu amigo pudo irse de vacaciones con su familia, y desearías haber ido también. Puede ser muy fácil mirar lo que tienen otras personas y sentirte triste por no tener las mismas cosas.

La Biblia enseña que el amor no es celoso. Para mostrar que amas a alguien debes practicar no tener celos de ellos. Cada regalo que tienes es de Dios, y Él sabe exactamente lo que necesita cada uno de sus hijos. Cuando eliges estar agradecido por lo que tienes, descubrirás que te molestas menos por lo que tienen otras personas. Hoy, cuando comiences a sentir celos, elige en cambio alegrarte por esa persona. Cuando compartes la alegría de los demás, demuestras que los amas.

Dios, gracias por enseñarme a amar a otros. Ayúdame a estar agradecido por lo que tengo. Ayúdame a alegrarme por los demás en lugar de ponerme celoso cuando tienen cosas buenas.

AMOR PERFECTO

El amor jamás se extingue.
1 Corintios 13:8

¿Alguna vez fallas? ¿Alguna vez dices o haces lo incorrecto? Como eres humano, ¡por supuesto que sí! Los humanos fallan todo el tiempo. Cometemos errores y estropeamos las cosas. Es parte de nuestra naturaleza.

Afortunadamente, servimos a un Dios que nunca falla. Dios es amor, así que cuando la Biblia dice que el amor nunca falla, sabes que Dios nunca falla tampoco. Siempre es perfecto. Todo lo que Él hace es bueno, y su amor por ti no tiene fin. No importa cuántas veces cometas errores, Él seguirá siendo perfecto. De hecho, es imposible que Él falle. Cuando te sientas desanimado por los errores que cometes, recuerda que el Dios que te ama es perfecto.

Dios, sé que cometo errores. Enséñame a acudir a ti cuando hago lo incorrecto. Eres perfecto. Tu amor nunca falla. Ayúdame a acercarme a ti cuando fallo para que puedas recordarme que me amas.

DIOS ES COMPASIVO

Sean compasivos,
así como su Padre es compasivo.
Lucas 6:36

¿Eres de las personas a las que les gusta que las cosas sean justas? Esto significa que te gusta la justicia. La justicia significa que las personas obtienen lo que se merecen. Esto no es malo, y es un rasgo de carácter de Dios; sin embargo, Dios también está lleno de compasión. La compasión significa que las personas reciben más de lo que merecen. ¡Es importante tener ambas!

La compasión de Dios es grande. Fallamos todo el tiempo, y aun así Él nos ama. Él te pide que ames de la misma manera a quienes te rodean. Las personas harán lo incorrecto, pero deberías amarlas bien incluso en ese caso. Cuando tu hermano te enoje, lo sigues amando. Cuando tu amigo hiera tus sentimientos, lo sigues amando. Puede ser difícil no enfocarse solo en lo que es justo, pero la compasión es tan importante como ser justo.

Gracias por ser un Dios compasivo. Aunque cometo errores, me sigues amando. Enséñame a amar a otras personas de esa manera. Cuando me enfoque solamente en lo que es justo, ayúdame a ver también cómo puedo ser compasivo.

EL FRUTO DEL ESPÍRITU

En cambio, la clase de fruto que el Espíritu Santo produce en nuestra vida es: amor, alegría, paz, paciencia, gentileza, bondad, fidelidad, humildad y control propio.

GÁLATAS 5:22–23 NTV

Cuando Jesús resucitó de entre los muertos y regresó al cielo para estar con el Padre, nos dejó un gran regalo. Como no podía estar aquí con nosotros en persona, nos dejó al Espíritu Santo. El Espíritu Santo es nuestro maestro, amigo y guía. Es quien impulsa nuestros corazones a seguir a Jesús.

Cuando sigues al Espíritu Santo, tu vida comenzará a parecerse a la vida de Jesús. Darás frutos que son propios de Cristo. Esto significa que tu vida diaria estará llena de las características de Dios. Tendrás amor, alegría, paz, paciencia, gentileza, bondad, fidelidad, humildad y control propio. Si sientes que no tienes estas cosas, pídeselas a Dios. Al Espíritu Santo le encanta enseñarte, y compartirá estos dones contigo cuando se lo pidas.

Gracias, Dios, porque no estoy solo. Tengo al Espíritu Santo para enseñarme a vivir como Jesús. Por favor, dame paciencia y bondad. Quiero que mi vida esté llena de estas cosas buenas a medida que aprendo más y más a seguirte.

VACÍA TU CUBO

«Por lo tanto, no se preocupen por el mañana, el cual tendrá sus propios afanes. Cada día tiene ya sus problemas».

MATEO 6:34

Cada día enfrentarás problemas. Pueden ser pequeños o muy grandes. Sin importar cuán grandes o pequeños sean, cada día tendrá algún tipo de problema que debes enfrentar. Por eso no tiene sentido preocuparse por el mañana. Cada día está lleno, así que no necesitas agregar más preocupaciones pensando en el mañana.

Es como tener un cubo lleno de agua y luego verter más agua en ese cubo. El cubo no puede contener más de lo que ya contiene. Tiene más sentido vaciar el cubo y comenzar de nuevo. De la misma manera, tiene más sentido ocuparse del hoy y entonces comenzar de nuevo mañana. Cuando sientas que comienzas a preocuparte, pídele a Dios que te ayude a enfocarte en el hoy.

Dios, me alegra que solo tenga que preocuparme por un día a la vez. Enséñame a concentrarme en lo que tengo delante en lugar de preocuparme por el mañana. Gracias por ayudarme y por darme paz cuando estoy preocupado.

LA BANDERA DE JESÚS

*«Hagan brillar su luz delante de todos,
para que ellos puedan ver
las buenas obras de ustedes y alaben
a su Padre que está en los cielos».*

MATEO 5:16

Hace mucho tiempo atrás, cuando alguien descubría tierras nuevas colocaba su bandera en ellas. La bandera le indicaba a cualquiera que la veía que la tierra había sido reclamada por alguien. Tus acciones en la vida son como esa bandera. Cuando alguien ve cómo te comportas, debería saber que perteneces a Jesús.

Cuando eres seguidor de Jesús, representas su carácter. Tus acciones muestran a otras personas cómo es Jesús. Tu forma de hablar y tratar a los demás puede enseñar al mundo sobre el amor de Dios. Es importante representarlo bien. Como seguidor de Jesús, tienes la oportunidad de glorificarlo con tu manera de comportarte. Hoy, piensa en lo que dicen tus acciones acerca de quién es Dios.

Dios, quiero que la gente me vea y sepa que tú eres bueno. Quiero que mis acciones reflejen tu amor. Muéstrame cómo representarte bien. Quiero que todo lo que haga te glorifique.

SER HUMILDE

Así que humíllense ante el gran poder de Dios y, a su debido tiempo, él los levantará con honor.

1 Pedro 5:6 NTV

¿Sabes lo que significa humillarte? Humillarte ante Dios significa admitir que Él es más grande y más fuerte que tú. Sabes que sus planes son mejores que los tuyos. Sabes que seguirlo a Él es mejor que trazar tu propio camino. Humillarte ante Dios significa admitir tu debilidad y reconocer su fortaleza.

No siempre es fácil ser humilde. Como humanos, nos gusta tener la razón y realmente nos gusta hacer las cosas por nuestra cuenta. Es normal querer ser independiente, en especial a medida que creces. Probablemente quieras hacer más cosas por ti mismo. A medida que creces, es importante que, por mucha responsabilidad que se te dé, te humilles ante Dios. Nunca serás demasiado grande ni demasiado mayor para pedirle ayuda a Dios. La mejor opción será siempre acudir a Él con lo que necesitas. Él promete que, cuando lo hagas, te elevará con honor.

Dios, por muy mayor que sea, sé que tú eres más grande y más fuerte. Enséñame cómo es humillarme ante ti. No quiero ser orgulloso ante ti. Ayúdame a acudir siempre a ti en busca de ayuda en lugar de tratar de ir por mi propio camino.

DIOS DE MILAGROS

De un salto se puso en pie y comenzó a caminar. Luego entró con ellos en el Templo con sus propios pies, saltando y alabando a Dios.

HECHOS 3:8

En esta historia del libro de Hechos había un hombre cerca del templo que había estado cojo desde su nacimiento. Esto significaba que, desde que nació, nunca había podido usar sus piernas. No podía correr, saltar ni jugar. En ese tiempo no tenían sillas de ruedas. Cada vez que necesitaba ir a algún lugar, lo tenían que cargar. Tenía que depender de otras personas incluso para las cosas más básicas.

¿Puedes usar tus piernas? Trata de imaginar tu vida sin ellas. Aunque quisieras un vaso de agua, tendrías que pedirle a alguien que te lo trajera. Imagina la emoción que sentirías si vivieras de esa manera y de repente tus piernas volvieran a funcionar. Pedro oró por el hombre en el nombre de Jesús, ¡y fue sanado! Se levantó de inmediato, corrió, saltó y alabó a Dios. ¿Puedes imaginarte estar allí para presenciar ese milagro? ¡Qué increíble! Dios es un Dios de milagros. Le encanta sanar a sus hijos. Tú también puedes orar por milagros.

Gracias, Dios, por hacer milagros para tus hijos. Quiero tener fe como la de Pedro y confiar en que puedes hacer cosas realmente grandes. Ayúdame a orar por milagros y creer que los harás.

SIENDO MÁS FUERTE

Y no sólo esto, sino que también nos regocijamos en los sufrimientos, porque sabemos que los sufrimientos producen resistencia, la resistencia produce un carácter aprobado, y el carácter aprobado produce esperanza.

ROMANOS 5:3–4 RVC

Suceden cosas difíciles. Extravías algo importante, alguien a quien amas se enferma, o pierdes un partido de fútbol para el que realmente te habías preparado. No es divertido cuando suceden cosas difíciles. No es fácil cuando tienes problemas en la vida. Lo bueno de los problemas es que pueden tener un propósito. Cuando tienes problemas, puedes seguir teniendo alegría porque Dios puede usar tus problemas para enseñarte algo. Puede enseñarte sobre la paciencia. Esto es bueno, porque la próxima vez que suceda algo difícil serás más fuerte y será más fácil lidiar con ello.

Cada obstáculo que encuentres en la vida puede hacerte más fuerte de lo que eras. Esto no significa que debas emocionarte por los problemas, pero no tienes que perder la esperanza. Confía en que Dios siempre te enseña y te ayuda. Si se lo permites, Él usará los problemas para hacerte más fuerte.

Gracias, Dios, porque incluso los problemas pueden ayudarme a ser más fuerte. Es difícil ver los problemas como algo bueno, pero confío en que me enseñarás. Ayúdame a acudir a ti cuando esté pasando por un momento difícil.

UNA MANO AMIGA

Bendito sea el SEÑOR, nuestro Dios y Salvador, que día tras día sobrelleva nuestras cargas.

SALMOS 68:19

Dios siempre te está ayudando, incluso cuando no puedes verlo. Siempre vela por ti, cuidándote y ocupándose de ti. Todos los días Él lleva tus cargas. Esto significa que te ayuda a cargar cosas pesadas. Cuando enfrentas problemas que son demasiado difíciles para ti, Dios te ayuda con ellos.

En cualquier problema que enfrentes hoy, agradece a Dios por ayudarte a cargarlo. Si necesitas ayuda con un examen de matemáticas, Dios te ayudará. Si necesitas ayuda para resolver una pelea con un amigo, Dios te ayudará. Si tu familia está atravesando un mal momento, Dios te ayudará. Dale gracias por cómo cuida de ti. Confía en que Él puede suplir tus necesidades.

Dios, gracias por llevar mis cargas. Incluso cuando no te veo, tú estás conmigo y me ayudas. Te alabo por cuidar siempre de mí. Ayúdame a ver todo lo que has hecho por mí.

SER VALIENTE

Pues Dios no nos ha dado un espíritu de timidez, sino de poder, de amor y de dominio propio. Así que no te avergüences de dar testimonio de nuestro Señor.

2 Timoteo 1:7–8

Imagina que estás viendo una película cuando, de repente, aparece algo aterrador en la pantalla. Inmediatamente cierras los ojos y agarras la mano de tu mamá o tu papá. Cuando tienes miedo, probablemente haces algo que te haga sentir seguro. Agarraste la mano de tus padres porque son más grandes y valientes que tú. Sabes que pueden protegerte, y por eso confías en ellos. Tu mamá o tu papá te ayudan a ser fuerte.

Lo mismo ocurre con el Espíritu de Dios. Él está contigo todo el tiempo y puede fortalecerte cuando te sientes asustado. Puede darte poder y valentía cuando estás nervioso. Puedes acudir a Él en busca de ayuda porque sabes que es más grande y valiente que tú. Cuando llegue el momento de compartir tu fe con otros, Dios te dará valentía y las palabras correctas que decir.

Gracias, Espíritu Santo, por hacerme valiente. Enséñame a confiar en ti para tener valentía y fuerza. Sé que tú eres aquel en quien puedo confiar cuando tengo miedo.

TODO TU SER

Ama al Señor tu Dios con todo tu corazón, con toda tu alma y con todas tus fuerzas.

Deuteronomio 6:5

Piensa en tu posesión más preciada. ¿Querrías solo una parte de ella? Tú eres el hijo más preciado de Dios, y Él no quiere solo una parte de ti. No quiere la mitad, y no quiere casi todo de ti. Dios quiere que estés dedicado a Él con todo lo que eres. ¡Quiere todo de ti! Él te pide que lo ames con todo tu corazón, con toda tu alma y con todas tus fuerzas.

Cuando apartas de Dios partes de ti, solo te estás haciendo daño a ti mismo. No hay ninguna parte de ti que no sea lo suficientemente buena. Dios te ama en todas tus facetas, y quiere que le entregues libremente todo tu corazón. Él es digno de todo lo que tienes. Él es tu Padre amoroso, tu Rey poderoso y tu amigo más cercano. No le retengas nada. Hoy, mira tu corazón y comprueba si hay alguna parte que estás ocultando de Dios.

Gracias por amarme en todas mis facetas, Dios. Quiero amarte con todo mi corazón, mi alma y mis fuerzas. Muéstrame si hay alguna parte de mí que estoy ocultando de ti. Enséñame a estar completamente dedicado a ti.

DECISIONES CORRECTAS

Su gracia…nos enseña a rechazar
la impiedad y las pasiones mundanas.
Así podremos vivir en este mundo con dominio
propio, justicia y devoción.

Tito 2:11–12

¿Alguna vez has estado en una situación en la que tuviste que decidir hacer lo correcto? Imagina que estás en la casa de un amigo. Están viendo una película que sabes que tus padres no te permitirían ver. Sería fácil simplemente verla, pero lo correcto sería preguntar amablemente si pueden ver algo diferente o hacer otra actividad.

No siempre es fácil hacer lo correcto, pero la gracia de Dios te enseña a decir no cuando debes hacerlo. Dios sabe lo que es mejor para ti, y su gracia te fortalecerá para tomar las decisiones correctas. En este día, cuando parezca difícil hacer lo correcto recuerda que Dios está de tu lado. Él quiere ayudarte.

Gracias, Dios, por enseñarme a vivir una vida recta. Ayúdame a hacer lo correcto incluso cuando sea difícil. Gracias por tu gracia que me enseña a tomar las decisiones correctas.

DELANTE Y DETRÁS

«Yo les he dicho estas cosas para que en mí hallen paz. En este mundo afrontarán aflicciones, pero ¡anímense! Yo he vencido al mundo».

JUAN 16:33

Dios nunca dice que la vida será fácil. Seguir a Jesús no significa que no tendrás problemas o dificultades, pero Dios promete que no enfrentarás nada solo. Él siempre estará a tu lado. Él dice que irá delante de ti y detrás de ti.

¿Alguna vez has visto fotos de una persona famosa viajando? A menudo están rodeados de guardaespaldas. Tienen un equipo de hombres y mujeres fuertes que caminan delante y detrás de ellos, asegurándose de que, si hay algún problema, estarán protegidos. Dios es igual con sus hijos. Él camina delante y detrás de ti, enfrentando problemas antes de que tú ni siquiera llegues a ellos. Él sabe que tendrás problemas, pero ya los ha vencido.

Dios, sé que tendré problemas en la vida. Gracias por ir delante y detrás de mí. Gracias por protegerme y por vencer al mundo. Enséñame a depender de ti cuando tenga un problema.

CON TU CORAZÓN

«Este pueblo me honra con los labios,
pero su corazón está lejos de mí».
MARCOS 7:6 RVC

Imagina que estás jugando un juego con un amigo. Cuando ganas, él se enoja y te tira su pieza del juego. Más tarde, regresa para disculparse. Te dice las palabras, pero puedes notar que realmente no lo siente. Su disculpa no significa tanto porque sabes que todavía está molesto. Sus palabras son correctas, pero su corazón está equivocado.

Lo mismo puede ser cierto en tu relación con Dios. Es importante hacer o decir lo correcto, pero es más importante que tu corazón esté cerca de Dios. Esto significa que, si alabas a Dios con tus palabras, entonces tu corazón también debería alabarlo. Si lo que dices es distinto a lo que siente tu corazón, pídele a Dios que te ayude. Él es bueno cambiando corazones al acercarlos a Él. Cuanto más cerca estés de Dios, más se parecerá tu corazón al suyo.

Gracias, Dios, por hacer que mi corazón sea como el tuyo. Quiero estar cerca de ti. No solo quiero decir las cosas correctas; quiero que mi corazón también esté cerca de ti. Enséñame a honrarte con mis palabras, mis acciones, y el estado de mi corazón.

Mediante su divino poder,
Dios nos ha dado todo
lo que necesitamos para llevar
una vida de rectitud.
Todo esto lo recibimos al llegar
a conocer a aquel que nos llamó por
medio de su maravillosa
gloria y excelencia.

2 Pedro 1:3–4 NTV

TU GUÍA

El Señor afirma los pasos del hombre cuando le agrada su modo de vivir.
Salmos 37:23

En algunos parques nacionales de todo el país puedes participar en una caminata guiada. Alguien que conoce la zona te guiará a través de la naturaleza y te mostrará por dónde ir. Pueden señalarte dónde dar pasos y qué áreas evitar. Tienen conocimiento sobre lo que crece allí y qué tipos de animales viven en ese lugar.

Ser cristiano es parecido a eso. Cuando confías en Dios, Él te mostrará por dónde ir. Él es el mejor guía que puedes tener. Él te entiende y conoce cada detalle de tu vida. Puede indicarte qué evitar. Tus pasos serán firmes porque confías en que Él te guiará. Hoy, pídele a Dios que te guíe. Confía en su dirección y encuentra tu deleite en Él.

¡Gracias por guiarme, Dios! Sé que, cuando me deleito en ti, mis pasos serán firmes. Ayúdame a depender de tu sabiduría y de tu guía. Conoces todo acerca de mí, y eres el mejor guía que pueda existir.

TÓMATE TU TIEMPO

Me buscarán y me encontrarán cuando me busquen de todo corazón.

JEREMÍAS 29:13

¿Alguna vez has buscado caparazones en la playa? Los mejores normalmente los encuentran aquellos que se toman su tiempo, observando de cerca y tamizando la arena con cuidado. Si eres paciente y no te rindes, normalmente encontrarás un tesoro que llevarte a casa. Si solo echas un vistazo durante un minuto o pateas la arena con los pies, es probable que no encuentres mucho.

Lo mismo ocurre con tu tiempo con Dios. Si eres paciente y no te rindes, encontrarás a Dios. No se está escondiendo de ti, y no es difícil descubrirlo. ¡A Dios le encanta que lo encuentren! Lo único que debes hacer es ser persistente. Eso significa que buscas a Dios en todas las cosas. Lo buscas con todo tu corazón. A Dios siempre lo encontrarán aquellos que lo están buscando. Hoy, mientras pasas tiempo con Él, recuerda que si lo buscas lo encontrarás.

Gracias, Dios, por no ser difícil de encontrar. Ayúdame a buscarte con paciencia, sabiendo que quieres que te encuentre. Enséñame a buscarte en lugar de simplemente echar un vistazo a mi alrededor.

EL BANQUETE MÁS ABUNDANTE

*Tú me satisfaces más que un suculento banquete;
te alabaré con cánticos de alegría.*

Salmos 63:5 ntv

Cierra los ojos e imagínate un banquete. ¿Qué ves? Imagínate una mesa de banquete, larga y muy bien decorada. Hay bandejas gigantes llenas de cosas deliciosas. Hay copas elegantes llenas hasta el borde con tus bebidas favoritas, y hay otra mesa llena de postres. La mesa no solo está llena de comida; también está rodeada de todas las personas a las que más quieres. Después de todo, ¿qué es un banquete si tienes que comerlo tú solo? Piensa en cuán satisfactorio sería. Tu estómago y tu corazón estarían llenos.

El amor de Dios es aún más satisfactorio que un banquete maravilloso. Su amor puede llenar tu corazón de una manera que nada en esta tierra puede hacerlo. Él puede darte una paz tan grande que no tiene sentido. Puede darte un contentamiento y una satisfacción que te dejan sin desear nada más. Hoy, alábalo por todo lo que ha hecho por ti. Pídele que te muestre cuánto te ama.

¡Gracias por quién eres, Dios! Gracias por todo lo que has hecho por mí. Ayúdame a ver cuánto me amas. Quiero estar más satisfecho en ti que en cualquier otra cosa en la tierra. Enséñame a ver que tú eres mejor.

EL ESPÍRITU EN TI

¡Jamás podría escaparme de tu Espíritu!
¡Jamás podría huir de tu presencia!
SALMOS 139:7 NTV

Después de que Jesús murió en la cruz y resucitó, no podía quedarse con nosotros en la tierra para siempre. Regresó al cielo para estar con Dios. Sabía que necesitaríamos ayuda y orientación, y nos dio al Espíritu Santo para que nunca estuviéramos solos. Es un gran consuelo saber que nunca estamos solos.

No hay nada que puedas hacer que te separe del Espíritu de Dios. No hay ningún lugar al que puedas ir que te separe de Él. Pase lo que pase, siempre está cerca para guiarte y darte fuerzas. No puedes esconderte de Él. Si te sientes solo hoy, recuerda que el Espíritu Santo está cerca de ti y quiere ayudarte. Él es quien te enseña a vivir y quien te recuerda lo que Dios ha hecho. Siempre está cerca de ti, señalándote hacia Jesús.

Espíritu Santo, gracias por estar siempre conmigo. Sé que nunca estoy solo. Te tengo a ti para guiarme y enseñarme siempre. Confórtame y ayúdame a seguirte.

MAESTROS

Obedezcan a sus dirigentes
y sométanse a ellos,
pues cuidan de ustedes
como quienes tienen que rendir cuentas.
HEBREOS 13:17

Tus padres y otros adultos en tu vida son responsables de ti. Son responsables de la manera en que te enseñan y te tratan. Eso significa que un día rendirán cuentas a Dios por sus acciones. Dios te pide que tengas confianza en los maestros que Él ha puesto en tu vida. Puedes seguirlos respetuosamente porque sabes que Dios les está enseñando a guiarte. Dios los vigila mientras ellos te cuidan.

A medida que creces y las personas más jóvenes te admiran, también te ocurrirá lo mismo. Es una gran responsabilidad liderar o enseñar a alguien, así que Dios nos pide que respetemos a nuestros líderes. Esto no significa que nunca hagas preguntas. Simplemente significa que, cuando las hagas, es importante hablar con respeto y recordar que tus maestros tienen una gran responsabilidad. Hoy, piensa en tus maestros y líderes, y ora por ellos. Da gracias a Dios por el lugar que ocupan en tu vida y piensa en maneras de bendecirlos.

Gracias, Dios, por todas las personas en mi vida que me enseñan y me guían. Bendice a cada uno, y protégelos. Ayúdame a respetarlos con mis palabras y mis acciones. Cuando tenga preguntas, ayúdame a hacerlas con respeto.

ESTUDIAR A DIOS

¡Qué grande es la riqueza,
la sabiduría y el conocimiento de Dios!
¡Es realmente imposible para nosotros
entender sus decisiones y sus caminos!

Romanos 11:33 NTV

No puedes estudiar a Dios como estudias matemáticas para un examen en la escuela. Puedes aprender las ecuaciones y luego olvidarlas después del examen. Tal vez solo aprendes lo que necesitas, sin pensar en el próximo examen. Conocer a Dios no es así. Podrías pasar toda tu vida intentando entender a Dios, y aun así no sería tiempo suficiente. No puedes marcar una lista de cosas sobre Él y declarar que lo conoces.

Las riquezas, la sabiduría y el conocimiento de Dios son infinitos. Son interminables. Lo maravilloso de esto es que nunca puedes aburrirte aprendiendo sobre Dios. Siempre hay algo nuevo que entender y explorar. Siempre hay otra parte de su corazón por conocer. En este día, pídele a Dios que te muestre algo nuevo sobre Él.

Gracias, Dios, por tus riquezas, sabiduría y conocimiento interminables. Me alegra que nunca me quede sin cosas que aprender sobre ti. Quiero estar siempre emocionado de aprender acerca de quién eres. ¡Conocerte es una aventura!

GLORIOSA CREACIÓN

¡Anda, perezoso, fíjate en la hormiga!
¡Fíjate en lo que hace y adquiere sabiduría!
No tiene quien la mande
ni quien la vigile ni gobierne;
con todo, en el verano almacena provisiones
y durante la cosecha recoge alimentos.

PROVERBIOS 6:6–8

La creación de Dios está llena de ejemplos que le dan gloria. Todo lo que Dios ha hecho es bueno, y puede enseñarte acerca de quién es Él. La hormiga trabaja arduamente y se prepara para el futuro. Las montañas hablan de su majestuosidad. El sol y la lluvia te dicen cómo provee para nosotros. Las flores se giran hacia el sol y te recuerdan que debes mantener tu enfoque en lo que es bueno. Los océanos te recuerdan cuán inmenso es su amor. Las raíces de un roble robusto te recuerdan arraigar tu corazón en la verdad para que no te tambalees cuando llegue una tormenta.

Hoy, mira a tu alrededor cuando estés al aire libre. Observa cómo Dios creó la tierra que pinta un cuadro de quién es Él. Todo refleja algo acerca de Dios, y si miras cuidadosamente verás su gloria en todo lo que te rodea.

Gracias por tu creación, Dios. Has hecho cosas buenas que me hablan de quién eres. Ayúdame a ver todo lo que has hecho. Enséñame a ver tu bondad y tu gloria en todo lo que has creado.

CONSOLAR A OTROS

Padre de misericordias y Dios de toda consolación, quien nos consuela en todas nuestras tribulaciones, para que también nosotros podamos consolar a los que están sufriendo, por medio de la consolación con que nosotros somos consolados por Dios.

2 Corintios 1:3–4 RVC

Imagínate que uno de tus amigos está enojado. Te acercas, le das un abrazo, y le dices que esperas que su día mejore. Tal vez podrías hacer algo extra agradable por él o esforzarte un poco más durante el día para animarlo.

Cuando eres un buen amigo, amas a los demás de la misma manera que Dios te ama a ti. Cuando consuelas a otros, los consuelas como Dios te consuela a ti. Cuando estás lleno del amor de Dios, lo transmites a quienes te rodean. Si te resulta difícil amar a los demás, pasa más tiempo con Dios. No puedes regalar algo que no tienes. Deja que el amor de Dios te llene y luego compártelo con tus amigos. Hoy, pasa tiempo con Dios. Pídele que te ayude a amar bien, así como Él te ama bien.

Dios, me alegra poder amar a los demás por tu amor por mí. Llena mi corazón con tu amor para que pueda compartirlo con quienes me rodean. Ayúdame a ser un buen amigo. Dame oportunidades para consolar a otros de la misma manera que tú me has consolado a mí.

EL MEJOR CONSOLADOR

¡Oh cielos, canten de alegría!
...Pues el Señor ha consolado a su pueblo
y le tendrá compasión en medio de su sufrimiento.

Isaías 49:13 NTV

Dios tendrá compasión de ti en tu sufrimiento. Esto significa que, cuando estás enojado, Dios está cerca. Cuando estás triste, Él te consolará. Cuando estás herido, Él te ayudará a solucionarlo. Él es el mejor consolador que hay. No hay nada en la tierra que pueda brindarte consuelo como lo hace Dios; no lo hará tu juguete favorito, ni comprar algo nuevo, ni una merienda o un regalo. El verdadero consuelo proviene de estar cerca de Dios. Él es quien puede darte descanso y sanar lo que te duele.

En este día, ¡canta de alegría porque Dios está lleno de compasión! No sirves a un Dios enojado a quien no le importa cuando sufres. Él nunca te rechazará cuando estés enojado. Siempre tendrá tiempo para ti y siempre te cuidará cuando lo necesites. Con todo su poder, Dios elige ser amable y compasivo. Sirves a un Dios amable y amoroso que consuela a los afligidos.

¡Gracias por tu gran compasión, Dios! Enséñame a correr a ti en busca de consuelo cuando estoy sufriendo. Sé que eres el único que puede darme verdadero descanso y consuelo.

ESCUCHAR Y HACER

Supongamos que un hermano o una hermana no tiene con qué vestirse y carece del alimento diario, y uno de ustedes le dice: «Vaya en paz; abríguese y coma hasta saciarse», pero no le da lo necesario para el cuerpo. ¿De qué servirá eso? Así también la fe por sí sola, si no tiene obras, está muerta.

SANTIAGO 2:15–17

No estás realmente escuchando a menos que hagas lo que se te dice, ¿verdad? Imagínate que tu mamá te pide que ordenes tu cuarto. Si solo le miras y dices: «Está bien, mamá», pero nunca ordenas realmente tu cuarto, entonces no has escuchado. Ella no estará contenta con tu elección. Tus palabras no importan mucho sin acciones que las respalden.

Lo mismo es cierto acerca de tu relación con Dios. No puedes simplemente leer sobre Él en tu Biblia. Tu fe debería inspirarte a actuar de modo diferente. Como seguidor de Jesús, debes servir a los demás por encima de ti mismo y comportarte como lo hizo Jesús. Él siempre puso a los demás primero, defendió a los débiles, y brindó consuelo a los afligidos. Cuando eres un seguidor de Jesús, es importante escuchar lo que dice, pero también es importante hacer lo Él que hizo.

Jesús, enséñame cómo ser un hacedor de tu Palabra. No quiero solamente escuchar tus palabras; quiero actuar como lo hiciste tú. Ayúdame a amar como tú lo hiciste y a honrarte con la forma en que trato a las personas.

MEJOR QUE EL DINERO

Vale más la buena fama que las muchas riquezas, y la buena reputación más que la plata y el oro.
PROVERBIOS 22:1

Suena divertido tener mucho dinero, pero no es lo más importante del mundo. Hay muchas cosas que son mucho más importantes que el dinero. Una cosa que importa más que lo rico que seas es tener buena fama o reputación. Tener buena fama significa que eres confiable y estás lleno de honestidad. Esto significa que pueden contar contigo y que eres honesto. Estas cosas son más importantes que tener mucho dinero porque tienen que ver con el estado de tu corazón y cómo tratas a los demás.

¿Cómo puedes aprender a valorar estas cosas? A medida que sigues a Jesús, Él hará que tu corazón sea más como el suyo, y su corazón tiene un valor infinito. El dinero no durará, pero el modo en que amas a los demás puede dejar una huella eterna.

Jesús, quiero ser una persona honesta y confiable. Sé que estas cosas son más importantes que la riqueza. Ayúdame a valorar las cosas que tú valoras. Enséñame a amar a otras personas de una manera que deje una huella eterna.

ÉXITO VERDADERO

¡Nunca permitas que la lealtad ni la bondad te abandonen!
...Escríbelas en lo profundo de tu corazón.
Entonces tendrás tanto el favor de Dios como
el de la gente, y lograrás una buena reputación.

PROVERBIOS 3:3–4 NTV

El mundo tiene una idea del éxito diferente a la que tiene Dios. El mundo quizá te dice que necesitas mucho dinero para ser exitoso. Las personas quizá te digan que necesitas cierto tipo de auto, casa o estilo de vida para ser exitoso e importante.

Dios no ve el éxito de esa manera. Él dice que, para encontrar favor, debes ser leal y amable. Ante los ojos de Dios, el verdadero éxito es amar bien a los demás. Cuando pones las necesidades de otras personas antes que las tuyas, encontrarás favor con Dios. Él te levantará, y otras personas también lo notarán. La bondad y la lealtad son mucho más importantes que el dinero y los nuevos juguetes brillantes. Puede ser tentador pasar tu vida intentando obtener siempre más cosas. Ese modo de vivir nunca te dará satisfacción. En cambio, pasa tu tiempo haciendo que otras personas se sientan amadas e importantes. Sé amable y leal en todo lo que haces. Esa forma de vivir traerá contentamiento y una buena reputación.

Gracias, Dios, por enseñarme a vivir. Quiero honrarte siendo amable y leal. Ayúdame a no perseguir el éxito de la manera que lo hace el mundo. Sé que tengo tu favor y el de los demás al ser amable y leal. Enséñame a vivir de ese modo.

SEGUIR A JESÚS

¿Y qué es lo que espera de ti el Señor?:
Practicar la justicia, amar la misericordia
y caminar humildemente ante tu Dios.

Miqueas 6:8

Si alguna vez sientes que no sabes cómo seguir a Jesús, puedes leer este versículo en Miqueas. Dios da tres sencillos mandamientos. Él dice que debes practicar la justicia, amar la misericordia y caminar humildemente ante Dios. Practicar la justicia significa hacer lo que es correcto y justo. Amar la misericordia significa ser amable y amar a los demás incluso cuando no lo merecen. Caminar humildemente ante Dios significa saber que sus caminos son mayores que los tuyos.

Dios no quiere ser un misterio. Él quiere enseñarte y guiarte mientras lo sigues. No tienes que preocuparte por no saber qué hacer. Él nunca te dejará en la oscuridad. Nunca esperará que lo descubras por ti mismo. Su Palabra está llena de instrucciones y de aliento. Cuando te sientas inseguro acerca de algo, abre tu Biblia y lee lo que Él dice.

¡Gracias por tu Palabra, Dios! Gracias por enseñarme a vivir de una manera que te honre. Sé que quieres lo mejor para mí y que siempre me estás guiando. Ayúdame a recordar mirarte a ti y a tu Palabra cuando necesito ayuda.

CUANDO SIENTES MIEDO

Cuando siento miedo, pongo en ti mi confianza.

SALMOS 56:3

Cuando sientes miedo, puedes confiar en Dios. No hay excepciones a esta verdad. El versículo no dice: «Puedes confiar en Dios excepto cuando tienes miedo a la oscuridad» o «Puedes confiar en Dios excepto cuando tienes miedo de algo tonto». No importa si tienes miedo de una araña en la esquina, de una presentación en la escuela, o de nadar en lo profundo de la piscina. Ya sean grandes o pequeños tus miedos, Dios quiere consolarte.

Dios dice que puedes confiar en Él todo el tiempo. Nunca llamará tontos a tus miedos. Pase lo que pase, puedes hablarle sobre tener miedo. Él te consolará y te protegerá. Él siempre está de tu lado. Puedes confiar en Él porque siempre cumple sus promesas. Puedes confiar en Él porque todo lo que dice es verdad. Cuando tienes miedo y le pides ayuda, Él te dará fuerzas. Le encanta ayudar a sus hijos.

Gracias, Dios, por ser digno de confianza. Gracias por ser tan fuerte y por ayudarme siempre. Enséñame a hablar contigo cuando tenga miedo. Sé que puedes fortalecerme y darme valentía.

MOSTRAR HONRA

Ámense los unos a los otros con amor fraternal, respetándose y honrándose mutuamente.

Romanos 12:10

¿Cuáles son algunas formas en las que puedes mostrar honra a las personas que te rodean? Cuando tu mamá se quedó hasta tarde preparándose para una fiesta, podrías dejarla dormir hasta tarde al día siguiente. Cuando tu familia está viendo una película, podrías dejar que tu hermana te provoque sin quejarte. Cuando tu papá llega a casa después de un largo día de trabajo, podrías ofrecerte a pasear al perro para que él no tenga que hacerlo. Cuando estás cenando y no es tu comida favorita, podrías decir gracias y comerla con alegría de todos modos. Cuando estás en la escuela y la clase está siendo ruidosa o irrespetuosa, puedes honrar a tu maestro haciendo lo que se supone que debes hacer.

Hay muchas maneras de amar a los demás antes que a ti mismo. Puede que sientas que tienes que renunciar a algo para hacerlo, pero la verdad es que obtienes algo mejor a cambio. Cuando honras primero a los demás, Dios te honrará a ti. Eso es mejor que cualquier cosa que puedas obtener por ti mismo.

Dios, quiero amar bien a otras personas. Es difícil pensar en los demás primero, pero quiero estar dedicado a honrar a los que me rodean. Ayúdame a ver oportunidades para poner a los demás antes que a mí mismo. Enséñame a amar como tú amas.

DALO A CONOCER A ALGUIEN

Reconocerán el poder de tus sublimes obras,
y yo daré a conocer tu grandeza.
SALMOS 145:6 RVC

¿Alguna vez has ido a un circo o a un programa de talentos? Durante la semana siguiente, probablemente le contaste lo que viste a todos lo que pudiste. «¡Había un payaso y una chica que se columpiaba de un trapecio! ¡Había un hombre que hacía trucos de magia!». Cada actuación emocionante es una historia que puedes contar a tus amigos. Es divertido compartir lo que has visto.

Lo mismo se puede hacer cuando piensas en las cosas increíbles que Dios ha hecho. Presta atención a las grandes cosas que está haciendo y cuéntales a tus amigos y familiares. Cuando responde a una oración, ¡díselo a alguien! Cuando sana a alguien enfermo, ¡díselo a alguien! Cuando te muestra una hermosa puesta de sol, ¡díselo a alguien! Dios siempre está haciendo cosas grandes y asombrosas. Si prestas atención, las verás. Comparte su grandeza con todos los que te rodean.

¡Dios, gracias por todas las cosas increíbles que haces! Quiero contarles a todos cuán grandioso eres. Ayúdame a prestar atención a cómo estás actuando. Dame las palabras correctas para compartir sobre tus obras.

CALMA EN DIOS

«En el arrepentimiento y la calma
está su salvación,
en la serenidad y la confianza
está su fuerza».

Isaías 30:15

Puede ser muy difícil mantener la calma cuando te sientes abrumado. Dios promete que recibirás la fuerza que necesitas cuando te tranquilices y confíes en Él. Cuando estés estresado, respira profundamente y recuerda lo que es verdad. Dios es lo bastante grande para manejar todo tu estrés. Es lo bastante fuerte para llevar tus cargas más pesadas.

Tu fuerza no proviene del estrés. Tu fuerza proviene de saber que Dios es lo bastante fuerte para sostenerte a ti y tus problemas. Tu fuerza viene de saber que, sin Dios, siempre serás débil. Él es el que te hace fuerte. Cuando sabes esto en lo más profundo de tu corazón, descubrirás que no te estresas tan fácilmente. Cuando surjan problemas, acudirás a Él en lugar de dejar que la preocupación llene tu corazón y tu mente.

Gracias, Dios, por tu fuerza. Ayúdame a acudir a ti cuando me sienta abrumado. Enséñame a depender de tu fuerza en lugar de la mía. No quiero que la preocupación me llene. En cambio, quiero tener paz y descanso. Tú eres lo suficientemente fuerte para mis problemas.

SIEMPRE CERCA

Si cabalgo sobre las alas de la mañana,
si habito junto a los océanos más lejanos,
aun allí me guiará tu mano
y me sostendrá tu fuerza.

SALMOS 139:10 NTV

No hay lugar al que puedas ir donde Dios no pueda ayudarte. No importa dónde estés, siempre te guiará y te apoyará. Es imposible esconderse de Dios, y es imposible huir de Él. Nunca puedes estar tan lejos que Él no pueda alcanzarte.

Podría haber días en los que sientes que Dios está lejos. Tal vez sientes que no está cerca de ti. En esos días es importante mirar la verdad y no solo cómo te sientes. La verdad es que Dios está contigo. No importa cómo te sientas, Dios siempre está ahí. Su fuerza te apoyará. Su mano te guiará. Recuerda hoy que, estés donde estés, Dios está contigo guiándote y manteniéndote a salvo.

Gracias por estar siempre conmigo, Dios. Me alegra no tener que tratar de averiguar dónde estás. Siempre estás cerca de mí. Ayúdame en mi día hoy y enséñame a depender de ti.

EL VERDADERO ENEMIGO

Porque nuestra lucha no es contra seres humanos,
sino contra poderes, contra autoridades,
contra potestades que dominan
este mundo de tinieblas,
contra fuerzas espirituales malignas
en las regiones celestiales.

EFESIOS 6:12

A lo largo de la Biblia, Dios habla mucho sobre los enemigos. Tus verdaderos enemigos son diferentes a lo que podrías pensar. No es el niño en la escuela con el que no te llevas bien o incluso alguien que te haga mal. Tu verdadera lucha es contra un enemigo al que no puedes ver. Constantemente estás luchando contra poderes de la oscuridad en este mundo. La Biblia describe a Satanás como un león listo para devorar personas. Satanás siempre está tratando de infundir miedo, estrés, dudas y problemas a los seguidores de Jesús.

Como cristiano, debes estar alerta contra él. La buena noticia es que tienes a Dios de tu lado, y Él siempre saldrá victorioso. Él es quien lucha por ti. Su luz vencerá a la oscuridad. Él te ha dado todo lo que necesitas para luchar porque te ha dado a Jesús. Hoy, sé consciente de dónde está tu verdadera lucha.

Gracias, Dios, por equiparme para luchar contra la oscuridad. Sé que no quieres que viva en el miedo y el conflicto. Ayúdame a vivir siempre en la luz y a confiar en que eres lo suficientemente fuerte para derrotar a Satanás.

TODAS LAS COSAS BUENAS

Toda buena dádiva y toda perfecta bendición descienden de lo alto, donde está el Padre que creó las lumbreras celestes, y quien no cambia ni se mueve como las sombras.

SANTIAGO 1:17

¿Puedes hacer una lista de las cosas buenas que hay en tu vida? Si realmente lo pensaras, ¡sería una lista muy larga! Algunas de las cosas que podrías pensar podrían ser tu hogar, el amor de un padre, tus amigos, la capacidad de practicar un deporte, un árbol para trepar, un patio para correr, alimentos saludables para comer, o una escuela segura a la que asistir. Podrías seguir y seguir.

Cada cosa buena en tu vida, sea grande o pequeña, es un regalo de Dios. Él es quien te provee todas esas cosas. Él actúa constantemente en tu vida y te da lo que necesitas. Sin Él, no tendrías cosas buenas. Él es el mejor proveedor y padre. Le encanta dar buenos regalos a sus hijos. Piensa hoy en algunas de las cosas que Él te ha dado y dale gracias.

Dios, gracias por cada buen regalo en mi vida. Abre mis ojos para ver todo lo que me has dado. Ayúdame a ver lo que has hecho. Eres un padre muy amable y generoso. Enséñame a ser agradecido por lo que tengo.

UNIDAD

¡Cuán bueno y cuán agradable es que los hermanos convivan en armonía!

Salmos 133:1

Es bueno cuando vivimos en unidad con quienes nos rodean. Unidad significa vivir en paz sin pelear. Unidad significa que todos tenemos el mismo propósito o razón para hacer algo. Un buen ejemplo de unidad es un equipo de fútbol. Cuando el equipo está unido, cada uno conoce su papel y todos trabajan juntos para marcar goles. Un equipo unido no discute ni pelea. Un equipo unido tiene un solo propósito, y todos saben cuál es.

Lo mismo es cierto acerca de las personas de Dios que viven en unidad. Cuando estamos unidos, no nos peleamos por cosas tontas. Unidad significa saber lo que es importante y olvidar el resto. Unidad significa enfocarse en la verdad, que es que debemos amar a Dios y a los demás.

Gracias por la unidad, Dios. Ayúdame a vivir en unidad con los que me rodean. Sé que nuestro amor por ti es lo que nos une. Muéstrame cómo hacer que amarte a ti y a los demás sean las cosas más importantes en mi vida.

SIEMPRE VERDADERA

Pues la palabra de Dios nunca dejará de cumplirse.

LUCAS 1:37 NTV

Podrías tener días en los que seguir a Jesús parezca difícil. A veces, podrías sentir que Dios está lejos. Cuando eso suceda, puedes confiar en que Dios siempre cumple sus promesas. Si ha dicho algo, puedes estar seguro de que sucederá. Él es siempre fiel a su Palabra. Es imposible que algo que Él ha dicho falle. En los días en los que no sepas cómo seguir a Dios, piensa en las cosas que Él ha dicho. Si eran verdaderas antes, siempre serán verdaderas. Pase lo que pase, siempre puedes depender de la Palabra de Dios.

Él ha dicho que te ama. Ha dicho que envió a Jesús para morir por tus pecados. Ha dicho que está cerca de ti. Ha dicho que es un padre amable y bueno. Ha dicho que eres su hijo. Todas estas cosas son verdad y siempre lo serán, sin importar cómo te sientas.

Dios, tu Palabra siempre es verdad. Agradezco que pueda depender de tus promesas porque nunca fallarán. En los días en que no sepa cómo seguirte, ayúdame a enfocarme en la verdad que nunca cambia. No importa cómo me sienta, quiero confiar en ti.

SIN MISTERIO

En ti confían los que conocen tu nombre,
porque tú, SEÑOR, proteges
a los que te buscan.

SALMOS 9:10 RVC

Cuando conoces bien a alguien, puedes confiar en esa persona. Conoces bien a tu mamá, por lo que sus acciones generalmente no son una sorpresa para ti. Probablemente puedas adivinar cómo reaccionará ante ciertas cosas. La has conocido toda tu vida, así que ella no es un misterio para ti. Lo mismo ocurre con Dios. Si lo conoces bien, confiarás en Él.

Si te resulta difícil confiar en Dios, podría ser porque no has pasado suficiente tiempo con Él. Cuanto más tiempo pases con Él, más lo conocerás. Es como comenzar una nueva amistad; tienen que pasar tiempo juntos para conocerse mutuamente. Hay muchas maneras de conocer a Dios. Puedes pasar tiempo leyendo la Biblia, simplemente estar con Él y dedicar tiempo a la oración. Puedes hacer preguntas a adultos en quienes confíes y hablar con tu familia acerca de quién es Dios. Cuanto más lo conozcas, más confianza tendrás en quién es Él.

Gracias, Dios, por no ser un misterio. Puedo conocerte y tener confianza en quién eres. Quiero confiar en ti hoy más de lo que confié ayer. Mientras paso tiempo contigo, enséñame acerca de quién eres.

ESPERANZA QUE REBOSA

Que el Dios de la esperanza los llene de toda alegría y paz a ustedes que creen en él, para que rebosen de esperanza por el poder del Espíritu Santo.

ROMANOS 15:13

Imagina que tienes mucha sed. Tienes la boca seca y empiezas a tener dolor de cabeza. Una gota de agua suena realmente bien. Un vaso de agua parece perfecto. ¡Una piscina desbordante de agua fresca y deliciosa suena increíble!

La esperanza es así también. La esperanza es confiar en la fidelidad de Dios y creer que Él hará lo que ha dicho. Dios no quiere que tengas solo una pequeña muestra de esperanza. No quiere que tengas una buena cantidad de esperanza. ¡Quiere que reboses de esperanza! Quiere que confíes tanto en Él, que pase lo que pase creas que será fiel a su Palabra. No quiere que te quedes sin esperanza nunca. Él sabe que la esperanza es lo que te ayuda a superar los tiempos difíciles. La esperanza es lo que te mantiene motivado para seguirlo a Él cuando todo lo demás parece caótico. Hoy, pídele a Dios que renueve tu esperanza mediante el poder del Espíritu Santo.

Gracias por la esperanza, Dios. Sé que puedo confiar en que tú serás fiel a tu Palabra. Sé que la esperanza de que Jesús regrese puede ayudarme a superar los tiempos difíciles. Restaura mi esperanza hoy para que desborde de mí.

BUENOS DÍAS

Por la mañana, Señor, escuchas mi clamor;
por la mañana te presento mis ruegos
y quedo a la espera de tu respuesta.
Salmos 5:3

Desde el momento en que abres los ojos puedes decidir entregar tu día a Dios. No importa cómo te sientas en la mañana, Dios quiere que lo incluyas en tu día. La Biblia dice que puedes presentarle tus peticiones. Eso significa que, al margen de lo que vayas a enfrentar ese día, Dios quiere ser parte de ello.

Él quiere ayudarte y guiarte. Mientras compartes tus necesidades con Él, ¡puedes esperar con expectativa una respuesta! Puedes estar emocionado y seguro de que Él te hablará. Seguramente lo hará. Él quiere escucharte, y es confiable y bueno. Puedes confiar en Él con todas tus preocupaciones y planes.

Estoy contento de poder comenzar mi día hablando contigo, Dios. No importa lo simple o complicado que sea mi día, puedo contarte todo al respecto sabiendo que quieres escucharme. Enséñame cómo decirte lo que necesito y luego esperar tu respuesta.

NECESITAMOS DESCANSO

«Tienen seis días en la semana para hacer su trabajo habitual,
pero el séptimo día será un día de descanso absoluto,
un día santo, dedicado al Señor…
Pues en seis días el Señor hizo los cielos y la tierra,
pero en el séptimo dejó de trabajar y descansó».

Éxodo 31:15, 17 NTV

¿Alguna vez te has enfocado tanto en un proyecto escolar que te sentiste estresado y abrumado? Tal vez tu mamá o papá te sugirió que tomaras un descanso por un rato para que pudieras ordenar tus pensamientos. Todos necesitamos un descanso a veces. La Biblia nos enseña que deberíamos tomar un descanso de nuestro trabajo durante un día completo cada semana.

Es importante saber trabajar duro, pero también es importante saber descansar bien. Cuando no descansas, estás cansado constantemente. Dios ha diseñado tu cuerpo para que necesite descanso. Las personas no están destinadas a estar cansadas y estresadas todo el tiempo. Está bien reducir la velocidad, dejar de lado tu trabajo, y simplemente disfrutar a Dios y todo lo que te ha dado. Luego, cuando regreses a lo que estabas haciendo, estarás renovado y harás un mejor trabajo que si no hubieras tomado un descanso.

Gracias, Dios, por crearme para necesitar descanso. Ayúdame a tomar un descanso esta semana y enfocarme en todo lo que tú has hecho. Sé que el descanso es bueno y me renueva cuando estoy abrumado. Enséñame a descansar en lugar de pensar que necesito trabajar más duro.

NO ES NECESARIO MENTIR

Él reserva el éxito para los íntegros y es escudo a los de conducta intachable.

PROVERBIOS 2:7

¿Alguna vez mentiste porque no querías meterte en problemas? Puede ser tentador ocultar la verdad cuando no quieres lidiar con las consecuencias de algo que hiciste. En el momento, mentir parece que ayudará, pero en realidad no hace sino empeorar las cosas. La verdad es que, de todos modos, Dios ve todas tus acciones. Cuando mientes, solo te estás engañando a ti mismo pensando que te has salido con la tuya.

Dios nos ve, y su bondad es lo que nos enseña a decir la verdad. Cuando te acercas a Dios con tus errores, Él siempre es amable. No es un padre enojado, esperando a que cometas un error. No hay razón para tener miedo a ser sincero. Dios dice que reserva el éxito para las personas que son íntegras. Si has adquirido el hábito de mentir, pídele a Dios que te enseñe a ser sincero. Pídele perdón y confía en que su amor por ti nunca cambia.

Gracias, Dios, por ser siempre amable conmigo. Sé que es mejor ser sincero, y quiero ser alguien que dice la verdad. Perdóname por las veces que he mentido, y ayúdame a practicar decir la verdad.

REFLEJO DE DIOS

Así que Dios creó a los seres humanos
a su propia imagen.
A imagen de Dios los creó;
hombre y mujer los creó.

GÉNESIS 1:27 NTV

Toma un momento y mírate al espejo. Tu reflejo es la imagen que ves en el espejo. Se parece a ti y se mueve como tú. Dios creó a las personas para ser un reflejo de sí mismo. Se supone que debemos parecernos y actuar como Él. El pecado es lo que nos hace diferentes. Por eso, Dios envió a Jesús a la tierra como sacrificio por nuestros pecados. Gracias a Jesús, podemos parecernos más a Dios. Nuestro pecado ya no está en el camino porque Jesús pagó el precio por él.

A medida que sigas a Jesús, te parecerás más y más a Dios. Cada día reflejarás más cómo es Él. A medida que pases tiempo con Él, pensarás como Él y actuarás como Él. Amarás lo que Él ama y aprenderás a tratar a las personas como Él las trataría. En este día, pídele a Dios que te ayude a ser más como Él.

Gracias, Dios, por hacerme a tu imagen. Gracias por crearme para ser como tú. Gracias por enviar a Jesús para allanar el camino para que pueda estar cerca de ti. Ayuda a que mi vida les muestre a otros quién eres tú.

UNA OBRA MAESTRA

¡Gracias por hacerme tan maravillosamente complejo! Tu fino trabajo es maravilloso, lo sé muy bien.

SALMOS 139:14 NTV

¿Sabes cuán complicado es tu cuerpo? Millones de células trabajan juntas para permitirte respirar, moverte, hablar y pensar. Desde el color de tus ojos hasta los latidos de tu corazón, eres maravillosamente y bellamente creado. Tu cuerpo no es simple, y no fue creado por accidente. Dios te diseñó de manera intencionada y perfecta.

Eres precioso. Sin tener en cuenta cómo te ves a ti mismo, Dios te ve como una obra maestra. Él conoce el número de cabellos que hay en tu cabeza, cuán rápido puedes correr y cuán alto puedes saltar. Él sabe todo acerca de ti, y te ama porque eres suyo. Hoy, recuerda que Él es tu Creador y que eres muy valioso para Él.

¡Gracias por crearme, Dios! Gracias porque mi corazón late y mi mente funciona. Eres mi maravilloso Creador, y hoy estoy agradecido por cómo me hiciste.

EL MEJOR PAPÁ

Tan compasivo es el Señor con los que le temen como lo es un padre con sus hijos.
Salmos 103:13

Dios es el mejor padre que podrías tener. Te ama incondicionalmente. Él sabe todo acerca de ti y te comprende mejor que nadie. Quiere darte buenos regalos y protegerte. Es tierno y perdonador cuando cometes errores. Le encanta enseñarte con paciencia. Se deleita al estar contigo. Está orgulloso de ti. Es lento para enojarse y rápido para tener compasión de ti. Verdaderamente es el mejor papá.

Si tienes un papá terrenal, tío o tutor, piensa en cómo te hace sentir amado y cuidado. Si tu papá, que es humano y comete errores, puede amarte bien, imagina cuánto te ama tu Padre celestial. Su amor por ti es perfecto y nunca falla. Pídele que te ayude a entender su amor, y deja que eso haga que tu corazón se sienta alegre y seguro.

Gracias, Dios, por tu amor perfecto. Gracias por ser un padre tan amable y bueno. Gracias por ser tierno y compasivo. Quiero entender más tu amor. Muéstrame las maneras en que me amas.

CONFIANZA

¡Tú guardarás en perfecta paz
a todos los que confían en ti,
a todos los que concentran
en ti sus pensamientos!

Isaías 26:3 NTV

¿Cómo sería confiar en Dios? Puedes confiar en Dios en las cosas pequeñas, como una prueba o una discusión con un amigo. Orar por esas cosas en lugar de estar ansioso demuestra que confías en Dios. También puedes confiar en Dios en las cosas grandes, como cuando alguien a quien amas está atravesando un momento difícil.

Sea cual sea la situación, cuando eliges confiar en Dios, Él te dará paz. Esto se debe a que cuando sabes que Dios maneja una situación mejor que tú, te preocuparás menos por ella. Cuando sabes que Dios está en control y cuida de ti, te enfocarás en eso en lugar de tratar de resolver las cosas tú solo. Hoy, si necesitas paz, recuerda que se encuentra cuando confías en Dios y te enfocas en Él.

Cuando confío en ti, Dios, me das paz. Enséñame a confiar en ti en las cosas grandes y las pequeñas. Quiero enfocarme siempre en ti, no solo cuando es fácil. Ayúdame a confiar más en ti.

ABRIL

El Señor dirige los pasos de los justos;
se deleita en cada detalle de su vida.
Aunque tropiecen, nunca caerán,
porque el Señor los sostiene
de la mano.

Salmos 37:23–24 NTV

SIEMPRE PRESENTE

Dios es nuestro refugio y nuestra fortaleza,
nuestra segura ayuda en momentos de angustia.
Por eso, no temeremos, aunque se desmorone la tierra
y las montañas se hundan en el fondo del mar;
aunque rujan y se encrespen sus aguas,
y ante su furia retiemblen los montes.

SALMOS 46:1–3

¿Alguna vez necesitaste ayuda cuando estabas solo? Imagina que estás jugando en tu patio trasero. Intentas entrar para tomar un refrigerio, pero te das cuenta de que la puerta trasera se cerró con llave. Golpeas y gritas, pero tu mamá debe estar arriba donde no puede escucharte. Después de unos minutos, baja y te ve esperando. Necesitabas ayuda, pero no había nadie allí.

La gente no siempre puede ayudarte cuando lo necesitas, pero Dios es tu ayuda constante en los momentos de problemas. Eso significa que siempre está ahí para ayudarte, sin importar qué suceda. Siempre puedes contar con Él. No te defraudará. No importa lo que suceda hoy, Dios está contigo y listo para ayudarte. El Creador de todo el universo siempre está ahí para ti. ¿No es increíble?

Gracias, Dios, por estar siempre aquí para ayudarme. Gracias por tu fortaleza. Sé que siempre puedo acudir a ti en los momentos de dificultad. Cuando necesite ayuda, enséñame a pedírtela a ti primero. Enséñame acerca de tu fidelidad mientras busco tu ayuda.

CUÉNTALE TODO

No se preocupen por nada; más bien, en toda ocasión, con oración y ruego, presenten sus peticiones a Dios y denle gracias.

Filipenses 4:6

Dios es tu Padre bueno, tu poderoso Rey, tu sabio maestro y tu amigo de confianza. ¿Sabías que puedes hablar con Dios como si fuera tu mejor amigo? Puedes contarle todo, cualquier cosa. No hay nada que necesites ocultarle a Dios. Quiere que hables con Él sobre las cosas grandes y pequeñas de tu vida.

Cuando te despiertes en la mañana, habla con Dios. Mientras desayunas, en el auto de camino a la escuela, o caminando por la acera, habla con Dios. Cada momento es un buen momento para orar y darle gracias por todo lo que ha hecho. Él siempre está esperando escucharte, y se deleita en lo que compartes con Él. Le encanta escuchar acerca de tus preocupaciones y tus miedos, de tu alegría y tu emoción.

Gracias, Dios, porque puedo hablar contigo. Recuérdame siempre orar y darte gracias a ti. Quiero aprender a contarte todo. Me alegra saber que, pase lo que pase, puedo contarte todo.

DESHAZTE DEL ODIO

El odio es motivo de disensiones,
pero el amor cubre todas las faltas.
PROVERBIOS 10:12

¿Alguna vez has guardado odio en tu corazón? Si alguien te hiere y te aferras fuertemente a ello, de repente todo lo que esa persona hace comienza a molestarte. Empiezas a sentirte frustrado con él o ella incluso cuando no está haciendo nada malo. Esto se debe a que el odio es motivo de disensiones. Cuando mantienes algo oculto en tu corazón, se mostrará en tus acciones.

Cuando te lastiman, lo mejor que puedes hacer es resolver el conflicto. Habla con esa persona y conversen sobre lo que sucedió. Explica por qué te lastimó y pídele que se comporte de manera diferente. No siempre puedes controlar cómo actúan otras personas, pero sí puedes controlar lo que guardas en tu corazón. En lugar de aferrarte al odio, elige amar. Es responsabilidad tuya mantener tu corazón suave y lleno de amor. Deja que Dios te enseñe cómo amar bien a otros. Su amor es perfecto, y Él es el mejor maestro.

Dios, gracias por enseñarme a vivir. No quiero guardar odio en mi corazón. Dame el valor para resolver mis problemas con palabras amables y perdón. Enséñame a perdonar bien y a amar bien a los demás.

LEER LA BIBLIA

¡Qué dulces son a mi paladar tus palabras!
Son más dulces que la miel.
SALMOS 119:103 NTV

La Palabra de Dios es dulce y refrescante. Es como medicina en una herida o un vaso grande de agua en un día caluroso de verano. Es como una comida deliciosa cuando tienes mucha hambre. Adquiere el hábito de leer su Palabra cada vez que tengas la oportunidad. Cuando te sientas abrumado, anímate con lo que Él tiene que decir. Cuando te sientas perdido, busca ejemplos de otros en la Biblia. Cuando te sientas desanimado, lee lo que Él piensa de ti. Cuando necesites ayuda para tomar una decisión, encuentra sabiduría en sus enseñanzas.

La Biblia está ahí para que la explores y aprendas de ella. Practica leyendo un poco cada día. No tienes que seguir un plan ni terminarla toda en un año. Su Palabra siempre es buena, la leas durante cinco minutos o cinco horas. Es un libro grande, pero no dejes que eso te desanime para ahondar en ella. ¡La Biblia es un regalo para ti!

Gracias por tu Palabra, Dios. Ayúdame a verla como un gran regalo y no como algo que está en mi lista de tareas que hacer. Ayúdame a amar tu Palabra y deleitarme en ella. Ayúdame a adquirir el hábito de acudir a la Biblia cada vez que necesite ayuda o ánimo.

MILAGRO PRIMAVERAL

Mas el ángel, respondiendo, dijo a las mujeres:
No temáis vosotras; porque yo sé
que buscáis a Jesús, el que fue crucificado.
No está aquí, pues ha resucitado,
como dijo.

MATEO 28:5–6 RVC

La Semana Santa es un momento para celebrar la nueva vida. A tu alrededor, el mundo estalla de vida después de un largo invierno. La primavera parece ser el momento perfecto para celebrar la resurrección de Jesús. A medida que el pasto vuelve a ponerse verde y las flores comienzan a florecer, recordamos que Jesús murió y resucitó. El milagro de la primavera nos recuerda el milagro de la resurrección.

Jesús hizo algo grandioso y maravilloso. Sacrificó su vida para que tú no tuvieras que hacerlo. Tomó tus pecados y pagó el precio por ellos para que pudieras estar cerca de Dios. Tus pecados ya no se interponen en el camino. Gracias a Jesús, puedes tener vida nueva todos los días. La resurrección significa que en tu corazón siempre puede ser primavera. Hoy, alaba a Jesús. Dale gracias por la nueva vida que te ha dado.

Jesús, gracias por tu muerte y resurrección. Gracias por la forma en que la primavera me recuerda la nueva vida que puedo tener en ti. Ayúdame a recordar el precio que pagaste por mis pecados.

TE VE

«El Dios que me ve».
GÉNESIS 16:13

¿Alguna vez has estado triste, asustado, enojado o molesto? A veces, cuando te sientes así, es posible que desees esconderte o estar solo. Puede parecer que arroparte bajo tus mantas hará que todo lo demás desaparezca. En esos momentos, Dios aún te ve. No puedes esconderte de Él. No solo te ve, sino que también te entiende y siempre está de tu lado.

Cuando un problema parece demasiado difícil de manejar, nunca estás solo. Recordar que Él está contigo puede ayudar a sentirte menos solo y darte fuerzas. Él es el Creador de todo el universo, y aún te ve. Tiene que cuidar de todo el mundo, y cuida de ti. En el día de hoy, recuerda que nunca estás solo. Dios está contigo siempre.

Eres poderoso y fuerte, Dios, y aún me ves. Gracias por entenderme y por no dejarme solo nunca. Ayúdame a recordar que estás cerca y que te interesas por mí.

MALOS HÁBITOS

*Examinemos y pongamos a prueba
nuestras conductas
y volvamos al Señor.*
Lamentaciones 3:40

¿Hay hábitos en tu vida que no te gustan? Todos cometemos errores y tomamos malas decisiones a veces. Todos tenemos cosas que hacemos y que nos gustaría cambiar. Tal vez tengas el hábito de quejarte cuando te piden que hagas algo. Tal vez no seas amable con tu hermano, o quizá tomes galletas extra cuando no se supone que debes hacerlo.

Todos cometemos errores a veces. Lo que importa es lo que haces después de tus errores. ¡Acude a Dios! Lleva tus desórdenes y entrégalos a Jesús. Pide perdón y sabiduría para arrepentirte. Arrepentirte significa apartarte de tu mal hábito y actuar de manera distinta. Cuando te equivoques, corre hacia Dios. Él es tu Padre, y siempre tendrá misericordia de ti. Nunca habrá un momento en el que acudas a Dios y Él diga: «No, ¡ese error fue demasiado grande!». Siempre te recibirá con los brazos abiertos y te dirá lo mucho que te ama. Cuando acudes a Él en busca de perdón, Él es amable y bueno.

Gracias por tu perdón, Dios. Gracias por ser tan misericordioso conmigo. Ayúdame a acudir a ti con mis errores en lugar de tratar de esconderlos. Sé que eres el único que puede ayudarme a arrepentirme de mi pecado.

CUANDO JESÚS REGRESE

Pero si deseamos algo que todavía no tenemos, debemos esperar con paciencia y confianza.

ROMANOS 8:25 NTV

Esta parte de la Biblia habla sobre la espera del regreso de Jesús por segunda vez. Un día, Él regresará y todo se enderezará nuevamente. Le esperamos con confianza y paciencia porque sabemos que Él cumplirá su palabra. Después de morir en la cruz y resucitar, Jesús dijo que volvería. Sabemos que cumplirá su promesa, así que, aunque parezca que está tardando mucho, no dejamos de creer.

En los días realmente difíciles, puedes poner tu esperanza en el regreso de Jesús. Ningún problema durará para siempre porque, cuando Él regrese, todo será perfecto. Tu tiempo en la tierra es corto comparado con el tiempo que pasarás con Jesús en la eternidad. Puedes tener fe sin rendirte porque Dios te fortalecerá mientras esperas. Deja que la esperanza del regreso de Jesús te dé la fuerza que necesitas para enfrentar tus problemas.

Jesús, me alegra que vayas a regresar. Ayúdame a esperar pacientemente y con confianza tu regreso. Enséñame a poner mi esperanza en lo que has prometido. Dame la fuerza para superar el día de hoy.

CONECTADO A DIOS

*«Yo soy la vid y ustedes son las ramas.
El que permanece en mí, como yo en él,
dará mucho fruto; separados de mí
no pueden ustedes hacer nada».*

Juan 15:5

¿Alguna vez has visto a alguien podar un árbol? Las ramas se cortan una a una y caen al suelo. Una vez que la rama es cortada del árbol, no puede vivir. Se ha separado del tronco y no puede seguir creciendo por sí sola. Nunca verás una rama tirada en el suelo dando manzanas. Una rama solo puede desarrollarse si está conectada al resto del árbol. Necesita los nutrientes y la estabilidad que le da el árbol. Sin el árbol, no tiene una fuente de alimento ni un sistema de raíces para absorber agua.

Tú eres igual que esa rama. Si no estás conectado a Dios, no puedes crecer. Necesitas a Dios. Él es quien te ayuda a dar fruto. Cuando te mantienes cerca de Él, creces y das fruto. Hoy, háblale y pídele fuerzas. Pídele que te enseñe y te guíe. Cuéntale todo lo que sientes y confía en Él para todo lo que necesitas.

Gracias, Dios, por darme fuerzas y cuidar de mí. Enséñame a permanecer conectado a ti hablando contigo y leyendo tu Palabra. Enséñame a permanecer cerca de ti.

GRAN MISERICORDIA

Pero Dios es tan rico en misericordia y nos amó tanto que, a pesar de que estábamos muertos por causa de nuestros pecados, nos dio vida cuando levantó a Cristo de los muertos.

EFESIOS 2:4–5 NTV

¿Sabes qué es la misericordia? La misericordia es darle a alguien algo que no se merece o que no ha ganado. Dios está lleno de misericordia para ti. Él le da el regalo de la resurrección de Cristo a cualquiera, sin importar cuán bueno sea. Cristo murió por ti cuando estabas en tu peor momento. Nunca podrás ser lo suficientemente bueno para merecerte ese regalo. Es tuyo debido a la misericordia de Dios.

En este día, da gracias a Dios por lo que te ha dado. Dale gracias por su misericordia y por el hecho de que te ama, sin importar cuán bueno seas. Incluso en los días en que solo cometes errores o tomas malas decisiones, la misericordia de Dios hacia ti sigue siendo grande. A medida que aprendes acerca de la misericordia de Dios, puedes comenzar a mostrarla a los demás. Esto significa ser amable cuando esa otra persona no lo es, o perdonar a otros cuando te han lastimado.

Gracias por tu misericordia, Dios. Enséñame más acerca de cómo has sido misericordioso conmigo. A medida que aprendo más acerca de tu misericordia, ayúdame a mostrarla a los demás.

ÉL HACE CUALQUIER COSA

Así que mi Dios les proveerá
de todo lo que necesiten,
conforme a las gloriosas riquezas
que tiene en Cristo Jesús.

FILIPENSES 4:19

Incluso las personas que más te aman tienen sus límites. Tu mamá te ama mucho, pero no puede suplir todas tus necesidades. Hay cosas que ella no puede hacer. No puede curar tus heridas, y no puede arreglar un corazón roto. Dios puede suplir todas tus necesidades porque tiene recursos ilimitados. Esto significa que no hay fin a lo que Él tiene o lo que puede hacer. Él creó todo el universo solo con sus palabras. Imagínate qué más puede hacer. Es tan poderoso que puede hacer cualquier cosa.

Suplir tus necesidades no es difícil para Él, y le encanta hacerlo. Le encanta cuando le pides lo que necesitas. Le encanta dar buenos regalos a sus hijos. No hay límite para lo que Dios puede hacer. Como hijo suyo que eres, tienes acceso a todo lo que Él tiene. Él es un buen padre al que le encanta compartir con sus hijos. Hoy, dale gracias por cómo te cuida. Pídele lo que necesitas, sabiendo que Él puede hacerlo.

Dios, gracias por cuidar de mí. Sé que puedo depender de ti. Sé que puedes satisfacer todas mis necesidades. Ayúdame a estar agradecido por todo lo que has hecho.

NO SE ENOJA

El Señor es misericordioso y compasivo,
lento para la ira y grande en amor.
Salmos 145:8

Cuando cometes un error, Dios no se enoja. Cuando le pides ayuda o no hablas con Él durante un tiempo y luego regresas, Él no se enoja. Dios es lento para la ira. Es rico en compasión. Esto significa que se interesa por ti y piensa en cómo te sientes.

A veces, como sabemos que Dios es perfecto, nos lo imaginamos como un maestro frustrado o un padre decepcionado. Él no es ninguna de esas cosas. No se molesta contigo cuando tardas mucho tiempo en aprender algo. No se desespera ni te pide que te apresures. Él es paciente. No desea que lo hagas mejor ni se pregunta por qué eres como eres. Él es amable. Si sientes que Dios haría algo que no sea amarte o abrazarte, es posible que no entiendas quién es Él realmente. Hoy, pregúntate a ti mismo cómo ves sinceramente a Dios. Pídele que te muestre la verdad sobre el modo en que te ama.

Gracias, Dios, por tu amor amable e inagotable. Sé que eres lento para enojarte y que estás lleno de compasión. Ayúdame a ver cuánto me amas. Ayúdame a entenderte correctamente.

DESPUÉS DE LA PELEA

«Por tanto, si traes tu ofrenda al altar,
y allí te acuerdas de que tu hermano
tiene algo contra ti,
deja allí tu ofrenda delante del altar,
y ve y reconcíliate primero con tu hermano,
y después de eso vuelve y presenta tu ofrenda».

MATEO 5:23–24 RVC

¿Alguna vez tuviste una discusión o pelea con un amigo? Todo el día piensas en las cosas que dijiste y en cómo te trató tu amigo. Cuando finalmente puedes hablar al respecto, te disculpas y te sientes mucho mejor. Es como si te quitaras un peso de encima.

Dios nos recuerda que perdonemos a los demás porque sabe que quedarnos enojados no es bueno para nuestro corazón. Dice que perdonemos a los demás porque nuestro amor por ellos es uno de los mayores regalos que le podemos dar a Él. Quiere que tengas paz con los demás porque Él ama a todos sus hijos y se deleita cuando nos amamos mutuamente. En este día, no te alejes de una discusión o una pelea con ira en tu corazón. Cuando hayas hecho algo mal, discúlpate y pide perdón.

Dios, gracias por enseñarme a perdonar a los demás. Ayúdame a hacer las paces con los que me rodean. Gracias por perdonarme siempre cuando no lo merezco. Ayúdame a amar a los demás del mismo modo y a pedir perdón cuando haya cometido algún error.

TU FORTALEZA

Pues todo lo puedo hacer por medio de Cristo, quien me da las fuerzas.

FILIPENSES 4:13 NTV

Hay muchos ejemplos en la Biblia en los que vemos a Dios haciendo cosas milagrosas. Mantuvo a Daniel a salvo en el foso de los leones. Le dijo a Noé cómo construir un arca. Separó las aguas del mar para Moisés. Jesús convirtió unos pocos panes y peces en una comida para miles. Hizo que los ciegos volvieran a ver y resucitó a personas.

Dios puede hacer cosas grandes; ¡es cierto! Él es un hacedor de milagros y es quien te da fuerzas. Cuando dependes de Él, también puedes hacer cosas grandes. Él es tu fuente de poder. Hoy, tal vez necesites un milagro o tal vez solo necesites algo simple. Sea lo que sea, Dios puede darte la fuerza para enfrentarlo. Le encanta ayudar a sus hijos con lo que necesitan.

Gracias por darme fuerzas, Dios. Ayúdame a depender de ti. Sé que puedes hacer cualquier cosa, y sé que te encanta ayudarme. Muéstrame cómo apoyarme en ti para lo que necesito.

TU LUZ

«Ustedes son la luz del mundo, como una ciudad en lo alto de una colina que no puede esconderse. Nadie enciende una lámpara y luego la pone debajo de una canasta. En cambio, la coloca en un lugar alto donde ilumina a todos los que están en la casa».

MATEO 5:14–15 NTV

¿Alguna vez has visto una vela iluminar una habitación oscura? Es solo una llama, pero la luz es brillante en la oscuridad. Cuando conoces a Jesús, tú puedes ser una luz para otras personas. Cuando amas a los demás y hablas amablemente, puedes darles esperanza y aliento.

Esconder tu luz es como tener un regalo maravilloso para un amigo y guardarlo debajo de tu cama. Cuando tienes algo bueno, lo mejor que puedes hacer es compartirlo. Cuando conoces la verdad del evangelio y el amor de Dios, es bueno y correcto compartirlo. Hoy, comparte la esperanza de Jesús con quienes te rodean. Habla y actúa amablemente. Tus acciones son tan importantes como tus palabras. Anima a otros y háblales de Jesús.

Gracias, Dios, por darme una luz para compartir. Enséñame a compartir el amor de Jesús con otros. Quiero ser una persona amable y dar esperanza a los demás.

SIN TEMOR

El Señor es mi luz y mi salvación,
entonces ¿por qué habría de temer?
El Señor es mi fortaleza y me protege del peligro,
entonces ¿por qué habría de temblar?
Salmos 27:1 NTV

¿Hay algo que te da miedo? La respuesta probablemente sea sí. Está bien sentir miedo. Es normal estar nervioso a veces. Todos tienen miedo en diferentes momentos, pero Dios no quiere que te quedes en ese miedo. No quiere que te sientas así todo el tiempo, y no quiere que dejes que el miedo te controle. Esto se debe a su gran amor por ti. Él es tu protección y el que te salva cuando más lo necesitas.

Cuando comiences a sentir que llega el miedo, habla con Dios. Cuéntale tus miedos y pídele ayuda. Le encanta darte fuerzas cuando se lo pides, y le encanta mantenerte a salvo. Él es más grande que tu mayor miedo. No hay nada que sea más grande o más fuerte que Dios. Si sientes miedo hoy, recuerda que tienes de tu lado al Padre más poderoso del universo.

¡Gracias por tu fuerza y poder, Dios! Me alegra que seas más grande que todos mis miedos. Enséñame a depender de ti cuando tenga miedo. Recuérdame que tú me proteges, y dame valor para enfrentar mis miedos contigo a mi lado.

LA LISTA DE LO BUENO

Que todo lo que soy alabe al Señor;
que nunca olvide todas las cosas buenas
que hace por mí.
Salmos 103:2 NTV

Cuando tienes un día difícil, puede que te resulte fácil olvidar todas las cosas buenas que han sucedido antes. Por lo general, nos enfocamos más en cómo nos sentimos en el momento que en lo que ha sido verdad a lo largo el tiempo. Puede ser realmente útil tener una lista en un cuaderno o en un papel en tu cuarto. Puedes escribir todas las cosas buenas que Dios ha hecho por ti. Cada vez que experimentes su bondad, añádelo a tu lista.

Cuando estés teniendo un día difícil, puedes mirar tu lista y recordar todo lo que Dios ha hecho. Puedes escribir cosas como: «El clima era fabuloso y pude jugar afuera todo el día», o «Mi hermano y yo construimos una fortaleza y no nos peleamos». «Me puse enfermo, pero solo me duró un día y luego me sentí mejor». Si prestas atención, cada día tiene algo por lo que estar agradecido. Cada día hay alguna manera en la que Dios te mostró su bondad.

Dios, ayúdame a ver y recordar todo lo que has hecho por mí. Quiero alabarte por todo lo que haces. Cuando tenga un día difícil, ayúdame a ver que todavía me estás dando buenos regalos.

EL GRAN YO SOY

*Dios le respondió a Moisés: «YO SOY EL QUE SOY».
Y añadió: «A los hijos de Israel tú les dirás:
"YO SOY me ha enviado a ustedes"».*
ÉXODO 3:14 RVC

En Éxodo puedes leer acerca de cómo Moisés liberó a los israelitas. Eran esclavos en Egipto, y Dios envió a Moisés para salvarlos. Moisés le preguntó a Dios quién debería decir que lo envió. Fue entonces cuando Dios le dijo que dijera: «Yo soy el que soy». Dios es el gran Yo Soy. Ni siquiera tiene que decir su nombre; la gente sabe quién es. Su nombre es tan poderoso porque es Él quien lo creó todo.

Este Dios poderoso es a quien sirves. Él está de tu lado. Cuando enfrentas un problema que no puedes resolver, Yo Soy está de tu lado. Si puede liberar a los cautivos, entonces puede ayudarte con lo que necesitas. Si estás teniendo problemas hoy, recuerda que conoces al gran Yo Soy. Diles a tus problemas que Yo Soy está de tu lado. El Dios que rescata a los esclavos y hace milagros por su pueblo te ayudará con cualquier cosa que te preocupe.

Dios, gracias por ayudarme cuando lo necesito. Ayúdame a recordar que tú eres el gran Yo Soy. Ningún problema es demasiado grande para ti. Ayúdame a acudir a ti cuando necesito ayuda. Sé que eres fuerte.

CUIDADO CON LAS DUDAS

La serpiente era el animal más astuto
de todos los que Dios el Señor había creado.
Así que le dijo a la mujer:
«¿Así que Dios les ha dicho a ustedes
que no coman de ningún árbol del huerto?».

Génesis 3:1 RVC

Uno de los mejores trucos de Satanás es hacerte pensar que no has escuchado lo que Dios dijo. Le gusta crear dudas. Esto significa que, cuando sabes algo, le gusta hacerte pensar que quizá estás equivocado. Así es como tentó a Eva a comer del árbol de la vida. Ella sabía lo que Dios le había dicho, pero él la hizo dudar.

A veces Dios te dirá algo, y es importante que te apegues a lo que te dijo. Si te ha dicho que ames a tu prójimo, eso es lo que debes hacer por encima de todo. Cuando intentas encontrar razones para no hacerlo, estás dudando de lo que Dios te dijo. Hoy, piensa en las cosas que sabes que Dios te ha dicho que hagas. Seguramente te ha dicho que ames a los que te rodean, y te ha dicho que lo busques a Él. No dejes que nada se interponga en el camino de ser obediente en esas dos cosas.

Incluso cuando Satanás intente hacerme dudar, ayúdame a mantenerme firme en tu Palabra, Dios. Dame confianza en lo que tú has dicho y ayúdame a ignorar cualquier duda. Sé que eres lo suficientemente fuerte para ayudarme cuando tengo dudas.

FIEL Y SANTO

Tu reino es un reino eterno; tu dominio permanece por todas las generaciones. Fiel es el SEÑOR a su palabra y santo en todas sus obras.

SALMOS 145:13

Dios es fiel y santo. ¿Sabes lo que significa eso? Que es fiel significa que puedes confiar en Él. Puedes apoyarte en Él y depender de Él. Puedes creer con todo tu corazón que Él cuidará de ti todo el tiempo. También significa que nunca se rinde y es constante. Dios nunca se cansará ni cambiará de opinión en su decisión de amarte. Siempre cumple sus promesas.

Cuando sabes que Dios es fiel y santo, puedes tener confianza en quién es Él y en cómo ve a sus hijos, incluyéndote a ti. Saber cómo es Dios te ayuda a tener una buena relación con Él. Imagínate una silla en tu comedor. Sabes que la silla es resistente. Cuando te sientas, no te preguntas si se romperá. Conoces la verdad sobre la silla. Es lo mismo con Dios. Cuando sabes que es fiel y santo, puedes depender de Él y tener confianza en su amor.

Gracias por ser fiel y santo, Dios. Ayúdame a saber en lo más profundo de mi corazón que esas cosas son verdad. Enséñame a conocerte correctamente para poder tener una buena relación contigo.

CONTEO DE CABELLOS

«Pues aún los cabellos de ustedes
están todos contados.
Así que no teman».
MATEO 10:30–31 RVC

Es milagroso que Dios sepa cuántos cabellos hay en tu cabeza. No solo sabe que hay muchos. No sabe que quizá haya unos diez mil. Él sabe el número exacto. Piensa en esto por un momento. Si Dios sabe cuántos cabellos hay en tu cabeza, ¿qué más sabe acerca de ti? Si se toma el tiempo para saber algo tan pequeño como eso, ¿cómo debe sentirse acerca de tu corazón?

Eres tan valioso para Dios que se interesa incluso por las partes más pequeñas de ti que realmente no significan nada. Si le importan las cosas pequeñas, entonces seguro que le interesan aún más las cosas grandes. Hoy, siente consuelo en el hecho de que Dios es quien mejor te conoce. Recuerda que eres muy importante para Él.

Dios, gracias por cuidar tan bien de mí. Ayúdame a recordar cuán importante soy para ti. Quiero recordar siempre cuánto me amas. Muéstrame hoy todas las maneras en las que me amas.

COMPARTIR TU FE

«A cualquiera que me confiese delante de los demás yo también lo confesaré delante de mi Padre que está en el cielo».
MATEO 10:32

Tu fe es para que la compartas. Amar a Jesús no es algo que debas guardarte para ti mismo. Dios pide que compartas las buenas nuevas del evangelio porque quiere que todos lo escuchen. Habrá momentos en tu vida en los que puedes compartir acerca de Dios o quedarte callado y guardarlo para ti. En esos momentos, puedes pedirle al Espíritu Santo que te ayude. Él te guiará y te dará las palabras correctas que decir. Si eres tímido, pídele a Dios valentía. Él te enseñará a hablar valientemente.

Compartir tu fe con otros no tiene que ser grande y aterrador. En realidad, es muy simple. Reconocer a Dios delante de otros puede ser tan simple como decir: «Yo sigo a Jesús y sé que me ama». «Yo he puesto mi fe en Dios, y tú también puedes hacerlo». Hoy, pídele a Dios que te muestre momentos en los que puedas compartir acerca de quién es Él.

Dios, quiero reconocerte delante de los demás. No quiero guardar mi fe solo para mí. Ayúdame a saber cuándo compartir acerca de ti, y dame las palabras que decir. Ayúdame a ser valiente y amable. Quiero que mis palabras cuenten a otros cuán bueno y amoroso eres tú.

ERES CUIDADOR

Luego dijo Jesús a sus discípulos:
«Por eso les digo:
No se preocupen por su vida,
qué comerán;
ni por su cuerpo,
cómo se vestirán».
LUCAS 12:22

Jesús puede cuidar de todas tus necesidades. No hay nada por lo que debas preocuparte. Él es un padre bueno que quiere cuidar de ti. Ya conoce todas tus necesidades. Sobre todo, Dios no quiere que te preocupes. Sabe que, cuando te preocupas, pierdes de vista lo que es realmente importante.

La verdad es que Dios te ama, te aprecia y te protege. Él es lo suficientemente fuerte para cuidar de ti. Si se lo permites, puede tomar tus preocupaciones y reemplazarlas por paz. Conversa con Él. Cuéntale todas tus necesidades y deja que Él se encargue de ellas. No sigas aferrándote a algo que Dios quiere quitarte. No hay razón para que estés cargado de preocupación cuando Dios es lo suficientemente fuerte para llevarla por ti.

Gracias por cuidar de mí, Dios. Ayúdame a confiar en que tú sabes exactamente lo que necesito cada día. Enséñame a entregarte mis preocupaciones y no recuperarlas. Sé que eres lo suficientemente fuerte para proveer lo que necesito.

LISTO PARA AYUDAR

Nuestra ayuda está en el nombre del Señor,
que hizo el cielo y la tierra.
Salmos 124:8

Si Dios es lo bastante grande para hacer los cielos y la tierra, entonces es lo bastante grande para ayudarte con lo que necesites. No hay problema que sea demasiado grande para Dios. ¡Tu ayuda viene del Dios que todo lo puede! Él no tiene límites. Siempre puedes clamar a Él cuando necesites algo. A Él le encanta ayudar a sus hijos.

No intentes resolver tus problemas por ti mismo. No tienes que ser fuerte e independiente. No necesitas demostrar que puedes hacerlo. La mejor solución es que le pidas ayuda a Dios. Al margen de cuán grande o pequeño sea tu problema, Dios quiere ayudarte. Nunca te dirá que lo averigües tú mismo o que lo intentes con más ganas. Nunca se molesta cuando le pides ayuda. No te hará sentir que deberías haberlo hecho tú solo. Él es el maestro más amable y paciente que tendrás.

Gracias por ser un Dios que ayuda. Gracias por estar siempre de mi lado y saber lo que es mejor para mí. Enséñame a acudir a ti en busca de ayuda cada vez que la necesite. Enséñame a depender más de ti.

EJEMPLOS DE AMOR

Queridos amigos, sigamos amándonos unos a otros, porque el amor viene de Dios. Todo el que ama es un hijo de Dios y conoce a Dios; pero el que no ama no conoce a Dios, porque Dios es amor.

1 Juan 4:7–8 NTV

Sabes que deberías amar a todos, pero ¿qué significa eso? Es útil pensar en ejemplos específicos. Hay cientos de maneras de amar a los demás. Puedes dejar que sea otro el que elija el programa el sábado en la mañana cuando vean televisión. Puedes ayudar a tu mamá a cargar las bolsas de compras sin que te lo pidan. Puedes compartir tu almuerzo con alguien en la escuela. Puedes defender a alguien cuando otros se están burlando.

Amar a las personas que te rodean es tan sencillo como pensar en lo que necesitan. Así es como Jesús te ama, y deberíamos amar como Jesús. Él siempre ponía las necesidades de los demás antes que las suyas. Cuando amas bien a los demás, demuestras que eres hijo de Dios porque el amor viene de Dios. Hoy, mantén tus ojos abiertos y presta atención a cómo puedes amar a los que te rodean.

Gracias, Dios, por amarme. Enséñame a amar a otros de la misma manera en que he sido amado. Ayúdame a ver oportunidades para poner las necesidades de los demás antes que las mías. Llena mi corazón de amor para que se derrame sobre los que me rodean.

AMAR A DIOS

«De cierto les digo
que todo lo que hicieron
por uno de mis hermanos más pequeños,
por mí lo hicieron».

MATEO 25:40 RVC

Una de las cosas más importantes que Dios te pide que hagas es amar a los demás. Su primer mandamiento es amarlo a Él, y el segundo es amar a los que te rodean. No te da una larga lista de cosas que hacer por Él, pero sí te pide que trates a otras personas como Él las trataría.

Cuando muestras amor por los demás, estás mostrando amor por Dios. Cuando compartes con tu amigo, es como si estuvieras compartiendo con Dios. Cuando ayudas a tus padres con las tareas de la casa, es como si estuvieras ayudando a Dios. Cuando ves a alguien en la escuela que está solo y eres amable con él, es como si estuvieras siendo amable con Dios. Hay muchas oportunidades para amar a Dios amando a los demás. Hoy, lo más importante que puedes hacer es amar a los demás. Pídele a Dios que te muestre cómo hacerlo; con gusto te ayudará.

Dios, me alegra poder amarte amando a los demás. Ayúdame a ver maneras de ayudar a la gente hoy. Abre mis ojos a lo que está sucediendo a mi alrededor y muéstrame quién necesita una dosis extra de amabilidad y amor.

NO ESCONDAS LOS ERRORES

*Pero si confesamos nuestros pecados a Dios,
él es fiel y justo para
perdonarnos nuestros pecados
y limpiarnos de toda maldad.*

1 Juan 1:9 NTV

¿Alguna vez hiciste algo mal y no te descubrieron? Tal vez comiste algunos caramelos de tu hermano y te saliste con la tuya, o hiciste trampa en un examen sin que tu maestro lo notara. Cuando nadie ve tu error, puede parecer que no importa. Pero probablemente también sabes que ocultar tus malas decisiones no te hace sentir bien ni es correcto. Los secretos pueden ser pesados y difíciles de cargar.

Dios no quiere que tengas ese sentimiento en tu corazón. Él quiere que seas libre y estés lleno de paz y alegría. Él promete que, cuando confiesas tus pecados y hablas de tus errores, Él te perdonará. Su perdón está garantizado. Ocultar tus pecados siempre será una decisión incorrecta. Confesarlos siempre te acercará más a Dios. Él es bueno y amable, así que no hay por qué tener miedo de hablar con Él. Tus pecados no le asustan, y no se avergüenza de tus errores. Quiere perdonarte y hacerte sentir ligero y limpio de nuevo. En este día, cuando cometas un error, habla rápidamente con Dios sobre ello para que Él pueda ayudarte.

Gracias, Dios, por prometer perdonar siempre mis pecados. Ayúdame a acudir a ti rápidamente cuando haga algo mal. Ocultar mis errores no me hace sentir bien, y quiero estar limpio y ser recto delante de ti.

INSTRUCCIONES DE LA BIBLIA

Toda la Escritura es inspirada por Dios y útil para enseñar, para reprender, para corregir y para instruir en la justicia.

2 Timoteo 3:16

¿Alguna vez intentaste armar un kit de Lego sin las instrucciones? Puede que te sobren algunas piezas o que coloques algo al revés. Sería mucho más fácil y divertido simplemente usar las instrucciones. Si las tienes, no tiene sentido no usarlas.

Así es como puedes pensar acerca de la Biblia. Todo en ella es bueno y útil para vivir la vida. La Biblia puede enseñarte a saber lo que está bien y lo que está mal. Puede animarte y darte alegría. ¡Sería absurdo no usar algo tan bueno y útil! Cuando necesites ayuda, recurre a la Palabra de Dios. A medida que la leas más y más, descubrirás que es la mejor herramienta que tienes. Hoy, cuando necesites ayuda, lee la Palabra de Dios y pídele a Él que te ayude.

Gracias, Dios, por tu Palabra. Me alegra que toda ella es útil para enseñarme y entrenarme. Sé que es buena, y quiero conocerla profundamente en mi corazón. Cuando necesite ayuda, enséñame a depender de la Biblia.

EL REGALO DE JESÚS

Pues todos hemos pecado;
nadie puede alcanzar
la meta gloriosa establecida por Dios.
Sin embargo, en su gracia, Dios gratuitamente
nos hace justos a sus ojos
por medio de Cristo Jesús.
ROMANOS 3:23–24 NTV

A veces, parece que, si sigues todas las reglas y haces todo lo correcto, todo estará bien. Es importante seguir las reglas, pero no es lo más importante. Lo que hay en tu corazón es mucho más importante que lo que haces. Dios mira más allá de lo bueno que eres y ve directamente las partes más profundas de tu corazón. Es su gracia la que te hace justo, y no tu buen comportamiento.

Su gracia es un regalo y no tiene nada que ver con cómo te comportas. Nadie es lo suficientemente bueno para seguir las normas de Dios. Esta verdad te libera de sentir que no estás a la altura. ¡Nadie puede estar a la altura! Por eso confiamos en Jesús y en su muerte y resurrección. Dale gracias a Dios hoy por el regalo de la salvación a través de Jesús.

Gracias, Dios, porque tu amor no depende de que llegue a ser lo suficientemente bueno. Ayúdame a recordar el regalo que me has dado a través de Jesús. Sé que al margen de cuán bueno sea yo, siempre necesitaré depender de Jesús.

TODA TU ATENCIÓN

Instrúyeme, Señor, en tu camino
para conducirme con fidelidad.
Dame integridad de corazón
para temer tu nombre.

Salmos 86:11

¿Alguna vez has intentado hacer dos cosas a la vez? Quizá intentaste hacer las tareas de la escuela mientras veías una película. No puedes concentrarte completamente en ninguna de las dos actividades. O te distraes con la película y no terminas las tareas, o haces tus tareas y te pierdes partes de la película. Tu atención está dividida entre dos cosas, así que haces mal las dos.

Lo mismo ocurre al seguir a Jesús. Se supone que debemos tener un corazón íntegro. Esto significa que Jesús siempre es la parte más importante de tu vida. Su voz es la voz que más escuchas. No puedes seguirlo a Él y al mismo tiempo intentar escuchar lo que dicen otras voces. Igual que con tus tareas y la película, no podrás prestarle toda tu atención. Hoy, pregúntale a Dios si hay algo que está distrayendo tu atención de Él.

Dios, quiero seguirte a ti más que a cualquier otra cosa. Muéstrame dónde se ha dividido mi atención. Enséñame a seguirte tan de cerca que no me distraiga con otras voces. Ayúdame a enfocarme en quién eres y en lo que me has pedido hacer.

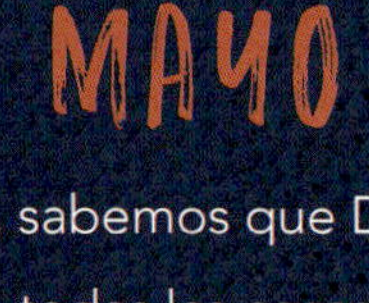

Ahora bien, sabemos que Dios dispone
todas las cosas
para el bien de quienes lo aman,
los que han sido llamados
de acuerdo con su propósito.

Romanos 8:28

PREOCUPACIONES

Pongan todas sus preocupaciones y ansiedades en las manos de Dios, porque él cuida de ustedes.

1 PEDRO 5:7 NTV

Imagina que estás realmente molesto por algo. Tal vez tu familia se está mudando a una casa nueva y te preocupa cómo serán los cambios. Te sientas con tu mamá. Mientras le cuentas tus preocupaciones, comienzas a sentirte mejor. Ella es amable y gentil. Cuida de ti hablándote sobre cómo podría ser la vida en tu nueva casa. Esa es una manera en que ella puede mostrarte lo mucho que te ama.

Con Dios es igual. A Él le gusta escuchar lo que te preocupa, y le encanta cuidarte. Él es mejor en eso que cualquier persona. No solo puedes entregarle tus preocupaciones, sino que es lo suficientemente grande y fuerte para cargarlas para siempre. Cuando te preocupes por algo, no tienes que aferrarte a ello. Puedes entregárselo a Dios y dejar que Él se encargue.

Dios, ¡gracias por cargar mis preocupaciones! Me alegra poder hablar contigo acerca de mis miedos sabiendo que los llevarás por mí. Sé que eres lo suficientemente grande y fuerte para manejarlos todos.

DEDOS ACUSADORES

De modo que se toleren unos a otros y se perdonen si alguno tiene queja contra otro. Así como el Señor los perdonó, perdonen también ustedes.

COLOSENSES 3:13

Nadie es perfecto. Todos cometemos errores. Es importante recordar esto cuando los que te rodean hacen algo mal. Tú no eres mejor que ellos. Puede parecer fácil señalar con el dedo y guardar rencor, pero no es así como Dios nos pide que nos tratemos entre nosotros. Dios nos pide que nos perdonemos mutuamente por nuestros errores, porque todos los cometemos.

No puedes señalar con el dedo a nadie, porque tú mismo no eres perfecto. Al igual que las personas que te rodean, tú también pecas. Se supone que debes perdonar a los demás por sus errores, así como Dios te ha perdonado a ti. Cuando alguien te lastima o te ofende, puede ser realmente difícil perdonarle. Si se lo pides, Dios ablandará tu corazón y te dará la gracia para perdonar. Él te ayudará a ser valiente y amable. Hoy, cuando veas a alguien cometer un error, elige amarlo en lugar de juzgarlo.

Gracias por perdonarme mis pecados, Dios. Ayúdame a perdonar a los demás de la misma manera que tú me perdonaste. Ayúdame a amar a los demás cuando cometan errores. Enséñame a animarlos en lugar de derribarlos.

USA TU VOZ

Los cielos cuentan la gloria de Dios;
la expansión proclama la obra de sus manos...
Sin palabras, sin lenguaje,
sin una voz perceptible,
por toda la tierra resuena su eco;
sus palabras llegan hasta los confines del mundo.
SALMOS 19:1, 3–4

Si incluso las montañas alaban a Dios sin voz, ¿cuánto más deberías alabarlo tú? Los cielos y el firmamento no pueden hablar, pero su alabanza cubre toda la tierra. Declaran la gloria de Dios. Esto significa que, con solo existir, todos en la tierra pueden ver que Dios ha hecho cosas maravillosas.

Si la creación puede decir eso sin usar la voz, ¡imagínate cómo puedes alabarlo tú con todas las cosas que dices o cantas! Puedes hablar sobre quién es Él y lo que ha hecho. Puedes hablarles a tus amigos y familiares acerca de su bondad. Puedes cantar alabanzas a Él y adorarlo con los talentos que te ha dado. Cuando alguien esté triste, puedes animarlo con oración. Cuando un amigo esté feliz, puedes alabar a Dios con él por lo que ha hecho. ¡Tu voz es un regalo maravilloso! Úsala para adorar al Señor.

Dios, gracias por darme una voz. Ayúdame a usar mi voz para adorarte. Si las montañas pueden adorarte, entonces yo también puedo hacerlo. Quiero que las cosas que digo te honren. Ayúdame a hablar sobre tu bondad con todos los que me encuentre.

TÓMATE UN DESCANSO

Un corto sueño, una breve siesta,
un pequeño descanso, cruzado de brazos.
PROVERBIOS 24:33

Dios te creó con la necesidad de descansar. Podría habernos creado con la capacidad de estar despiertos toda la noche y nunca necesitar un descanso. Podría habernos creado para trabajar, jugar y crear a todas horas, pero no lo hizo. Nos dio la necesidad de dormir. Nos dio cuerpos que necesitan disminuir la velocidad y recargarse.

¡El descanso es un buen regalo de Dios! A veces, cuando estás enojado o frustrado, lo único que necesitas es un poco de descanso. En esos momentos, respira profundamente y encuentra un lugar tranquilo para tomar un descanso. Practicar el descanso es una forma de honrar a Dios por la manera en que Él te hizo. Tal vez puedas meterte en la cama por unos minutos o leer un libro en el sofá. Tal vez puedas dar un paseo tranquilo o tumbarte bajo una sombra. Mientras descansas, pídele a Dios que refresque tu cuerpo y renueve tu espíritu. A Él le encanta dar descanso a sus hijos. Dale gracias por la forma en que te creó.

Gracias, Dios, por hacerme con la necesidad de descansar. Ayúdame a honrarte descansando. Enséñame cómo tomar un descanso cuando me sienta abrumado. Muéstrame maneras de poder descansar cada día.

TIEMPO PARA DIOS

«Respondiendo Jesús, le dijo:
Marta, Marta, afanada y turbada
estás con muchas cosas.
Pero solo una cosa es necesaria;
y María ha escogido la buena parte,
la cual no le será quitada».

LUCAS 10:41–42 RVC

¿Conoces la historia de María y Marta? Marta estaba enfocada en terminar su lista de quehaceres y asegurarse de que todo estuviera perfecto. María estaba enfocada en adorar a Jesús y escuchar todo lo que Él tenía que decir. María eligió hacer lo mejor. Sabía que el tiempo que pasara con Jesús era más importante que cualquier otra cosa que tuviera que hacer.

Pasar tiempo con Jesús es también la parte más importante de tu día. Desde el momento en que te despiertas en la mañana, puedes pasar tiempo con Dios. Puedes conversar con Él sobre tu día mientras te cepillas los dientes, y puedes pedirle ayuda mientras realizas tus actividades diarias. Puedes leer tu Biblia mientras desayunas y darle gracias por todo al final del día. Tu tiempo con Dios es la parte más importante de tu día.

Sé que pasar tiempo contigo es lo mejor para mí, Dios. Ayúdame a ponerte a ti primero en todo lo que hago. Gracias por tu misericordia y tu bondad en mi vida. Ayúdame a ver todo lo que has hecho.

PAZ INTERIOR

En verdes pastos me hace descansar.
Junto a tranquilas aguas me conduce.
SALMOS 23:2

A veces puede ser difícil encontrar un lugar tranquilo. Esto es especialmente cierto si tienes muchos hermanos y hermanas. Puede haber momentos en los que sea difícil escuchar tus propios pensamientos. Dios dice que puede guiarte junto a aguas tranquilas y verdes pastos. ¿No suena eso a paz? No importa cuán frenético parezca en el exterior, Dios puede poner paz en tu corazón. Puede ayudarte a respirar profundamente y tranquilizar tu alma.

La paz verdadera viene desde adentro y no depende de cuánto ruido haya en el exterior. Solo Dios puede darte paz verdadera. En lugar de intentar cambiar lo que está ocurriendo a tu alrededor, concéntrate en pedirle a Dios que te dé esa paz y ese descanso que no pueden cambiar. Cuando tengas paz en tu corazón, podrás lidiar con lo que esté sucediendo a tu alrededor.

Gracias, Dios, por darme paz y descanso. Gracias por la paz verdadera que viene de ti y que no puede cambiar. Ayúdame a enfocarme en lo que puedes darme en lugar de en lo que no puedo cambiar. Cuando me sienta abrumado, ayúdame a encontrar mi descanso en ti.

SÉ VALIENTE

Así que acerquémonos con toda confianza al trono de la gracia de nuestro Dios. Allí recibiremos su misericordia y encontraremos la gracia que nos ayudará cuando más la necesitemos.

HEBREOS 4:16 NTV

¿Alguna vez hiciste algo mal y tuviste miedo de admitirlo? Puede que estés preocupado por lo que dirán de ti o por cuáles serán las consecuencias. Cuando se trata de Dios, nunca tienes que tener miedo de hablar con Él. Puedes contarle tu mayor error o tu secreto más profundo, y siempre te dará misericordia. ¡Él dice que puedes acudir a Él con valentía y confianza! Eso significa que no tienes miedo de lo que Él pudiera decir o de que no te ayude.

Dios nunca cambia, y siempre cumple sus promesas. Entonces, si dice que te dará misericordia, siempre te la dará. No tienes por qué ponerte nervioso nunca al contarle a Dios algo que hayas hecho. Él ya lo sabe, y está esperando que acudas a Él y le pidas perdón. Siempre responderá a tus errores con bondad, gentileza y amor.

Gracias, Dios, por permitirme hablarte con valentía. Sé que no tengo que estar nervioso ni tener miedo de hablar contigo. Cuando cometa un error, ayúdame a acudir rápidamente a ti. Gracias por tu gran misericordia y gracia.

EL BARRO

A pesar de todo, Señor, tú eres nuestro Padre; nosotros somos el barro y tú el alfarero. Todos somos obra de tu mano.

Isaías 64:8

Dios es tu Creador. Es como un alfarero que hace vasijas y jarras de barro. Tú eres el barro. Él te ha hecho a propósito, consciente de cada detalle. Cuando un alfarero moldea el barro, el barro no le dice qué hacer, ni señala errores. El barro simplemente hace lo que el alfarero quiere.

De la misma manera, tu trabajo no consiste en concentrarte en tus defectos o señalar errores cuando Dios es quien te hizo. En cambio, concéntrate en cómo fuiste maravillosamente y cuidadosamente creado. Cuando Dios te mira, no ve defectos; ve a su hijo. Tú eres su hijo, y Él está orgulloso de ti. No ve las cosas que haces mal o las maneras en que te equivocas. Te ve con amor y afecto. Te creó con amor, y te ve con amor ahora.

Gracias, Dios, por cómo me hiciste y por cómo me ves. Ayúdame a enfocarme en cómo me ves tú en lugar de enfocarme en mis errores. Puede haber cosas que no me gusten de mí mismo, pero sé que tu opinión de mí es lo más importante.

AMA A TUS ENEMIGOS

*«Amen a sus enemigos,
háganles bien».*
LUCAS 6:35

Quizá no sientas que tienes muchos enemigos. Esa puede parecer una palabra muy seria. Cuando la Biblia dice que ames a tus enemigos, significa que debes amar a aquellos que te ofenden. Puede ser un hermano que hace algo para molestarte o un amigo con el que tienes una discusión.

Como seguidor de Jesús, se supone que debes amar a todos. Es fácil amar a las personas que te aman, pero la Biblia dice que debes amar incluso a aquellos que te ofenden. Con la ayuda de Dios, puedes amar a personas que son difíciles de amar. Puedes orar por ellas y ser amable, aunque no se lo merezcan. Después de todo, ¡Dios te ama incluso cuando no lo mereces! Hoy, piensa en cómo puedes amar bien a tus enemigos. ¿Qué puedes hacer para mostrarles el amor de Dios?

Dios, gracias por enseñarme a amar a los demás. Puede ser realmente difícil amar a mis enemigos, pero sé que tú me amas incluso cuando no lo merezco. Ayúdame a hacer el bien a las personas incluso cuando crea que no lo merecen.

TU ANCLA

Tenemos como firme y segura ancla del alma una esperanza.

HEBREOS 6:19

¿Sabes por qué los barcos tienen anclas? Esa pesada ancla de acero se conecta al barco mediante una cadena muy fuerte. Cuando se suelta, reposa en el fondo del mar. Mantiene el barco en una zona para que no se desplace. Lo mantiene seguro incluso cuando las olas y el viento intentan moverlo de una parte a otra. Aunque el barco sea grande, fuerte y bien construido, aun así, necesita un ancla. El ancla no es ni de lejos tan pesada como el barco, pero impide que se desplace.

Tú eres como el barco. Aunque seas grande y fuerte, necesitas que tu esperanza esté en Jesús. Cuando tu esperanza está en Jesús, puedes mantenerte quieto y firme en medio de cualquier tormenta. Cuando te enfocas en lo que Jesús ha hecho por ti y en lo que ha prometido hacer, no te perderás ni te desplazarás como un barco sin ancla. Gracias a tu esperanza en Jesús, puedes permanecer firme y seguro pase lo que pase a tu alrededor.

Jesús, gracias por la esperanza que tengo en ti. Sé que, aunque haya tormentas en la vida, puedo mantenerme firme, sólido y seguro. Ayúdame a recordar la esperanza que tengo. Cuando enfrente problemas, ayúdame a enfocarme en lo que me mantiene fuerte.

EN TU EQUIPO

Es mejor ser dos que uno,
porque ambos pueden ayudarse
mutuamente a lograr el éxito.
Si uno cae, el otro puede darle la mano y ayudarle;
pero el que cae y está solo,
ese sí que está en problemas.

ECLESIASTÉS 4:9–10 NTV

Imagina que estás nadando tú solo. Intentas nadar en el lago para ver hasta dónde puedes llegar. Tus músculos comienzan a cansarse, y empiezas a pensar que fue una mala idea. Si estás completamente solo, ¡esa situación podría ser realmente aterradora! Pero si tu mamá o tu papá van contigo, pueden ayudarte. Ellos sabrían cuándo regresar y cómo mantenerte a salvo.

Siempre es mejor tener a alguien a tu lado. En este día, piensa en las personas en tu vida que siempre están ahí para ayudarte. ¿Quiénes forman tu equipo? Dale gracias a Dios por esas personas y piensa en cómo puedes mostrarles tu agradecimiento. Las personas en tu vida que te ayudan son un regalo, y puedes bendecirles diciéndoles cuán agradecido estás por ellas.

Gracias, Dios, por las personas que me aman y me ayudan. Sé que es mejor para mí hacer las cosas con la ayuda de otros. Muéstrame maneras de darles las gracias por su ayuda.

NO TE APRESURES

*Mis queridos hermanos,
tengan presente esto: Todos deben
estar listos para escuchar, pero no apresurarse
para hablar ni para enojarse.*

SANTIAGO 1:19

Tu juguete favorito no aparece por ningún lugar. Lo buscas por todas partes, pero no eres capaz de encontrarlo. Comienzas a correr por tu casa, preguntando a una persona tras otra y exigiendo saber quién lo tomó. En ese momento, tu papá entra con tu juguete, y dice: «Encontré esto afuera y temía que se perdiera, así que lo dejaré otra vez en tu cuarto». Le das las gracias a tu papá y te sientes mal por haberte enojado.

Este es un ejemplo perfecto de por qué es bueno ser rápido para escuchar y lento para hablar. Antes de dejar que tus emociones te controlen, haz preguntas con calma. Si te hubieras calmado, probablemente habrías encontrado una respuesta sin sentirte tan frenético. Hoy, cuando sientas que tus palabras van a salir disparadas de tu boca, no te apresures, escucha, y pídele a Dios que te dé paciencia.

Dios, sé que es mejor escuchar que enojarse. A veces esto me resulta muy difícil, y necesito tu ayuda. Gracias por ser paciente conmigo y por ser siempre lento para enojarte. Enséñame a ser más como tú.

MANEJAR EL ENOJO

Pues el enojo de una persona no produce la vida justa que Dios quiere. Por esto, despójense de toda inmoralidad.

Santiago 1:20–21

Intenta acordarte de alguna ocasión en la que actuaste con enojo y todo salió bien. ¿Alguna vez te frustraste tanto que gritaste e hiciste berrinche, y luego todo mejoró? La ira nunca produce bondad. La ira solo genera más ira. No está mal sentir enojo, pero está mal actuar con enojo.

Puedes aprender a manejar tu enojo de manera saludable. Puedes intentar respirar profundamente o contar lentamente hasta diez. Puedes alejarte de la situación y pedir que te den espacio. Puedes salir afuera y darle una patada a una pelota. Si sientes tanto enojo que quieres golpear a alguien, encuentra mejor una almohada a la que golpear. Habla con Dios sobre por qué estás enojado. No esperes a estar para hablar con Él. Él puede manejar todos tus sentimientos intensos. No se molestará por verte enojado. Es importante aprender qué hacer con tu enojo para no lastimar a los demás con tus palabras o acciones.

Gracias, Dios, por enseñarme cómo vivir. Cuando esté enojado, ayúdame a hablar contigo y encontrar maneras saludables de lidiar con mi enojo. Sé que la ira no soluciona las cosas; solo empeora la situación. Enséñame a mantener la calma cuando el enojo empiece a brotar dentro de mí.

DADOR DE REGALOS

La dádiva discreta calma el enojo.

PROVERBIOS 21:14 RVC

Imagina que tuviste un día terrible. Estás triste y cansado, y estás enojado porque nada salió como esperabas. Entras a tu cuarto dando pisotones solo para encontrarte una pequeña nota con una caja en tu cama. La abres. Dentro hay un pequeño juguete, tal vez un auto o un paquete de tarjetas coleccionables. La nota dice: «¡Espero que tu día mejore! Con todo mi amor, mamá». Este pequeño acto de bondad tiene el poder de cambiar todo tu día. No olvidas lo que sucedió antes, pero recordar cuánto te aman ciertamente ayuda.

El amor y el ánimo de tu mamá te ayudan a enfocarte en lo que es bueno en lugar de fijarte en lo que no lo es. Te recuerda agradecer que haya una persona tan cariñosa en tu vida. Tú también puedes hacer eso por otras personas. Los regalos no siempre tienen que darse directamente a alguien. Puedes dejar una nota o una pequeña sorpresa donde alguien la encuentre. Puedes llevar gran alegría a los demás siendo un dador de regalos, sin importar cuán grande o pequeño sea el regalo.

Dios, ¡enséñame a ser generoso! Quiero llevar alegría a las personas dándoles regalos. Muéstrame oportunidades para animar a otros siendo generoso. Enséñame a levantar a quienes me rodean.

EL GRAN UNIFICADOR

«Y en su nombre pondrán las naciones su esperanza».

MATEO 12:21

Puede que no sepas mucho de historia, pero una cosa que siempre ha sido cierta es que hay naciones en conflicto. Por muchas razones diferentes, nunca ha habido un momento en el que todo el mundo estuviera unido. Las naciones luchan entre sí y no están de acuerdo en cómo deberían ser gobernadas. Esto causa todo tipo de conflictos.

Sin importar lo que esté sucediendo en el mundo que nos rodea, podemos poner nuestra esperanza en el nombre de Jesús. Un día, todos estaremos unidos delante de Dios. Un día, todas las naciones se reunirán y adorarán a Dios. ¿Te imaginas lo que será una tierra sin conflictos? ¡Ese será un día asombroso! Tú también puedes poner tu esperanza en el nombre de Jesús. Él es el gran unificador. Nos reunirá a todos y traerá paz. Cuando regrese, no habrá más guerras. Hoy, si escuchas acerca de problemas en el mundo, recuerda que un día Jesús hará que todas las cosas vuelvan a estar bien.

¡Jesús, estoy muy contento de poder poner mi esperanza en ti! Cuando me desanime por los problemas que hay en el mundo, recuérdame que tú regresarás para hacer nuevas todas las cosas. Que mi esperanza esté en ti y en tu unidad y paz.

MÁS ALLÁ DE TODO

Sean ustedes plenamente capaces de comprender, con todos los santos, cuál es la anchura, la longitud, la profundidad y la altura del amor de Cristo.

EFESIOS 3:18 RVC

¿Sabías que hay partes del océano que nunca se han explorado? Son demasiado profundas para que un ser humano sobreviva en ellas. El amor de Dios por ti es más profundo que eso. Su amor por ti es más alto que la montaña más alta y más ancho que los cielos abiertos. El amor de Dios por ti es más ancho, más largo, más alto y más profundo de lo que puedas imaginar. Su amor por ti va más allá de cualquier cosa que puedas comprender por ti mismo.

A través de la gran misericordia de Dios puedes experimentar su amor. Incluso cuando no lo mereces, su amor te cubre. Incluso cuando estás en tu peor momento, su amor permanece. No hay nada que puedas hacer para cambiar lo grande que es el amor de Dios. Pase lo que pase, siempre será más ancho, más largo, más alto y más profundo de lo que puedas imaginar. Dale gracias a Dios hoy por su amor y pídele que te muestre más de él. Pídele que te enseñe cuánto te ama. Esta es una oración que le encanta responder.

Gracias por tu amor, Dios. Gracias por amarme incluso aunque no lo merezco. Hoy, ayúdame a comprender tu amor de una manera más grande que ayer. Ayúdame a entender cuán ancho, largo, alto y profundo es.

REGALOS DE UN PADRE

Pues si ustedes, aun siendo malos, saben dar cosas buenas a sus hijos, ¡cuánto más su Padre que está en los cielos dará cosas buenas a los que le pidan!

MATEO 7:11

Hay personas en tu vida que te quieren mucho. Te hacen sentir seguro y cuidado. Si las personas que cometen errores pueden amarte bien, ¡imagina cuánto te ama Dios! Él es completamente perfecto, y su amor por ti también es perfecto. Le encanta cuidarte, y también le encanta darte buenos regalos. ¿No es emocionante?

Dios podría usar su poder para cualquier cosa, y le encanta usarlo contigo. Él se alegra cuando le pides lo que necesitas porque le gusta mucho cuidarte. Un buen padre se alegra al dar regalos a sus hijos, y Dios es tu Padre perfecto. Hoy, háblale sobre lo que necesitas y lo que deseas. A Dios le encanta escucharte.

Gracias, Dios, por dar buenos regalos a tus hijos. Sé que te encanta ser generoso. Ayúdame a pedirte lo que necesito y quiero. Ayúdame a verte como el maravilloso Padre que eres.

VE Y CUENTA

«Vayan por todo el mundo
y prediquen el evangelio a toda criatura».
MARCOS 16:15 RVC

El hecho de que estés leyendo este libro significa que tienes un gran privilegio. A una edad temprana te están enseñando quién es Dios. Alguien te amó lo suficiente para compartirte las buenas nuevas del evangelio. No todos tienen ese privilegio. Hay muchas personas que nunca han escuchado el evangelio en su vida. Ya que se te ha dado un gran regalo, puedes compartir ese regalo. Puedes mostrar tu amor por los demás contándoles acerca de Jesús.

Antes de regresar al cielo, una de las últimas cosas que Jesús les dijo a sus discípulos fue que fueran por todo el mundo y anunciaran las buenas noticias a todos. Él sabía que la gente necesitaría escuchar acerca de lo que Él había hecho. Sabía que aprender sobre su muerte y resurrección daría esperanza a las personas. Puedes dar esperanza a quienes no la tienen contándoles acerca de Jesús y amándolos como Él lo hace.

Dios, gracias por darme el regalo del evangelio. Ayúdame a compartir este regalo con los demás. Dame el valor y las palabras correctas que decir. Quiero llevar esperanza a quienes no la tienen. Ayúdame a amar a los demás de la misma manera que tú lo haces.

ALABA A DIOS

Pueblos todos, ¡agiten las manos!
¡Aclamen a Dios con voces de júbilo!
El Señor, el Altísimo, es en verdad temible;
¡es el gran Rey de toda la tierra!

SALMOS 47:1–2 RVC

¡Siempre hay una razón para alabar a Dios! Siempre hay algo por lo cual puedes estar agradecido. Cuando aprendes a estar agradecido, tienes una actitud de gratitud, y eso creará alegría en tu vida. Esto se debe a que, cuanto más atención prestas a lo que tienes, menos envidioso o enojado te sentirás por lo que no tienes.

Presta mucha atención a todo lo que Dios te ha dado. Alábalo por todo lo que ha hecho. Cántale canciones y cuéntale todas las cosas que te gustan de Él. Dios es un gran Rey y el mejor Padre. Es maravilloso, poderoso y bueno. Nunca habrá suficientes palabras para describir la bondad de Dios. En este día, siéntate y haz una lista de todas las cosas buenas que conoces acerca de Dios y de todo lo que Él te ha dado.

Dios, gracias por todo lo que has hecho. Gracias por todo lo que me has dado. ¡Gracias por quién eres! Eres maravilloso y poderoso. Enséñame a verte en toda tu gloria. Enséñame a estar agradecido por todo lo que has hecho.

DIOS ENTRE NOSOTROS

Entonces la Palabra se hizo hombre
y vino a vivir entre nosotros.
Estaba lleno de amor inagotable y fidelidad.
JUAN 1:14 NTV

Dios envió a su Hijo Jesús porque sabía que necesitaríamos a alguien a quien pudiéramos ver con nuestros propios ojos y tocar con nuestras propias manos. Podría habernos dicho qué hacer como hizo con los profetas en el Antiguo Testamento. Podría haber traído la salvación como hubiera querido, pero eligió enviar a Jesús.

Escogió enviar a Jesús para mostrarnos su fidelidad. Envió a su Hijo para convertirse en humano entre nosotros. Sabía que necesitaríamos a alguien que fuera igual que nosotros para enseñarnos acerca de Él. La venida de Jesús a la tierra es el regalo más grande que jamás nos han hecho. Dios tuvo compasión de nosotros y nos envió a su precioso Hijo para que pudiéramos estar cerca de Él. Sabía que necesitábamos algo más que solamente escuchar acerca de Dios; envió a Jesús para mostrarnos. Hoy, dale gracias a Dios por el regalo de la vida de Jesús.

Dios, gracias por enviar a Jesús para enseñarnos acerca de ti. Gracias por enviar a tu Hijo como sacrificio por nuestros pecados. Sabías que necesitábamos a alguien igual que nosotros para enseñarnos acerca de quién eres tú.

AMA A TODOS POR IGUAL

Puede darse el caso de que al lugar donde ustedes se reúnen llegue alguien vestido con ropa elegante y con anillos de oro, y llegue también un pobre vestido con ropa andrajosa. Si ustedes reciben gustosos al que viste la ropa elegante, y le dicen: «Venga usted, siéntese aquí, que es un buen lugar», pero al pobre le dicen: «Tú, quédate allá de pie, o siéntate en el suelo», ¿acaso no están discriminando entre ustedes y haciendo juicios malintencionados?

SANTIAGO 2:2–4 RVC

Puede ser fácil mirar a alguien y decidir que sabemos cómo es. Es fácil juzgar a los demás basándonos en lo que vemos. Pero así no es como Dios nos ha pedido que tratemos a las personas. Él ve más allá de lo externo y mira profundamente en nuestros corazones. Él nos pide que intentemos hacer lo mismo.

No deberíamos tratar a las personas de manera distinta debido a su aspecto o su forma de actuar. En cambio, tratamos a todos con el mismo amor y respeto. Si alguien se viste o actúa de manera diferente a nosotros, eso no significa que sea menos importante. Si crees que estás tratando injustamente a los demás, pídele perdón a Dios y también su ayuda para amar a todos como Él lo hace.

Gracias, Dios, por no pensar que alguien es más importante que otro. Tú nos amas a todo por igual, y tratas a todos justamente. Quiero amar a todos los que me rodean sin que me importe su apariencia o cómo actúan.

CÓMO AMAR

«Amarás a tu prójimo como a ti mismo»;
pero si ustedes hacen diferencia
entre una persona y otra,
cometen un pecado y son culpables ante la ley.

SANTIAGO 2:8–9 RVC

¿Te gusta cuando otras personas te elogian? ¿Cómo te sientes cuando alguien hace algo amable por ti? Sabes qué tipo de comportamiento te hace sentir bien y qué te molesta, te entristece, te enoja o te asusta. Si alguna vez no estás seguro de cómo tratar a alguien, puedes preguntarte: «¿Cómo me gustaría que me trataran?». Si ciertas palabras o acciones te resultan hirientes, entonces no deberías tratar a otras personas de esa manera.

Es importante tratar a los demás de la misma manera que te gustaría ser tratado. Con todas las personas que encuentres hoy, utiliza palabras amables y acciones que te gustaría que usaran contigo. Tus palabras deberían levantar a los demás y hacerlos sentir amados. Tus acciones deberían ser amables y hacer que otras personas se sientan cuidadas.

Dios, gracias por enseñarme cómo amar a los demás. Hoy, ayúdame a amar a las personas de la misma manera que me gustaría ser amado. Ayúdame a tratar a todos por igual, como tú lo haces.

TU PUEBLO

Doy gracias a mi Dios cada vez que me acuerdo de ustedes.

FILIPENSES 1:3

¿Hay personas en tu vida por las que estás agradecido? Cuando pienses en esas personas, dale gracias a Dios por ellas. Siéntate hoy y haz una lista de todas las personas que Dios te ha dado en tu vida. Esas personas son un regalo de Él, y puedes orar por ellas todos los días. Dale gracias a Dios por tus padres que cuidan de ti. Dale gracias por los hermanos con los que juegas. Dale gracias por tus maestros y tus amigos.

La lista podría ser muchísimo más larga. Tal vez tienes un vecino que siempre es amable contigo o un cartero que te pregunta cómo fue tu día. Dale gracias a Dios por esas personas y pídele que las proteja. Pídele que los anime y les enseñe más acerca de su amor por ellos. Una de las mejores maneras de amar a las personas que te rodean es orar por ellas. Hoy, practica orar por las personas que hay en tu vida.

Gracias, Dios, por todas las personas en mi vida que me aman. Enséñame a estar agradecido por los regalos que he recibido a través de aquellos que me rodean. Por favor, bendícelos y protégelos. Anímalos cuando estén tristes y enséñales más sobre lo mucho que los amas.

BÚSCALO A ÉL

«Porque todo aquel que pide, recibe;
y el que busca, encuentra;
y al que llama, se le abre».
LUCAS 11:10 RVC

¿Alguna vez jugaste a las escondidas y simplemente no podías averiguar dónde se escondía esa última persona? Buscabas y buscabas, pero no podías encontrarla. ¡Esa puede ser una sensación realmente frustrante!

Dios nunca se esconde de ti. Si lo buscas, siempre lo encontrarás. Él promete que siempre está disponible para ti. Está ahí cuando lo necesitas. Nunca te dejará solo. No importa cuán solo podrías sentirte, nunca estás realmente solo. Sin importar lo que esté sucediendo en tu vida, Dios siempre está ahí. Lo único que tienes que hacer es buscarlo y llamarlo, y lo encontrarás. Él no es un secreto ni un misterio. Está feliz de que sus hijos lo encuentren. En este día, cuando necesites a Dios, búscalo. Pídele que se acerque a ti, y Él lo hará.

Gracias, Dios, por no ser difícil de encontrar. Sé que cuando te busque, te encontraré. Ayúdame a seguir buscándote como lo más importante en mi vida.

TU PASTOR

Llevará en sus brazos los corderos
y los mantendrá cerca de su corazón.
Guiará con delicadeza a las ovejas con crías.

Isaías 40:11 NTV

Imagínate a un pastor caminando por un prado lleno de ovejas. Ve a un cordero tumbado y se da cuenta de que se ha roto una pata. No está seguro de lo que ha ocurrido, pero toma al cordero en sus brazos y lo lleva a un lugar seguro. Hace todo lo que puede para proteger al cordero y que vuelva a estar bien otra vez. Se preocupa por este cordero porque es parte de su rebaño, y cada cordero es importante.

Así es como Dios te ve. Tú eres como ese cordero, y Dios es como el pastor. Él se preocupa por ti todo el tiempo. Aunque tiene todo un rebaño, se enfocará en ti cuando estés herido. Nunca se enoja por tener que cuidar de ti. Es manso y bondadoso cuando sus hijos están heridos o enojados. Hoy, si te sucede algo que te molesta, recuerda que tienes al mejor pastor que te ama mucho. Siempre te cargará cuando estés cansado y cuidará de ti cuando estés triste.

Dios, gracias por ser mi pastor. Gracias por ser amable conmigo y por ser bueno cuando estoy herido. Enséñame cómo tratar a los demás de esta manera también.

DIOS DE LA ESPERANZA

¡Que el Dios de la esperanza los llene
de todo gozo y paz en la fe,
para que rebosen de esperanza
por el poder del Espíritu Santo!
ROMANOS 15:13 RVC

¿Sabes lo que significa estar desesperanzado? Desesperanzado significa que sientes que algo nunca mejorará. Sentirse sin esperanza es como sentirse atrapado o atascado y pensar que nunca serás libre. Tal vez te sientes desesperanzado con respecto a una asignatura específica en la escuela, pensando que nunca la entenderás. Tal vez te sientas sin esperanza durante una semana tan lluviosa que parece que el sol nunca saldrá de nuevo. La desesperanza es un sentimiento horrible.

Dios puede llenarte de esperanza. Él es el dador de la esperanza. Él es quien hace brillar el sol después de la lluvia. Si alguna vez te encuentras en una situación donde no tengas esperanza, Dios dice que puede solucionarlo. Mientras le cuentas sobre tu problema, Él te dará alegría y paz. Al confiar en Él para darte esperanza, se acercará a ti y te animará. Él nunca quiere que sus hijos se sientan desesperanzados.

Dios, gracias por ser el dador de esperanza. Cuando me sienta sin esperanza, ayúdame a acudir a ti. ¡Tú puedes arreglar cualquier cosa! Enséñame a depender de ti para tener paz y alegría cuando esté molesto.

INDEPENDENCIA

Examíname, oh Dios, y conoce mi corazón;
pruébame y conoce mis ansiedades.
Fíjate si voy por un camino que te ofende
y guíame por el camino eterno.
SALMOS 139:23–24

Hay muchas cosas en la vida que se espera que aprendas y luego hagas por ti mismo. Estás aprendiendo nuevas habilidades en la escuela y tienes más responsabilidades en la casa. Ser más independiente es una parte normal de crecer. La independencia significa que puedes hacer algo por ti mismo. Sin embargo, tu relación con Dios es un área donde es mejor que no lo hagas por ti mismo.

Dios nunca te deja solo para que soluciones las cosas. Es bueno necesitar ayuda de Él todo el tiempo. Él incluso sabe más sobre tu corazón que tú mismo, y quiere ayudarte. Cuando le pides ayuda constantemente, puede guiarte en el camino correcto. Él es quien puede decirte si hay algo dentro de tu corazón que necesita cambiar. Él te ve claramente y te ama mucho. Él es el mejor guía y la mejor Persona de quien depender.

Dios, tú eres quien mejor conoce mi corazón y quien puede ayudarme. Enséñame a depender de ti. Sé que seguirte significa que no puedo hacerlo solo. Gracias por ayudarme siempre y por saber lo que es mejor para mí.

CORRUPCIÓN

La religión pura y sin mancha delante de Dios nuestro Padre es esta: conservarse limpio de la corrupción del mundo.

SANTIAGO 1:27

Ser corrompido por el mundo significa ser influenciado por cosas que sabes que no agradarían a Dios. Como seguidor de Jesús, necesitas aprender a decir no a ciertas cosas, incluso cuando quienes te rodean digan sí. Imagínate que estás con un grupo de amigos y están viendo una película que sabes que no es adecuada. Tal vez la película sea demasiado madura para ti. Puede que sea demasiado violenta, o tal vez sea simplemente una película que te han dicho que no veas.

En esos momentos, aunque sea difícil, defiende tu postura. Puedes excusarte amablemente y decirles a tus amigos que preferirías no verla. Habrá cosas que el mundo dirá que están bien, pero sabes en tu corazón que no son correctas. En esos momentos, cuando sepas que algo no es agradable para Dios, es bueno y correcto actuar de manera diferente. Quizá te haga sentirte solo, pero Dios te fortalecerá, y el Espíritu Santo siempre está contigo.

Dios, ayúdame a saber qué te agrada y qué no. Enséñame a vivir una vida que te honre. No quiero que el mundo me corrompa. Ayúdame a tener el valor de defender lo que sé que es correcto.

LAS OBRAS DE DIOS

¡Oh Señor, cuán numerosas son tus obras!
Todas ellas las hiciste con sabiduría.
Salmos 104:24

Dios hace constantemente innumerables cosas maravillosas, pero tal vez solo notes algunas cada día. Nos resulta imposible saber todas las cosas sorprendentes que Dios está haciendo. Nuestras mentes no pueden comprender todas sus obras, pero si se lo pides, Él te mostrará algunas de ellas. Abrirá tus ojos para que veas lo que está haciendo.

A medida que observes más y más, puedes alabarlo. Podrías comenzar a ver cómo cuida de ti o cómo te ha provisto. Puede que empieces a descubrir que el mundo es muy hermoso. Puede que comiences a notar cuánto te ama. Pídele que te muestre lo que está haciendo, ¡y lo hará! Le encanta compartir sus obras con sus hijos. Le encanta cuando ves lo que Él ha hecho y lo alabas por ello.

¡Gracias por todo lo que haces, Dios! Quiero darme cuenta de cómo estás actuando cada día. Quiero alabarte por todo lo que has hecho por mí. Muéstrame cómo me amas y cómo has cuidado de mí.

PRESTA ATENCIÓN

Presta mucha atención a tu propio trabajo, porque entonces obtendrás la satisfacción de haber hecho bien tu labor y no tendrás que compararte con nadie. Pues cada uno es responsable de su propia conducta.

GÁLATAS 6:4–5 NTV

Un trabajo bien hecho puede ser realmente satisfactorio. A medida que creces, tendrás más responsabilidades. Puede que tus padres te ayuden menos y esperen que hagas ciertas cosas por tu cuenta. Cuando se te da una tarea, honras a Dios cuando haces lo mejor que puedes. Presta atención a lo que estás haciendo y trata de hacerlo de la manera correcta. No compares lo que has hecho con las tareas de otras personas; solamente eres responsable de tu propio trabajo. Enfócate en lo que tienes delante, no en lo que está delante de los demás.

Hoy, en cualquier trabajo que hagas pon tu mejor empeño. Si te han pedido que laves los platos, saques al perro o termines tu tarea a tiempo, hazlo bien. Tu duro trabajo puede ser una adoración a Dios. Cuando comiences una tarea, pídele ayuda a Dios; y cuando termines una tarea, dale gracias por esa ayuda. Él está de tu lado.

Dios, quiero ser el tipo de persona que trabaja duro y hace un buen trabajo. Ayúdame a prestar atención a mi propio trabajo y a honrarte con todo lo que haga. Ayúdame con lo que tengo que hacer hoy.

LA MENTE DE DIOS

Dios no es un simple mortal
para que mienta o cambie de parecer.
NÚMEROS 23:19 RVC

Imagina que te han dado veinte dólares. Tu mamá te lleva a la tienda, y recorres felizmente el pasillo de los juguetes intentando encontrar algo que te guste. Tomas algo, lo llevas contigo por un rato, pero luego lo dejas cuando ves algo que te gusta más. Comienzas a caminar hacia la caja, pero a mitad de camino te volteas y eliges algo diferente. Tu mamá se impacienta, y tú te sientes ansioso porque simplemente no puedes tomar una decisión.

Dios no puede ser indeciso. Siempre sabe exactamente lo que quiere, y sus promesas nunca cambian. Esto significa que lo que dijo ayer será verdadero para siempre. Nunca se voltea y hace las cosas de manera diferente. Esto es cierto acerca de su amor por ti, su compromiso contigo y su disposición a ayudarte. Siempre será el mismo Padre amable, amoroso, fuerte y poderoso que ha sido siempre.

Dios, me alegra que nunca cambies. Gracias por ser siempre igual; gracias porque tu amor por mí siempre es el mismo. Aunque yo cambie de opinión todo el tiempo, tú nunca lo haces. Gracias por ser tan fiel conmigo.

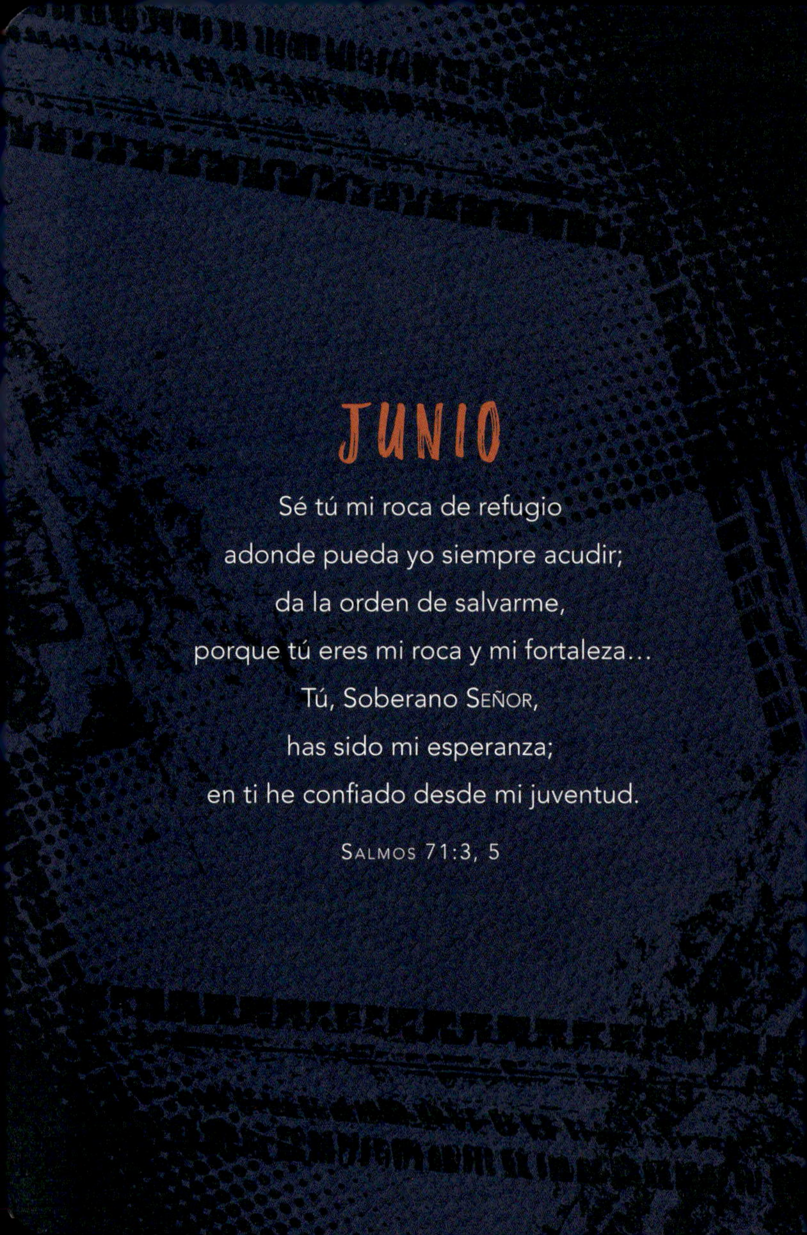
JUNIO
Sé tú mi roca de refugio
adonde pueda yo siempre acudir;
da la orden de salvarme,
porque tú eres mi roca y mi fortaleza…
Tú, Soberano Señor,
has sido mi esperanza;
en ti he confiado desde mi juventud.
Salmos 71:3, 5

ALERTA

Manténganse alerta; permanezcan firmes en la fe; sean valientes y fuertes. Hagan todo con amor.

1 Corintios 16:13–14

A medida que creces, habrá muchas oportunidades para tomar decisiones equivocadas. Dios sabe que el mundo está lleno de cosas que no son buenas. Habrá veces que tus amigos harán algo que sabes que está mal. Puedes unirte a ellos o puedes defender lo que sabes que es correcto. Es importante estar alerta, lo cual significa prestar atención a lo que sucede a tu alrededor.

Dios te ha dado el Espíritu Santo para enseñarte a vivir. A menudo hablará dándote un pequeño impulso en el corazón. Esa sensación de que tal vez estás tomando la decisión incorrecta es el Espíritu Santo que trata de advertirte. Él habla en voz baja y suavemente si estás dispuesto a escuchar. Es tu responsabilidad estar alerta. Cuantos más años tengas, más oportunidades tendrás de tomar tus propias decisiones. Pídele a Dios que te dé sabiduría en esos momentos. Él te dará lo que necesitas para tomar decisiones sabias.

Gracias, Dios, por la voz del Espíritu Santo en mi vida. Enséñame a escuchar bien y a seguir tu guía. Quiero estar alerta y tomar decisiones sabias. Ayúdame a permanecer fiel a lo que creo incluso cuando yo sea el único.

MOMENTO PERFECTO

Todo tiene su momento oportuno;
hay tiempo para todo lo que
se hace bajo el cielo.
ECLESIASTÉS 3:1

¿Alguna vez oraste por algo y no sucedió? Puede ser fácil sentirse triste o pensar que Dios no estaba escuchando. El hecho de orar te ayuda a recordar que Dios sabe más que tú. Cuando oras y le pides algo a Dios, la respuesta no siempre será afirmativa. A veces, Dios dirá no. A veces, Dios te dirá que esperes.

Es importante confiar en sus respuestas incluso cuando no son lo que deseas. Dios sabe mejor. Su momento es perfecto. La Biblia dice que hay un tiempo para todo, y es Dios quien lo diseña todo. Cuando ores hoy, recuerda que su entendimiento es más grande que el tuyo. Puedes confiar en su tiempo y en que Él hará todo hermoso exactamente en el momento perfecto.

Gracias por tu momento perfecto, Dios. Ayúdame a confiar en ti incluso cuando no consiga lo que quiero. Cuando pida algo, ayúdame a confiar en tus respuestas sin importar cuáles sean.

NUNCA ESTARÁS PERDIDO

Me has dado a conocer el camino de la vida;
me llenarás de alegría en tu presencia
y de dicha eterna a tu derecha.
SALMOS 16:11

¿Alguna vez has cerrado los ojos con fuerza e intentaste encontrar tu camino por tu casa? ¡Es difícil! Probablemente chocaste con algunas cosas y tropezaste. Cuando abriste los ojos, tal vez estabas en un lugar diferente al que pensabas. Es mucho más fácil si tienes a alguien que te guíe. Si alguien te está sosteniendo de la mano, no te perderás porque esa persona sabe dónde estás.

Cuando sigues a Dios, no tienes que preocuparte por perderte. Él promete mostrarte siempre el camino correcto. Cuanto más tiempo pases con Él, más familiarizado estarás con su voz. Siempre es gentil y bueno. No es un Dios que te grita o se enoja cuando tomas un camino equivocado. Él te dirige con paciencia y amor.

Dios, gracias por guiarme en la vida. Quiero seguirte de cerca y familiarizarme con tu voz. Ayúdame a confiar en ti mientras te sigo.

DIOS SIEMPRE ESCUCHA

¡Alaben al Señor! Pues él oyó
que clamaba por misericordia.
Confío en él con todo mi corazón.
Me da su ayuda y mi corazón se llena de alegría.

Salmos 28:7 ntv

Dios siempre te escucha. Nunca está tan lejos de ti que no pueda oír tu voz pidiendo ayuda. ¿No es increíble? Siempre puede escuchar perfectamente los clamores de cada uno de sus hijos. Sin importar cómo clames a Él, te escuchará. Ya sea que le pidas ayuda con calma o estés llorando y gritando, Dios te escucha. No le importa cómo te acercas a Él; solo quiere que estés cerca de Él.

Nunca sientas que tienes que actuar de cierto modo para que Dios escuche tus oraciones. Él es más grande que eso. Puede manejar todos tus sentimientos más intensos. Te escucha cuando estás feliz, triste, enojado o impaciente. Siempre te escucha, y le encanta el sonido de tu voz. Nunca se molesta porque estás pidiendo ayuda. Nunca está demasiado ocupado para prestarte atención. Es el Padre perfecto y el maestro más paciente.

Gracias por escucharme siempre, Dios. Gracias por escucharme siempre cuando te hablo y por amarme así de bien. Enséñame a clamar a ti cuando estoy feliz y cuando estoy molesto. Quiero hablarte como hablaría con un amigo.

VERDADERO DESCANSO

Solo en Dios halla descanso mi alma;
de él viene mi esperanza.
SALMOS 62:5

Tú ya sabes lo que es tener cansancio corporal o dolores musculares. Cuando pasas todo el día jugando al sol o corriendo con tus amigos, sientes las piernas cansadas. Al final del día, te dejas caer en la cama y duermes bien. Tu cuerpo descansa mientras duermes, y te despiertas renovado. Cuando hay dolor muscular, el sueño ayuda. Pero ¿sabes qué hacer cuando tu corazón está cansado?

Cuando tu corazón está cansado o triste, el sueño no lo arregla. Dios es quien arregla los corazones cansados. El verdadero descanso solo se encuentra pasando tiempo con Dios. Él es quien puede refrescar tu corazón. Cuando estás cerca de Dios, Él te da descanso y esperanza. En este día, si te sientes agotado o tu corazón está cansado, pídele a Dios descanso.

Gracias, Dios, por darme descanso. Ayúdame a acudir a ti cuando mi corazón esté cansado. Me alegra poder pedirte ayuda siempre y que me des esperanza.

PONLO EN MANOS DEL SEÑOR

Pon en manos del S*EÑOR todas tus obras*
y tus proyectos se cumplirán.
PROVERBIOS 16:3

Puede que pienses que debido a tu edad este versículo no es para ti. Aún son tus padres los que planean mayormente tus días, y es posible que no tomes muchas decisiones por ti mismo. Pero toda la Biblia se puede aplicar a tu vida. ¡Tu edad no importa!

Pon en manos del Señor tus planes para hacer tus tareas. Pídele ayuda con las matemáticas. Pon en manos del Señor tus planes para jugar con tu hermana. Pídele que te ayude a ser amable con ella. Pon en sus manos el tiempo en el auto con tu familia. Pídele que te ayude a ser paciente y considerado. Puedes poner en manos de Dios cada parte de tu día. Él promete que, cuando lo hagas, te ayudará. Él quiere estar involucrado en cada parte de tu vida. Hoy, hagas lo que hagas, acuérdate de incluir a Dios.

Dios, gracias por ayudarme cuando pongo mis planes en tus manos. Recuérdame invitarte a mi día y confiar en ti en cada actividad que haga. Quiero honrarte con mis acciones al poner en tus manos mis planes.

AMOR CRECIENTE

Hermanos, siempre debemos dar gracias a Dios por ustedes, como es justo, porque su fe se acrecienta cada vez más y en cada uno de ustedes sigue abundando el amor hacia los otros.

2 Tesalonicenses 1:3

A medida que creces en la fe, tu amor por los demás también crecerá. Al seguir a Jesús y entender más acerca de Él, aprenderás a amar como Él lo hizo. Él amaba a las personas que nadie más amaba. Notaba a aquellos que habían sido ignorados.

Este es el tipo de amor que se supone que debemos tener por los demás. No podemos decidir si alguien merece nuestro amor. Dios dice que debemos amar a todos de la misma manera que nos amamos a nosotros mismos. No podemos elegir a quién queremos amar. El amor de Dios es para cada persona. Si te encuentras sin amar a los demás, podría ser porque no comprendes el amor que Dios tiene por ti. Él nos ama incluso en nuestros peores momentos. Si nos ama cuando somos malos, entonces también podemos amarnos unos a otros.

Gracias, Dios, por enseñarme a amar a los demás como tú me amas. Ayúdame a ver a las personas que me rodean de la misma manera que tú me ves a mí. Sé que no merezco tu amor. A medida que mi fe en ti crece, haz crecer también mi amor.

JUSTOS

El SEÑOR está lejos de los perversos,
pero oye las oraciones de los justos.
PROVERBIOS 15:29 NTV

¿Sabes lo que significa ser justo? Significa que tienes paz delante de Dios. Significa que Él te ve como bueno. ¿Cómo puede un Dios perfecto ver a las personas como buenas? La mejor noticia es que la única forma de ser bueno es confiar en la muerte y resurrección de Jesús. No hay nada que puedas hacer que te haga justo.

Jesús es tu justicia. Gracias a Jesús, Dios está cerca de ti y escucha tus oraciones. Habla con Él cuando quieras. Puedes hablar en voz baja, puedes gritar, puedes llorar, puedes susurrar. Dios te escuchará hagas lo que hagas.

Jesús, gracias por hacerme justo. Gracias por escucharme y estar cerca de mí. Enséñame cómo hablar contigo en todo momento.

VERANO E INVIERNO

Estableciste los límites de la tierra
e hiciste el verano, así como el invierno.

SALMOS 74:17 NTV

Dios creó tanto el invierno como el verano. Uno no es mejor que el otro. La tierra necesita tener diferentes estaciones para prosperar. El suelo necesita descansar, y las plantas necesitan tomarse un respiro para poder regresar más fuertes en la primavera. Tú estás hecho de la misma manera. No todos los días de tu vida serán felices y llenos de alegría. Habrá días en los que estés triste y en los que batalles para seguir a Jesús.

Todos experimentamos temporadas de alegría y de tristeza, al igual que la tierra experimenta estaciones de invierno y primavera. Hay una temporada para todo. No importa la temporada en la que estés, Dios nunca cambia. Él es fiel sin importar lo que esté sucediendo en tu vida. Cuando estás triste, Él sigue siendo bueno. Cuando estás feliz, Él sigue siendo bueno. Hoy, practica enfocarte en la verdad de quién es Dios, sin importar lo que esté sucediendo a tu alrededor.

Gracias por las diferentes estaciones, Dios. Enséñame a enfocarme en lo que es verdadero en cada temporada. Quiero honrarte con mis pensamientos y mis acciones sin importar lo que esté sucediendo a mi alrededor.

UNA ENTRE UN MILLÓN

«O supongamos que una mujer tiene diez monedas de plata y pierde una... Y, cuando la encuentre, llamará a sus amigos y vecinos y les dirá: "¡Alégrense conmigo porque encontré mi moneda perdida!". De la misma manera, hay alegría en presencia de los ángeles de Dios cuando un solo pecador se arrepiente».

LUCAS 15:8–10 NTV

¿Cuántas personas hay en tu familia? ¿Y en tu ciudad? ¿En tu provincia? Podrían ser más de las que puedes contar. Ahora piensa en cuántas personas hay en todo el mundo. Hay más de ocho mil millones de personas vivas en este momento, y Dios se interesa por cada una de ellas. No importa que haya miles de millones de personas; cada una es igualmente importante para Dios. Incluso si todas menos una se volvieran a Él para seguirlo, Él seguiría esperando a esa última persona.

Hay gran alegría en el cielo cada vez que alguien sigue a Jesús. No importa cuántos otros seguidores haya. Él se interesa profundamente por cada uno de sus hijos. Tú eres uno de esos hijos. Eres amado y cuidado por el Creador del universo, y Él se alegra de que lo sigas. En este día, piensa en cómo Dios te ve y deja que tu corazón se sienta seguro y feliz.

Gracias por verme, Dios. Gracias porque, aunque hay miles de millones de personas en la tierra, aun así me ves. Gracias por amarme y alegrarte cuando acudo a ti.

EL BUEN PASTOR

El Señor es mi pastor;
nada me falta.
SALMOS 23:1 RVC

¿Qué clase de cosas hace un buen pastor? Se asegura de que sus ovejas estén bien alimentadas. Las protege de los depredadores. Las rescata de lugares peligrosos. Las mantiene sanas y se asegura de que tengan agua para beber. Él sabe lo que es mejor para ellas y les da lo que necesitan.

Así es exactamente como Dios te trata. Él es el Buen Pastor. Él es quien se asegura de que tengas lo que necesitas. Al igual que un pastor nunca abandonará a sus ovejas, Dios nunca te dejará. Siempre se asegurará de que tengas lo que necesitas. Eres precioso para Él, y le encanta cuidarte. Recuerda hoy que puedes encontrar en Dios todo lo que necesitas. Piensa en las formas en que te ha cuidado, y dale gracias por lo bueno que es.

Dios, gracias por ser mi buen pastor. Gracias por cuidarme y darme lo que necesito. Ayúdame a ver todo lo que has hecho. Ayúdame a entender las maneras en que cuidas de mí.

DIOS TE CONOCE

Oh Señor, has examinado mi corazón
y sabes todo acerca de mí.
Salmos 139:1 NTV

Dios te conoce mejor que nadie. Tus padres probablemente te conocen mejor que nadie en la tierra, pero eso ni siquiera se compara con cuán profundamente te conoce Dios. Él ve dentro de tu corazón; sabe exactamente cómo te sientes y qué estás pensando. No hay nada acerca de ti que Él no entienda, y no hay nada acerca de ti que le sorprenda.

Él lo sabe todo acerca de ti, y aun así te ama. Conoce cualquier secreto que guardes en tu corazón, y aun así te ama tanto, que envió a su único Hijo a morir por ti. No tienes que comportarte de la mejor manera con Dios porque Él ya ve todo de ti. No puedes convencerlo de que eres bueno o esconder tus errores de Él. Dios ve todo de ti, te entiende y te ama.

Gracias, Dios, por conocerme perfectamente. Gracias por amarme y por entenderme siempre. Ayúdame a confiar en ti con mi corazón, ya que eres quien mejor me conoce.

SUFICIENTEMENTE GRANDE

Pueblos todos, ¡confíen siempre en Dios!
¡Vacíen delante de él su corazón!
¡Dios es nuestro refugio!
SALMOS 62:8 RVC

¿Alguna vez has estado tan preocupado por algo que no eres capaz de pensar en otra cosa? No puedes pensar en nada más. El mismo pensamiento sigue pasando por tu cabeza, causándote cada vez más estrés. Cuando estés preocupado por algo, lo mejor que puedes hacer es entregarle esa preocupación a Dios.

No solo se lo digas y luego sigas preocupándote. Él es fuerte y capaz, y puedes entregarle todos tus miedos. Los tomará de ti porque te ama. Cuando le entregues tus preocupaciones, Él te dará paz. Su paz te protegerá y te ayudará a mantenerte tranquilo. No hay problemas que sean demasiado grandes para Él. Él puede manejar incluso las peores cosas que puedas imaginar. No hay razón para aferrarse a un problema. Tienes a Dios de tu lado.

Dios, te alabo porque eres fuerte y capaz. Eres lo suficientemente grande para manejar mis preocupaciones, así que hoy te las entrego. Ayúdame a buscarte a ti primero en lugar de tratar de lidiar con un problema yo solo. ¡Quiero aprender a confiar más en ti!

TEMOR AL HOMBRE

Temer a los hombres resulta una trampa,
pero el que confía en el Señor sale bien librado.

Proverbios 29:25

El «temor al hombre» es cuando tienes miedo o estás preocupado por lo que piensan otras personas. Si te preocupa más hacer feliz a las personas que complacer a Dios, entonces probablemente tienes temor al hombre. La Biblia nos enseña que este tipo de miedo es como una trampa. En cambio, pon tu confianza en Dios y estarás a salvo.

Cuando temes al hombre, es posible que te preocupes por encajar, por usar la ropa adecuada, o por decir las cosas correctas. Te importa demasiado lo que piensan de ti otras personas. *¿Piensan que soy raro?* Esos pensamientos pueden llenar tu mente de preocupación. En lugar de eso, pon tu confianza en Dios; Él te hizo perfecto tal como eres. La única opinión de la que tienes que preocuparte es la suya, y Él piensa que eres maravilloso. Cuando confías en su opinión, te sientes seguro porque estás rodeado de amor.

Gracias por amarme bien, Dios. Ayúdame a preocuparme más por lo que piensas tú que por lo que piensan otras personas. No quiero preocuparme por otras personas. Quiero tener confianza en cómo me has hecho.

HABLA

Habla en lugar de los que no pueden hablar;
¡defiende a todos los desvalidos!
Habla en su lugar, y hazles justicia;
¡defiende a los pobres y menesterosos!
PROVERBIOS 31:8–9 RVC

Jesús siempre hablaba por aquellos que no podían defenderse. Este es el tipo de persona que Él quiere que seas tú también. Quiere que defiendas a los indefensos. Quiere que seas amable cuando todos los demás están dejando a alguien fuera. Esto podría significar presentarte al nuevo niño en la escuela o asegurarte de que tu hermano menor se divierta cuando estén en el parque con amigos.

Cuando estén tratando a alguien injustamente, puedes hablar y defenderlo. Tienes una voz y puedes ayudar. Siempre hay oportunidades para ser amable. Hoy, pídele a Dios que te muestre quién necesita un poco de amor extra. Puedes animarlo y cambiar todo su día haciéndolo sentir importante.

Gracias por ser un Dios que defiende al necesitado. Ayúdame a ser el tipo de persona que siempre es amable y que nota cuando otros están sufriendo. Quiero ayudar a que otras personas se sientan amadas. Enséñame a hablar por aquellos que no pueden hablar por sí mismos.

TOMADOS DE LAS MANOS

«Pues yo te sostengo de tu mano derecha:
yo, el Señor tu Dios.
Y te digo: "No tengas miedo,
aquí estoy para ayudarte"».
Isaías 41:13 NTV

¿Recuerdas cuando tus padres te pedían que les agarraras de la mano en un lugar concurrido? Con ellos cerca, te sentías cómodo incluso en situaciones nuevas o diferentes. Ellos conocían el camino y cómo mantenerte seguro. Para hacer eso, te necesitaban cerca de ellos.

Ocurre lo mismo con tu relación con Dios. Él te sostiene de la mano para así poder ayudarte. No solo te mantiene a salvo, sino que también te está haciendo saber que no estás solo. Su presencia te brinda fuerza y te da confianza. Puedes confiar en su guía todo el tiempo. Siempre cumplirá su promesa de estar cerca de ti. Cuando lo necesites, solo tienes que pedírselo.

Gracias por guiarme, Dios. Gracias por sostener mi mano y estar cerca de mí. Tenerte cerca me ayuda a ser valiente.

PENSAMIENTOS ERRÓNEOS

Y llevamos cautivo todo pensamiento para que obedezca a Cristo.

2 Corintios 10:5

Al igual que no siempre puedes controlar cómo te sientes, no siempre puedes controlar lo que piensas. Lo que pasa por tu mente no es lo más importante. Lo que importa es lo que decides hacer con tus pensamientos. Imagina que estás sentado en la escuela mientras el maestro presenta a un nuevo alumno. Miras hacia arriba y piensas rápidamente: «No me caen bien; su ropa es extraña». Mientras eso pasa por tu mente, te das cuenta de que no es lo correcto. Después de clase, te presentas amablemente y le preguntas al alumno si le gustaría jugar.

Cuando piensas algo incorrecto, es importante reconocerlo, pedir perdón a Dios, y después decidir hacer lo correcto. Mientras más rápido acudas a Dios con tus pensamientos, más comenzarás a pensar en las cosas correctas. Cuando le pides ayuda, Él te muestra lo correcto que debes hacer.

Gracias, Dios, por ayudarme cuando lo necesito. Enséñame a acudir a ti cuando piense algo incorrecto. Quiero ser rápido para pedir perdón y rápido para cambiar cómo pienso.

PASAR TIEMPO

«"Amarás al Señor tu Dios con todo tu corazón, y con toda tu alma, y con toda tu mente". Éste es el primero y más importante mandamiento».

MATEO 22:37–38 RVC

Lo más importante que harás en tu vida es amar a Dios. Desde el momento en que te despiertas, amar a Dios debería ser lo más importante en tu lista de tareas pendientes. Si no sabes bien cómo hacerlo, puedes amar a Dios pasando tiempo con Él, hablando con Él, leyendo su Palabra y tratando a los demás como Él los trataría.

Cuanto más tiempo pases con Dios, más comenzarás a pensar como Él y a vivir como Él viviría. Cuando le hables, puedes contarle tu día, puedes alabarlo por algo que ha hecho, puedes darle gracias por algo que tienes, y puedes pedirle lo que necesites. Amar a Dios es tan simple como amar a tu familia o pasar tiempo con un buen amigo. Él solo quiere estar cerca de ti y que sepas cuánto te ama. En este día, acude a Dios como lo harías con un amigo y pasa tiempo con Él.

Gracias por ser un Dios que quiere estar cerca de mí. Enséñame a amarte más y a seguirte de cerca. Quiero dedicarte mi día. Quiero que mis acciones muestren lo mucho que te amo.

MEJOR QUE EL DINERO

No te entusiasmes por hacerte rico;
¡Apenas logras poner los ojos en las riquezas,
cuando éstas ya han desaparecido!

Proverbios 23:4–5 RVC

Cuando eres joven, el dinero parece realmente emocionante. Cada billete que ganas es como más libertad para obtener la próxima cosa que deseas. Aunque es necesario y bueno tener dinero, el dinero no es lo más importante en la vida. A medida que crezcas, te darás cuenta de que hay cosas que valen más que el dinero.

Amar a otros y honrar a Dios es más importante que el dinero. La Biblia dice que no te entusiasmes por hacerte rico. En cambio, dedica tu tiempo y energía a cosas que perdurarán. El dinero puede desaparecer en un instante, pero la verdad del evangelio y el amor de Dios durarán para siempre. Concéntrate en lo que es bueno, correcto y eterno, y deja que Dios se encargue de tus necesidades.

Dios, enséñame a amarte a ti y a los demás más de lo que amo al dinero. Ayúdame a no dejarme arrastrar por el amor al dinero. Quiero honrarte y buscarte a ti en lugar de tratar de hacerme rico.

PROTECCIÓN PODEROSA

Lo protegió y lo cuidó;
lo guardó como a la niña de sus ojos.
DEUTERONOMIO 32:10

Eres tan importante para Dios que te protegerá de la misma manera que protegería sus propios ojos. Cuando tú sufres, su corazón sufre. Cuando estás triste, Él está cerca de ti. Te ama y quiere que estés a salvo. Eres más que su creación; eres su obra maestra, su tesoro y su precioso hijo. Con toda su fuerza y majestad, Él decide cuidarte. Cada día camina contigo y quiere estar cerca de ti.

Él es poderoso y amoroso. Es poderoso, y elige usar ese poder para protegerte y mantenerte a salvo. Te está protegiendo incluso cuando tú no lo sabes. Te está vigilando y te está cuidando cada momento de cada día. Hoy, pídele que te muestre cómo te cuida. Piensa en todas las maneras en que te ha protegido, y dale gracias por lo que ha hecho.

Gracias por mantenerme a salvo, Dios. Gracias por protegerme y cuidarme incluso cuando no me doy cuenta. Ayúdame a prestar atención a todo lo que haces por mí. Quiero ver cómo actúas en mi vida.

DIOS PUEDE HACERLO

Despliega tu poder, oh Dios;
haz gala, oh Dios, de tu poder,
que has manifestado en favor nuestro.
SALMOS 68:28

La Biblia no es solamente un libro de historias. Es un registro de todo lo que Dios ha hecho. Una ventaja de leer la Biblia es que puedes aprender sobre lo que Dios es capaz de hacer. Está llena de ejemplos de cómo Él usa su poder y muestra su gloria.

Cuando sabes lo que Dios puede hacer, tus oraciones pueden estar en consonancia con eso. Él nunca cambia. Si hizo un milagro una vez, puede hacerlo de nuevo. Puede alimentar a los hambrientos. Puede sanar a los enfermos. Puede resucitar a los muertos. Puede consolar a las personas cuando sus corazones están tristes o rotos. Sabes que estas cosas son ciertas porque puedes leer sobre ellas en la Biblia. ¡Dios es fuerte y poderoso! Pídele a Dios hoy que te muestre su poder. Pídele lo que necesitas, y confía en que Él es lo suficientemente grande para hacerlo.

Dios, sé que eres grande y fuerte. Sé que puedes hacer cosas poderosas porque las has hecho antes. Aumenta mi fe en ti. Muéstrame tu fuerza.

COMPARTIR EN AMOR

Así nosotros, por el cariño que les tenemos,
nos deleitamos en compartir con ustedes
no solo el evangelio de Dios,
sino también nuestra vida.

1 Tesalonicenses 2:8

Estás leyendo este libro porque alguien te ama. Dios dice que el verdadero amor es compartir la verdad del evangelio con otros. Alguien en tu vida se interesa por ti y quiere que conozcas a Dios. A medida que aprendas más sobre Él, también puedes compartir con otros. Cuéntales a tus amigos y familiares lo que Dios está haciendo en tu vida. Comparte lo que te gusta de Él y cómo te hace sentir. Habla sobre quién es Él y sobre todas las cosas buenas que ha hecho.

Compartir la verdad de Dios con quienes te rodean demuestra que los amas y te interesas por ellos. Busca hoy oportunidades para compartir tu fe con quienes te rodean. Eso no tiene que ser estresante. Puede ser tan simple como decir en voz alta: «Oye, estoy muy contento de que Dios nos haya dado un día soleado hoy. Él cuida muy bien de nosotros». Cuanto más hables de Él, más se centrará tu día en Él.

Gracias, Dios, por la oportunidad de mostrar amor a los demás hablando acerca de ti. Enséñame a compartir la verdad del evangelio con los que me rodean. Quiero animar a otros hablando de lo que es verdad.

PLANES Y MILAGROS

«Nació ciego para que todos vieran el poder de Dios en él».

Juan 9:3 NTV

Dios es tan poderoso que puede hacer cualquier cosa sin ayuda. Él podría llevar a cabo sus planes fácilmente sin la ayuda de nadie; es lo suficientemente fuerte para hacerlo todo Él solo. Sin embargo, así no es como Dios quiere hacer las cosas. ¡Él quiere usarnos! Quiere que las personas sean parte de sus planes. Él podría realizar milagros grandes y poderosos fácilmente para que todo el mundo los vea, pero en vez de eso le encanta hacer milagros a través de su pueblo.

Cuando dependes de Dios, Él hará grandes cosas a través de ti. Te usará para animar a otros, satisfacer necesidades, sanar a los enfermos y consolar a los quebrantados. Usará tu vida como una forma de mostrar a otros cuán poderoso y amoroso es Él. Dios quiere que estés en su equipo. Pídele que te use, y Él lo hará. Pídele que te abra los ojos a cuáles son sus planes, y Él te invitará a su obra.

Dios, gracias por todo lo que estás haciendo. Gracias por usar a las personas para hacer milagros. Sé que eres lo suficientemente fuerte para hacer todo por ti mismo, pero has elegido dejarme ser parte de tus planes. Ayúdame a ver lo que estás haciendo.

SER CRISTIANO

¿Y qué es lo que espera de ti el Señor?: Practicar la justicia, amar la misericordia y caminar humildemente ante tu Dios.

Miqueas 6:8

¿Alguna vez te ha resultado realmente difícil seguir a Jesús? Puede que haya momentos en los que no estés seguro de lo que significa ser cristiano. En esos momentos, recuerda que la Biblia ofrece respuestas claras. Dice que actúes con justicia, que ames la misericordia y que camines humildemente. Esto significa hacer lo que es correcto o justo, pensar en los demás primero, y saber que necesitas a Dios. Cuando tengas dudas, acude a esas cosas.

Demuestras sabiduría cuando haces lo que dice la Biblia. Es tu mayor aliento y ayuda. Si alguna vez te sientes perdido, recurre a la Biblia y pide ayuda a Dios. Él siempre está dispuesto a ayudarte y guiarte a medida que lo sigues. Le encanta enseñar a sus hijos, así que nunca tienes que sentir que necesitas todas las respuestas.

Gracias, Dios, por tu Palabra. Me ayuda a saber cómo vivir de una manera que te honre. Enséñame a aplicar tu Palabra a mi vida. Ayúdame a actuar con justicia, amar la misericordia y caminar humildemente contigo.

AMOR MUY, MUY GRANDE

Tan grande es su amor por los que le temen como alto es el cielo sobre la tierra.

SALMOS 103:11

¿Cuál es la distancia más larga que puedes imaginar? ¿Es desde tu casa hasta el final de la calle? Quizá sea desde tu casa hasta la casa de tus abuelos. ¿Es la distancia que hay de un extremo a otro de tu país? ¿Qué tal la profundidad del océano o desde la tierra hasta la luna? Estas distancias pueden ser difíciles de captar y entender porque son más lejanas y grandes de lo que nuestros ojos pueden ver.

La Biblia dice que el amor de Dios por ti es aún más grande que esas distancias. Va más allá de cualquier cosa que puedas imaginar. Puedes intentar imaginarlo o entenderlo, pero es demasiado grande para eso. Su amor por ti es extraordinario. Hoy, en momentos en los que te sientas solo o triste, recuerda que tu Padre te ama y está orgulloso de ti.

Gracias por tu amor, Dios. Podría pasar cada día tratando de entender tu amor por mí, pero es demasiado grande. Ayúdame a sentir tu amor y a maravillarme de cómo me ves.

LO QUE DIOS QUIERE

Esta es la confianza que tenemos al acercarnos a Dios: que, si pedimos cualquier cosa conforme a su voluntad, él nos oye.

1 JUAN 5:14

Cuanto más llegues a conocer a Dios, más sabrás qué cosas son importantes para Él. A medida que ores, comenzarás a pedir cosas que sabes que están en consonancia con su corazón. Piensa en tu relación con tu mamá. Conoces bien a tu mamá, así que sabes que, si le pides una galleta antes de comer, te va a decir que no. No te sorprende su respuesta, y realmente no te molesta mucho porque sabías lo que te iba a decir.

De la misma manera, cuanto más llegues a conocer a Dios, más confianza tendrás al orar. Cuando sepas lo que le gusta y lo que no, no te sorprenderás ni te confundirás por lo que Él te diga. En este día, pasa tiempo con Dios. Lee la Biblia y habla con Él. Haz preguntas a los adultos sobre Él. Cuanto más lo conozcas, más confianza tendrás en la oración.

Gracias, Dios, porque puedo pedirte todo lo que necesito. Enséñame sobre quién eres para que pueda acudir a ti con confianza. Gracias por escucharme. Sé que lo que digo te importa.

EL PAPÁ MÁS GRANDE

Miren con cuánto amor nos ama nuestro Padre que nos llama sus hijos, ¡y eso es lo que somos!

1 JUAN 3:1 NTV

Dios no es solamente un gobernante poderoso. No es solamente un rey poderoso. También es un padre amoroso. ¡Dios te ama tanto que te llama su hijo! Tienes al papá más grande, más fuerte y mejor de todo el mundo. Él quiere cosas buenas para ti. Quiere que sepas que eres amado.

Cuando te ves a ti mismo como un hijo de Dios, tienes confianza en quién eres. Como hijo, tienes acceso ilimitado a Dios. Él te ha hecho parte de su familia, y quiere que te sientas seguro y protegido en su amor. Hoy, pídele que te muestre lo buen padre que es Él. Pídele que te muestre lo que significa ser su hijo. Le encanta cuando comprendes la verdad sobre quién eres.

Dios, gracias por ser un papá bueno y amoroso. Ayúdame a entender que soy tu hijo. Enséñame a tener confianza en tu amor.

BUEN FRUTO

«Así es, de la misma manera que puedes identificar un árbol por su fruto, puedes identificar a la gente por sus acciones».

MATEO 7:20 NTV

Cuando llega el momento de la cosecha, recogemos manzanas de los manzanos y naranjas de los naranjos. Un peral no dará cerezas, y un roble no producirá piñas. Puedes saber qué tipo de árbol tienes observando lo que produce.

Lo mismo ocurre con las personas. Puedes aprender mucho sobre alguien al observar lo que hace. Cuando alguien sigue a Jesús, mostrará el fruto del Espíritu en su vida. Esto significa que demostrará amor, alegría, paz, paciencia, bondad, fidelidad, amabilidad y autocontrol. Como seguidor de Jesús, si sientes que no tienes esas cosas, ¡entonces pídele a Dios que te las dé! A Él le encanta dar buenos regalos a sus hijos.

Dios, quiero que el fruto en mi vida te honre. Por favor, dame tu fruto. Cuando la gente me mire, quiero que te vean a ti. Gracias por enseñarme lo que es seguirte.

MURALLAS FUERTES

Una persona sin control propio
es como una ciudad con las murallas destruidas.
PROVERBIOS 25:28 NTV

¿Puedes imaginarte una época en la que las grandes y fuertes murallas de piedra eran comunes? Una ciudad estaba rodeada por ellas para protegerse de los enemigos. Si un ejército quería atacar esa ciudad, primero tendría que averiguar cómo atravesar la muralla. La puerta y las murallas estaban fuertemente custodiadas, lo que dificultaría la entrada. Ahora imagínate una ciudad con unas murallas destruidas. Es mucho más difícil vigilar a los atacantes y proteger una ciudad cuando el enemigo puede entrar desde cualquier lugar.

La Biblia dice que así es vivir sin autocontrol. Cuando tienes ganas de golpear a alguien, el autocontrol te ayuda a mantener tus manos quietas. Cuando quieres decir algo malo a alguien, el autocontrol te ayuda a mantener la boca cerrada. Cuando quieres comer cinco helados en una fiesta de cumpleaños, el autocontrol te ayuda a dejar de comer antes de que te duela el estómago. La Biblia dice que el autocontrol te mantiene a salvo y evita que hagas lo incorrecto. Hoy, pídele a Dios que te dé autocontrol en tu vida.

Gracias, Dios, por ayudarme a desarrollar autocontrol. Cuando sienta la tentación de hacer lo incorrecto, enséñame a controlar mis acciones y mis palabras. Quiero honrarte con todo lo que diga y haga.

CONSEGUIR AYUDA

El temor del Señor *es*
el principio del conocimiento;
los necios desprecian la sabiduría y la disciplina.

Proverbios 1:7

¿Alguna vez has visto a un niño de tres años que quiere hacerlo todo por sí mismo? A esa edad, una de las cosas que más escucharás de ellos es: «¡Yo sé solito!». Quieren abrocharse el cinturón de seguridad, cortar su comida, elegir su ropa o caminar por el supermercado. Es lindo verlos aprender sobre la independencia. Cuanto más mayores son, más cuenta se dan de lo que pueden hacer solos y cuándo deberían pedir ayuda.

Demuestra sabiduría saber cuándo pedir ayuda. Esto también es cierto para tu relación con Dios. Es posible que puedas resolver algo por ti mismo, pero demuestra sabiduría pedirle ayuda a Dios todos los días. A Él le gusta enseñar a sus hijos cómo vivir. Cuando confías en que Él sabe mejor que tú, aprenderás a amar su guía y corrección. No seas hoy como ese niño pequeño que grita: «¡Yo sé solito!». En cambio, confía en la sabiduría de Dios y déjale que te guíe.

Dios, gracias por ser más grande y más sabio que yo. Ayúdame a amar tu instrucción y a confiar en tu sabiduría. Gracias por enseñarme lo que es bueno y correcto.

Esta es la confianza que tenemos al
acercarnos a Dios:
que, si pedimos cualquier cosa
conforme a su voluntad,
él nos oye. Y si sabemos que Dios oye
todas nuestras oraciones,
podemos estar seguros de que ya
tenemos lo que le hemos pedido.

1 Juan 5:14–15

TENER MIEDO

¡...el SEÑOR está con nosotros!
¡No les tengan miedo!
NÚMEROS 14:9 NTV

Es normal tener miedo a veces. En ocasiones, ocurren cosas escalofriantes y no las vemos llegar. Una gran tormenta puede dar miedo. Una experiencia nueva puede hacer que te sientas nervioso. A veces, la oscuridad da miedo. Es normal sentir miedo. Lo importante es qué haces con ese miedo.

Cuando sabes que Dios está de tu lado, no tienes nada que temer. Puedes entregarle tu miedo o tu ansiedad a Dios y confiar en que Él te mantendrá a salvo. Puedes pedirle que te dé valentía, y lo hará. Su amor es tan grande que no queda espacio para el miedo. Su amor te cubrirá como un escudo fuerte, su increíble poder puede darte fuerza, y su gracia puede darte la valentía para enfrentar tus miedos.

Gracias, Dios, por ser paciente y cuidadoso conmigo cuando tengo miedo. Tú no me fuerzas a hacer las cosas cuando tengo miedo, pero me das la valentía y la gracia para enfrentarme a mis miedos. Gracias por protegerme. Ayúdame a confiar en tu capacidad de mantenerme a salvo.

CANTA A DIOS

Canten al Señor con alegría.
Cántenle una canción nueva;
toquen con destreza
y den voces de alegría.
Salmos 33:1, 3

¡Canta con alegría a Dios! Dile todas las cosas por las que estás agradecido y lo mucho que lo amas. Cuanto más lo adores, más cerca de Él se sentirá tu corazón. Cuanto más tiempo pases en su presencia, más parecido serás a Él. La adoración es como una gran puerta que lleva a Dios. La adoración te ayuda a enfocarte en lo verdadero en lugar de lo que no es cierto o te confunde.

No tienes que ser un músico profesional para cantarle canciones a Dios. Puedes simplemente dejar que tu corazón rebose cuando estés con Él. Si estás contento, canta sobre ello. Si estás triste, canta sobre ello. Las canciones de adoración no tienen que ser siempre alegres. Puedes cantar canciones tristes a Dios y Él las escuchará, y le encantarán igual que las alegres. Cuanto más le entregues tu corazón, más sustituirá Él tu tristeza por alegría.

Dios, gracias por el regalo de la adoración. Gracias porque puede cambiar mi modo de pensar. Recuérdame que, cuando te canto a ti, tú sustituyes mi preocupación por alegría.

PACIFICADOR

Háganlo todo sin quejas ni contiendas.
FILIPENSES 2:14

¿Alguna vez tienes un día en el que tu familia parece discutir por todo? Todos están frustrados y nadie parece llevarse bien. Cuando hay muchas quejas, no hay paz. Cuando hay muchas discusiones, no hay unidad. Dios quiere que nos amemos y vivamos en paz y unidad. En lugar de quejarte y discutir, aprende a ser un pacificador.

Un pacificador es alguien que crea paz, especialmente ayudando a resolver problemas. En lugar de pelear, puedes intentar ayudar. A veces, esto significa hacer lo que otra persona quiere en lugar de lo que tú quieres. Significa escuchar en lugar de responder. Tu corazón se sentirá mejor y más ligero cuando haya paz. En este día, honra a Dios haciendo todo sin quejarte ni discutir.

Dios, ayúdame a hacer las cosas hoy sin quejarme. Cuando me queje o discuta, enséñame a pedir perdón y después intentar ser un pacificador. Muéstrame maneras en las que puedo ayudar a que haya paz y solucionar problemas.

LA OBRA DE DIOS

Cuando miro el cielo de noche y veo la obra
de tus dedos —la luna y las estrellas
que pusiste en su lugar—, me pregunto:
¿qué son los simples mortales para que pienses en ellos,
los seres humanos para que de ellos te ocupes?

SALMOS 8:3–4 NTV

¿Alguna vez has visto algo en la naturaleza que te haya hecho sentir pequeño? ¿Has estado en la playa y has mirado hacia el océano? ¿O has levantado la vista al cielo nocturno y has visto millones de estrellas parpadeándote? ¿Has visto una montaña que se alza sobre ti o un bosque del que no puedes ver el final? Dios creó todas estas cosas grandes y maravillosas, pero aun así se interesa por ti más que por todo lo demás.

Aunque seas pequeño e indefenso, el amor de Dios por ti es más grande y poderoso que cualquier cosa en el universo. Él puede crear lo que quiera, y te creó a ti. Puede hacer milagros espectaculares, y te creó a ti. No importa cuán pequeño te sientas, ¡eres realmente importante para Dios! Deja hoy que el amor de Dios por ti te haga sentir grande, especial y cuidado.

¡Gracias, Dios, por tu amor! Aunque soy pequeño, tu amor es grande. Ayúdame a recibir ánimo de tu amor. Gracias porque, de entre todas las cosas impresionantes que hay en la tierra, piensas en mí.

CONFÍA EN SU AMOR

*Nosotros sabemos cuánto nos ama Dios
y hemos puesto
nuestra confianza en su amor.
Dios es amor.*

1 Juan 4:16 NTV

¿Qué significa confiar en el amor que Dios tiene por ti? Significa que reconoces que estarías perdido sin el amor de Dios. Confías en su amor cuando crees que Jesús murió por tus pecados. Te apoyas en el amor de Dios cuando lees tu Biblia porque sabes que está llena de sabiduría para tu vida. Confías en el amor de Dios cuando ocurren cosas difíciles y acudes a Él en busca de consuelo y orientación. Cuando dependes del amor de Dios, significa que su amor es lo más importante en tu vida.

Su amor por ti es interminable. Estará contigo todos tus días. Te rodeará, te protegerá y te animará cuando te sientas desanimado. Depender de su amor significa confiar en Él porque sabes que su amor es fuerte y durará para siempre. El amor de Dios es la fuerza más poderosa que existe.

Dios, gracias por tu amor. Me alegra poder contar contigo. Sé que tu amor me rodea y me ayuda a sentirme seguro y conocido. Enséñame a depender aún más de tu amor hoy que ayer.

UN BUEN AMIGO

Compartan penas y alegrías,
practiquen el amor fraternal,
sean compasivos y humildes.
1 Pedro 3:8

Es realmente importante saber cómo ser un buen amigo. Un buen amigo puede ayudar en momentos difíciles y ser muy divertido cuando las cosas van bien. La Biblia comparte muchas maneras de ser un buen amigo. En el versículo de hoy, Pedro nos recuerda ser comprensivos y compasivos. Estas palabras significan que podemos pensar en cómo se sienten los demás. Nos imaginamos en su situación.

Cuando piensas en cómo se sienten otras personas, les haces sentir amadas y cuidadas. Ser comprensivo y compasivo es una gran parte de amar a los demás. Hoy, intenta ser amoroso hacia tus amigos y familiares. Piensa en algunas maneras de poder poner sus sentimientos antes que los tuyos.

Gracias, Dios, por enseñarme a amar bien. Ayúdame a poner los sentimientos de los demás antes que los míos. Cuando sienta la tentación de ponerme a mí mismo primero, recuérdame que me has pedido que sea comprensivo y compasivo.

CADA PASO

«Lamento haber hecho a Saúl rey,
porque no me ha sido leal y se ha negado
a obedecer mi mandato».

1 Samuel 15:11 NTV

Saúl fue un rey en el Antiguo Testamento que no escuchó a Dios. Dios lo hizo rey y luego Saúl dejó de seguir a Dios. A través de Saúl podemos aprender que es importante seguir las instrucciones de Dios en todo momento. Dios puede pedirte que hagas algo, y no puedes limitarte a dar el primer paso. Él le dio a Saúl un reinado, y Saúl intentó hacer el resto por sí mismo. Debería haber permanecido cerca de Dios en cada paso del camino.

Obedecer a Dios no es algo que se hace una sola vez. Cada día, deberías preguntarle a Dios cómo quiere que lo sigas. Él es quien te guiará y te enseñará lo que es correcto. Si le ignoras, te perderás la sabiduría que Él ofrece. No estás destinado a vivir tu vida solo. Él quiere que le pidas ayuda incluso si piensas que no la necesitas.

Dios, quiero seguirte todos los días. No quiero simplemente tomar lo que me das y salir corriendo con ello. Ayúdame a depender de ti y a escuchar lo que tienes que decir. Quiero seguir tus instrucciones completamente porque sé que tus caminos son mejores que los míos.

NO ENTIENDO

Fue por la fe que Noé construyó un barco grande para salvar a su familia del diluvio en obediencia a Dios, quien le advirtió de cosas que nunca antes habían sucedido.

HEBREOS 11:7 NTV

¿Te imaginas ser Noé? Dios le pidió que hiciera algo grande y sorprendente. Probablemente estuvo confundido o frustrado, pero aun así escuchó. Todos a su alrededor pensaban que había perdido la cabeza. Él tampoco entendía completamente lo que estaba sucediendo, pero sin embargo escuchó. Nunca antes había llovido, pero Dios le dijo a Noé que caería tanta agua del cielo que toda la tierra se inundaría.

Debió de haber sido un poco estresante ser el elegido por Dios para construir el arca. A pesar de que nada de eso tenía sentido, Noé fue fiel a Dios. Puede haber momentos en tu vida en los que Dios te pida que hagas algo que no entiendes. En esos momentos, confía en lo que Dios te ha dicho. Ora al respecto y habla con personas en las que confíes. Hoy, pídele a Dios que aumente tu fe mientras lo escuchas.

Dios, ¡quiero tener una fe como la de Noé! Enséñame a escucharte incluso cuando no entienda. Aumenta mi fe en tu voz y ayúdame a ser obediente sin importar lo que piensen los demás.

CUANDO ES DIFÍCIL

El orgullo lleva a la deshonra,
pero con la humildad viene la sabiduría.

Efesios 2:10 NTV

Hacer lo correcto puede ser realmente difícil a veces. Se necesita control y paciencia para tomar la decisión correcta, especialmente si las personas a tu alrededor están tomando la decisión incorrecta. Imagina que tu hermano y tú se están peleando. Él te robó tus caramelos, y ahora están gritándose el uno al otro. Si dices cosas hirientes o intentas golpearlo, estás tan equivocado como él. Puede que él haya sido el que tomó tus caramelos en primer lugar, pero elegiste lo incorrecto al usar palabras hirientes y violencia.

En esa situación, si hubieras hablado amablemente y tratado de resolver el problema con paz, te habrías evitado problemas. En cambio, ahora ambos están equivocados. Hacer lo correcto no siempre es fácil, pero siempre vale la pena. La recompensa por hacer lo correcto es que evitarás más problemas.

Dios, ayúdame a hacer lo correcto incluso cuando sea difícil. Gracias por guiarme y enseñarme cómo vivir. Quiero evitar problemas y quiero honrarte con mis decisiones.

UN CORAZÓN TIERNO

«¡Oh Señor, te suplico que oigas mi oración!
Escucha las oraciones de aquellos quienes
nos deleitamos en darte honra.
Te suplico que hoy me concedas éxito
y hagas que el rey me dé su favor.
Pon en su corazón el deseo de ser
bondadoso conmigo».

NEHEMÍAS 1:11 NTV

Dios puede cambiar corazones. No hay nada que sea demasiado difícil para Dios. Puede tomar al abusón más grande y convertirlo en un amigo amoroso. Si conoces a alguien que está siendo desagradable contigo o con otros, ora por esa persona. Pídele a Dios que cambie su corazón. No es tu trabajo intentar cambiar a alguien; solo Dios puede hacerlo. Pídele que le enseñe a ser amable.

De la misma manera, si te resulta difícil ser amable con alguien, pídele a Dios que cambie tu corazón. Pide perdón por las cosas desagradables que has hecho. Pídele a Dios que ponga bondad en tu corazón. Dios puede hacer eso, y le encanta cuando le pides ayuda. Si pudo crear el mundo solamente con sus palabras, entonces está claro que puede ayudarte cuando tu corazón necesita ablandarse.

Gracias, Dios, por cuidar de mi corazón. Ayúdame a acudir a ti cuando esté siendo desagradable. Cambia mi corazón para que sea tierno y amoroso. Sé que solo tú puedes hacer eso. No puedo cambiar a los demás, así que ayúdame a acordarme de orar por ellos.

SÉ AMABLE SIEMPRE

No paguen mal por mal. No respondan con insultos cuando la gente los insulte. Por el contrario, contesten con una bendición. A esto los ha llamado Dios, y él les concederá su bendición.

1 PEDRO 3:9 NTV

¿Alguna vez alguien te habló de una manera que te hizo enojar? Puede ser tentador devolver palabras hirientes. En cambio, ten en cuenta que la amabilidad lo cambia todo. No importa cuán grande o fuerte seas, tus palabras son el arma más poderosa que tienes. Una palabra amable puede iluminar el día o la semana de alguien; hasta puede cambiar su vida.

Incluso si alguien no te trata bien, la Palabra te recuerda que siempre debes usar palabras amables. Esto puede ser realmente difícil, pero Dios está de tu lado. Nunca te pide que hagas algo sin ayudarte. La próxima vez que te sientas molesto o enojado y haya palabras desagradables dentro de ti, pídele a Dios que te ayude a elegir la amabilidad. En el día de hoy, a medida que avanzas en tu día piensa en algo amable que puedas decir a cada persona que encuentres. Haz un hábito de hablar de una manera que anime a quienes te rodean.

Dios, gracias por darme la capacidad de hablar amablemente. Cuando esté molesto o enojado, enséñame a controlar mis palabras. Incluso cuando otras personas hacen lo incorrecto, ayúdame a tratarlas con amabilidad.

EN ARMONÍA

Alégrense con los que están alegres y lloren con los que lloran. Vivan en armonía unos con otros.

Romanos 12:15–16 NTV

Una manera de amar a los demás es practicar sentir lo que ellos sienten. Cuando tu amigo está triste, puedes estar triste con él. Cuando tu hermana está feliz, ríe con ella. Esto demuestra que estás poniendo los sentimientos de otras personas por delante de los tuyos.

A veces, la mejor manera de amar a alguien es adaptarte a su situación. Esto significa que no intentas cambiar cómo se siente, sino que te unes a esos sentimientos. No siempre ayuda tratar de animar a alguien. Piensa en un momento en el que estuviste realmente triste. Lo que ayuda es cuando un padre te abraza, se sienta contigo y te deja llorar. La próxima vez que un amigo o alguien de tu familia esté molesto, intenta sentarte con ellos mientras están tristes. Di algo amable y ofrece un abrazo.

Quiero amar a las personas de la misma manera que tú lo haces, Dios. Ayúdame a ser amable y a adaptarme a las situaciones de los demás. Gracias por enseñarme a amar bien. Muéstrame cómo estar feliz cuando otros están felices y llorar con aquellos que lloran.

ZAPATOS LLENOS DE ARENA

Confía en el Señor de todo corazón
y no te apoyes en tu propia inteligencia.
Proverbios 3:5

Imagina que te estás preparando para salir de la casa. Tu mamá te dice que uses tus chanclas en lugar de zapatillas para correr. No sabes que van a la playa, pero ella sí lo sabe. Si no la escuchas, no estarías preparado. ¡Te molestaría tener las zapatillas llenas de arena!

Es lo mismo con Dios. Dios ve lo que tú no puedes ver. Él sabe más que tú acerca de tu vida. Está lleno de sabiduría y lo ve todo. Por eso, tiene sentido confiar en lo que Él dice y depender de su conocimiento. Puede que no siempre entiendas lo que te pide que hagas, pero puedes confiar en Él. Es confiable, fuerte y bueno. Hoy, incluso cuando tengas dudas, confía en la sabiduría de Dios por encima de la tuya.

Eres sabio y confiable, Dios. Te alabo por tu comprensión y tu confiabilidad. Enséñame a apoyarme en ti. Ayúdame a valorar tu sabiduría por encima de la mía.

NO HAY SEPARACIÓN

Y estoy convencido de que nada podrá jamás separarnos del amor de Dios. Ni la muerte ni la vida, ni ángeles ni demonios, ni nuestros temores de hoy ni nuestras preocupaciones de mañana.

ROMANOS 8:38 NTV

En la vida, hay cosas de las que podrías no estar seguro. Hay muchas cosas que no sabes. No sabes cómo será el mañana. No sabes cuál será tu trabajo cuando seas adulto. No sabes si siempre vivirás en la misma casa. No sabes quiénes serán tus amigos cuando pasen cinco años. Podrías hacer una lista muy larga de cosas que no están garantizadas. Pero sabes una cosa: Dios siempre te amará.

Nunca puedes estar separado del amor de Dios. Su amor nunca cambia. Incluso si toda tu vida cambiara mañana, su amor sería el mismo. No hay nada en el universo más fuerte que el amor de Dios. Siempre será lo mejor y más grande que tengas en tu vida.

Dios, gracias por tu amor constante. No importa qué cambios ocurran, tu amor siempre es el mismo. Nunca puedo estar separado de tu amor. Ayúdame a encontrar confianza en la grandeza de tu amor.

SU CAMINO

«Te guiaré por el mejor sendero para tu vida;
te aconsejaré y velaré por ti.
No seas como el mulo o el caballo,
que no tienen entendimiento,
que necesitan un freno y una brida
para mantenerse controlados».
SALMOS 32:8–9 NTV

Los planes que Dios tiene para tu vida son buenos. Él puede ver cada momento de tu vida al mismo tiempo. Sabe lo que es mejor para ti y le encanta cuidar de ti. La mejor decisión que puedes tomar es confiar en Dios. A veces, sus planes son diferentes a lo que te gustaría. En esos momentos, aunque sea difícil, lo mejor que puedes hacer es confiar en Él. Cuando mires atrás, verás que su camino fue el mejor.

Si no sabes cómo seguir a Dios, pregúntale. Si te sientes estancado en una decisión, pídele dirección. A Él le encanta ayudar a sus hijos. Te hablará a través del Espíritu Santo y será fiel para guiarte. Hoy, pídele que te dé la gracia para seguir su camino. Cuanto más practiques el escuchar su voz, más fácil será hacer lo que Él pide.

Dios, sé que tus planes para mí son buenos. Gracias por cuidar de mí y decirme qué camino tomar. Ayúdame a practicar el escuchar tu voz para poder seguirte bien. No quiero ser terco y seguir mi propio camino cuando sé que tú sabes lo que es mejor.

ES SUFICIENTE

—¿Dónde conseguiríamos comida suficiente aquí en el desierto para semejante multitud?
—¿Cuánto pan tienen?—preguntó Jesús.
—Siete panes y unos pocos pescaditos —contestaron ellos.

MATEO 15:33–34 NTV

¿Sabes lo que sucede en el resto de esta historia? Jesús toma esos panes y peces, aunque no son suficientes, y los multiplica. ¿Puedes imaginar lo que debe haber sido ver semejante milagro? Claramente, no había suficiente comida y de alguna manera, al final, cada persona tenía suficiente para comer.

¡Jesús puede hacer cosas grandes y emocionantes! Puede tomar lo que no es suficiente y convertirlo en algo abundante. Esto también puede ser cierto en tu vida. No importa cuáles sean tus necesidades, Dios puede proveer para ti. Háblale hoy y cuéntale lo que necesitas. A Él le importa cada parte de tu vida, sin importar cuán grande o pequeña sea. Quiere escucharte y le encanta cuidar de ti.

Gracias, Dios, por los milagros que has hecho. Enséñame a confiar en ti con lo que necesito en lugar de molestarme porque no tengo suficiente. Quiero tener fe en que puedes cuidar de mí. Cuando sienta que no tengo lo suficiente, recuérdame que eres el Dios que multiplica.

COSECHA DEL HUERTO

Así que no nos cansemos de hacer el bien.
A su debido tiempo, cosecharemos
numerosas bendiciones
si no nos damos por vencidos.

GÁLATAS 6:9 NTV

¿Alguna vez has plantado un huerto? Uno pequeño no requiere mucho trabajo, pero sí paciencia. Preparas la tierra, siembras la semilla y luego la riegas. Entonces, sigues regándola. Incluso cuando parece que no está sucediendo nada, sigues regando tu planta. Con el tiempo verás crecimiento. Si la mantienes sana a medida que crece, tendrás algo que cosechar. Si te cansas de regar a mitad de camino, tu planta se secará y no tendrás nada en el momento de la cosecha.

Tu relación con Dios es igual. Necesita ser nutrida y cuidada como una semilla que has puesto en la tierra. A veces puede parecer aburrido seguir haciendo lo mismo, pero a medida que cumplas años, cosecharás mucho del tiempo que le has dedicado a Dios.
Hoy, pasa tiempo con Dios, lee la Biblia, háblale y agradécele por todo lo que ha hecho.

Enséñame a tener paciencia, Dios. Quiero cosechar cosas buenas en mi vida, así que por favor ayúdame a no aburrirme de hacer lo correcto. Recuérdame que pase tiempo contigo y mantenga mi corazón cerca de ti cada día.

DA LO QUE TIENES

«Porque todos ellos dieron sus ofrendas de lo que les sobraba; pero ella, de su pobreza, echó todo lo que tenía para su sustento».

LUCAS 21:4

Esta parte de la Biblia habla de una mujer que dio todo lo que tenía a Dios. Todos a su alrededor dieron mucho, pero también guardaron mucho para ellos. Aunque ella era pobre, lo dio todo.

Puede que sientas que, por ser joven, no tienes mucho que dar. Realmente, todo lo que Dios quiere es lo que tienes, no importa cuán poco sea. No tengas vergüenza de darle lo que puedas. A Él no le importa cuánto tiempo, dinero o habilidad tengas. Solo quiere que seas un dador alegre y generoso. Hoy, pídele que te muestre cómo puedes honrarlo con tu alabanza, tu tiempo, y la manera en que tratas a los demás. Esto significa tanto para Él como un gran gesto o mucho dinero.

Gracias, Dios, porque mi corazón es más importante para ti que lo que tengo. Ayúdame a ser generoso con lo que sí tengo, aunque sea poco. Muéstrame cómo puedo ser generoso mostrando bondad a los demás.

BUENAS NOTICIAS

Pues nadie llegará jamás a ser justo ante Dios por hacer lo que la ley manda. Dios nos hace justos a sus ojos cuando ponemos nuestra fe en Jesucristo.

ROMANOS 3:20, 22 NTV

¿Alguna vez has escuchado a alguien referirse al evangelio como «buenas noticias»? ¿Sabes por qué se le llama así? Las buenas noticias son que ¡no hay nada que puedas hacer para ganar la salvación! Jesús murió para que no tuvieras que ser lo suficientemente bueno. Esto significa que, independientemente de los errores que cometas, Jesús sigue siendo suficiente. También significa que, incluso si sigues todas las reglas y haces todas las cosas correctas, todavía necesitas a Jesús.

Esto son buenas noticias porque significan que debes depender de Jesús para todo. Cada día, pase lo que pase, tu fe es más importante que seguir la ley. ¡Esto debería ser una noticia alentadora! Hoy, en lugar de sentirte estresado por si estás haciendo lo correcto o no, pon tu fe en Jesús, quien te hace justo.

Jesús, eres suficiente para mí. Cuando me sienta abrumado por seguir las reglas, ayúdame a ver que es mi fe en ti lo que me hace justo. Ayúdame a entender que la fe es más importante que las obras.

TOTALMENTE NUEVO

En cambio, dejen que el Espíritu les renueve
los pensamientos y las actitudes.
Pónganse la nueva naturaleza,
creada para ser a la semejanza de Dios,
quien es verdaderamente justo y santo.

EFESIOS 4:23–24 NTV

Cuando pones tu fe en la resurrección y decides seguir a Jesús, Él hace nuevo tu corazón. No solo lo arregla o te hace sentir mejor; te da un corazón completamente nuevo. No es como si pusiera una bandita en una rodilla raspada o una escayola en un hueso roto. Te hizo una persona nueva. Lo viejo se ha ido y ahora eres nuevo.

Jesús te ha dado una gran libertad. Como nueva creación, has sido hecho para parecerte más a Dios que antes. Como seguidor de Jesús, reflejas quién es Dios. Cuando otras personas te ven, deberían ver a Jesús. Tus palabras, acciones y pensamientos deberían reflejar quién es Dios. Hoy, pídele a Dios que te muestre cómo puedes ser más como Él.

¡Gracias por hacerme una nueva creación, Dios! Gracias por hacer nuevo mi corazón y por mostrarme cómo vivir. Enséñame a ser más como tú. Quiero que mi vida te refleje. Enséñame cómo ser verdaderamente bueno.

TODO POR DIOS

Trabajen de buena gana en todo lo que hagan, como si fuera para el Señor y no para la gente.

COLOSENSES 3:23 NTV

Lo que estés haciendo, puedes hacerlo para el Señor. Ya sea que estés atándote los zapatos, haciendo tus deberes o jugando con tu hermano o tu hermana, puedes hacerlo para Dios. Tu único trabajo es agradar a Dios, no agradar a las personas. Cuando actúas para agradar a Dios, solo te preocuparás por lo que Él piensa. Su opinión es la que más importa.

Cuando actúas para las personas, terminas preocupándote por lo que piensan los demás. Eso te puede llevar a frustrarte y tener ansiedad porque no puedes complacer a todos. Con todo lo que hagas, hazlo lo mejor posible como si Dios fuera quien te lo pidiera. Él es a quien tienes que rendir cuentas. Cada día, busca hacer lo mejor porque eso honrará a Dios. En todo lo que hagas, Dios estará contigo guiándote y animándote. Estás trabajando para Él, pero nunca te dejará solo para que lo resuelvas por ti mismo.

Dios, ayúdame a trabajar de buena gana en todo lo que hago. Quiero complacerte con mis acciones y pensamientos. Ayúdame a estar más enfocado en tu opinión que en las opiniones de los demás. Gracias por enseñarme y guiarme todos mis días.

EN SU CREACIÓN

Pues, desde la creación del mundo, todos han visto los cielos y la tierra. Por medio de todo lo que Dios hizo, ellos pueden ver a simple vista las cualidades invisibles de Dios: su poder eterno y su naturaleza divina. Así que no tienen ninguna excusa para no conocer a Dios.

Romanos 1:20 NTV

Mires donde mires, hay evidencia de Dios. La creación habla acerca de quién es Dios. Esto significa que todo lo que ves puede decirte quién es Dios. Incluso si sientes que no puedes verlo o que está lejos, puedes mirar todo lo que ha hecho y eso te mostrará quién es Él.

Toda su creación es buena, así que Él es bueno. El cielo, el sol, los árboles y los océanos nos muestran que nos ama y se interesa por nosotros. La tierra está llena de milagros, ¡y Dios los ha hecho todos! Hoy, busca algo que Dios haya creado y dale gracias por ello. Es fácil acostumbrarse tanto a las cosas cotidianas que ya no te fijas en ellas. Imagina que estás viendo el mundo con una mirada nueva y agradece a Dios por todo lo que Él ha hecho.

Gracias, Dios, por tu creación. Enséñame a verla como algo milagroso. Has hecho cosas maravillosas por nosotros y nos has dado una tierra preciosa. Te alabo por todo lo que has hecho.

PALABRAS PODEROSAS

Por la palabra del Señor
fueron hechos los cielos
y por el soplo de su boca,
todo lo que en ellos hay.
Salmos 33:6

Imagina estar sentado en tu cuarto y decir: «¡Que aparezca un robot!». Inmediatamente, un robot aparece y comienza a limpiar tu cuarto. Luego dices: «¡Que haya pizza para cenar!». De repente, una pizza perfecta y llena de queso aparece en la encimera de la cocina. ¿No sería increíble que tus palabras fueran lo suficientemente poderosas para hacer que todo sucediera?

Aunque no puedes crear cosas con solo hablar, conoces a alguien que sí puede hacerlo. Así es exactamente como Dios lo creó todo. Lo único que tuvo que hacer fue hablar, y se crearon animales, plantas, océanos, montañas y personas. Con sus palabras hizo las estrellas, la luna, y todos los planetas. Alaba a Dios hoy por cómo ha creado todo. Que su poder y su fuerza te lleven a respetarlo y a maravillarte de Él.

Gracias por tu poder y tu fuerza, Dios. Gracias por crear el mundo; muestra cuán poderoso y bueno eres. ¡Te alabo por tus buenas obras!

CONOCE SU AMOR

Tu amor, Señor, llega hasta los cielos;
tu fidelidad alcanza las nubes.
¡Cuán precioso, oh Dios, es tu gran amor!
Nehemías 9:17

Dios es fiel. Nunca te abandonará. Nunca te dejará ni te desamparará. Siempre está luchando por ti, y siempre te amará. Su amor por ti es más alto que los cielos. Es invaluable y vale más que cualquier tesoro que puedas encontrar en la tierra. No hay nada mejor que el amor de Dios.

Si dedicas los días de tu vida a tratar de comprender el amor de Dios, habrás hecho algo grandioso. Conocer su amor es más importante que cualquier otra cosa. Muchas personas pasan su vida buscando el éxito, pero lo más valioso que puedes hacer es buscar al Señor. Poner tu relación con Él en primer lugar es la mejor decisión que tomarás jamás.

Dios, gracias por tu gran amor. Ayúdame a pasar todos mis días buscándote. Quiero seguirte y poner mi relación contigo en primer lugar. Que tu amor sea lo más importante en mi vida.

TU REFUGIO

Oh, pueblo, confía en él siempre,
derrama ante él tu corazón,
pues Dios es nuestro refugio.
SALMOS 62:8

¿Alguna vez te agarró una gran lluvia? Imagina que estás dando un paseo con tu familia y, de repente, comienza a llover con intensidad. Miras a tu alrededor en busca de un lugar para resguardarte y ves un grupo de árboles a un lado. Todos corren hacia ellos y agradecen el refugio mientras esperan a que pase la lluvia. Encontraste un refugio.

Dios se parece mucho a un refugio de la lluvia. Te protege y te ofrece un espacio seguro cuando todo a tu alrededor está tormentoso o inseguro. Le encanta ser un refugio para ti. Puedes confiar en que cuidará de ti. Como tu refugio, Él quiere que le cuentes tus alegrías, tristezas, miedos y emociones. Cuéntale cuando estés nervioso o emocionado. Permítele ser tu refugio todos los días.

Gracias por mantenerme a salvo, Dios. Cuando necesite refugio, ayúdame a acudir a ti. Sé que eres bueno y digno de confianza. Enséñame a expresarte lo que siento.

TRABAJO DURO

Todo esfuerzo tiene su recompensa,
pero quedarse en las palabras solamente,
lleva a la pobreza.
PROVERBIOS 14:23

La vida está llena de trabajo duro. A tu edad, es posible que hayas experimentado un poco de trabajo duro. A medida que creces, tendrás que trabajar más por lo que quieres o necesitas. Ahora es un buen momento para practicar trabajar duro con una buena actitud. Puedes hablar todo el día sobre un trabajo que hay que hacer, o simplemente puedes hacerlo. Cuando tus padres te pidan que ordenes tu cuarto, hazlo lo mejor posible. Al hacer tus tareas escolares, esfuérzate al máximo y no te rindas.

A veces querrás trabajar duro, y otras veces querrás rendirte. Todos quieren rendirse a veces, pero cuanto más trabajas en algo, más desarrollas la perseverancia. La perseverancia significa que no te rindes, sin importar lo difícil que sea algo. La perseverancia siempre trae una recompensa. A veces, tu recompensa será evidente, como un cuarto ordenado o una buena calificación en tus tareas. Otras veces, la recompensa puede tardar más o ser más difícil de ver. Cuando tengas ganas de abandonar, persevera. Pídele a Dios que te enseñe a trabajar duro.

Dios, gracias por enseñarme cómo vivir. Quiero perseverar incluso cuando algo es difícil. Enséñame a trabajar duro con una buena actitud.

COSAS NUEVAS

Alégrense siempre en el Señor...
he aprendido a estar satisfecho
en cualquier situación
en que me encuentre.
FILIPENSES 4:4, 11

¿Alguna vez has sentido que querer algo nuevo te consumía? No puedes dejar de pensar en lo que podrías obtener si tuvieras dinero para gastar. A veces, puede ser difícil estar contento con lo que tienes. Las cosas nuevas son divertidas y emocionantes, y puede ser fácil sentir que serías más feliz si tan solo tuvieras ese juguete o juego nuevo.

La verdad es que las cosas nunca te harán realmente feliz. Aunque son divertidas por un momento, pronto te encontrarás deseando otra cosa nueva. La verdadera alegría solo proviene de Dios. Cuando confías en que Dios cuidará de ti y suplirá tus necesidades, estarás menos ansioso por lo que no tienes. Cuando estás cerca de Él, lo que tienes importa cada vez menos.

Dios, quiero estar feliz con lo que tengo. Enséñame a estar agradecido por todo lo que me has dado. Perdóname por las veces en las que no he sido agradecido. Sé que la verdadera alegría viene de ti y no de las cosas.

SIEMPRE AGRADECIDO

Sean agradecidos en toda circunstancia,
pues esta es la voluntad de Dios para ustedes,
los que pertenecen a Cristo Jesús.
1 Tesalonicenses 5:18 NTV

Probablemente estás acostumbrado a que te digan que des las gracias cuando alguien te da algo. Tus padres te recuerdan que debes estar agradecido por lo que tienes, y haces todo lo posible por dar las gracias a los demás. ¿Sabías que la Palabra de Dios nos dice que debemos estar agradecidos en todas las circunstancias, no solo en las buenas? Esto puede ser realmente difícil, pero cuando confías en Dios, sabes que Él puede resolver incluso los problemas más complicados. Cuando la vida es difícil, tenemos que practicar la gratitud.

Cuando tienes una pelea con alguien y hay consecuencias, sé agradecido. Cuando no obtienes lo que quieres para tu cumpleaños, sé agradecido. Cuando tu familia está pasando por un mal momento, sé agradecido. Dios es el mejor maestro, y siempre es amable y bueno. En este día, practica la gratitud especialmente cuando sea difícil.

Dios, es fácil estar agradecido cuando estoy feliz. Es difícil estar agradecido cuando estoy triste o molesto. Por favor, enséñame cómo hacerlo. Ayúdame a elegir la gratitud siempre.

ADQUIRIR SABIDURÍA

Adquiere la verdad y la sabiduría,
la disciplina y el discernimiento,
¡y no los vendas!

PROVERBIOS 23:23

Si necesitas sabiduría, Dios te la dará. Solo tienes que pedirla. Él no es un Dios que oculta las cosas. No está esperando a que lo descubras por ti mismo. Está a tu lado en cada paso del camino, dispuesto a ayudarte.

Habrá momentos en la vida en los que necesitarás ayuda. Esto no significa que no eres lo suficientemente bueno. Es simplemente una oportunidad para confiar en Dios y pedirle lo que necesitas. Nunca habrá un momento en el que necesites sabiduría o instrucción y Dios te rechace. Él siempre está listo para ayudar. Nunca tienes que demostrar que eres lo suficientemente bueno. Dios quiere estar contigo pase lo que pase. Puedes ser tú mismo y depender de Él para todo lo que necesites.

Gracias, Dios, por darme sabiduría libremente siempre que la necesito. Ayúdame a depender siempre de ti en lugar de intentar hacer las cosas por mi cuenta. Tú conoces mis debilidades, y eres quien me fortalece.

TEME AL SEÑOR

El Señor se complace en los que le temen,
en los que confían en su gran amor.
Salmos 147:11

Suena chistoso eso de temer al Señor, ¿verdad? ¿Por qué deberíamos tener miedo de Dios cuando es tan amoroso, amable y bueno? Cuando la Biblia habla de temer a Dios, no se refiere al mismo tipo de miedo que podrías experimentar en una situación aterradora. Significa un profundo respeto y comprensión de su poder y capacidad.

Cuando conoces bien a Dios, sabes que Él es poderoso, fuerte y justo. Temer al Señor significa estar asombrado de Él. Significa que te maravillas de quién es y de todo lo que puede hacer. ¡Dios es digno de tu asombro! Hoy, piensa en cómo puedes honrar y respetar a Dios. Alábalo por quién es Él y reflexiona sobre su grandeza. Piensa en todo lo que ha creado y en cuán increíble es el mundo. Piensa en lo que ha hecho a través de Jesús y cómo te ha salvado. ¡Ha hecho cosas grandes y poderosas!

Dios, me alegra no tener que tenerte miedo, y puedo respetarte y ver tu gran poder. Gracias por ser bueno y poderoso. Enséñame a respetarte en todo lo que hago.

LIBRE ALBEDRÍO

«Todo me está permitido»,
pero no todo es para mi bien.
1 Corintios 6:12

Dios no es un gobernante enojado. No es un rey severo. No es un dictador. Esas son palabras para un gobernante que obliga a su pueblo a actuar y vivir de cierta manera. Un dictador tendría reglas estrictas y castigos severos para cualquiera que no siga las reglas. Dios no actúa así. Él es amable, bondadoso y lleno de sabiduría. Te ha dado la elección de vivir como elijas. No quiere obligar a la gente a amarlo; quiere personas que elijan amarlo y deseen estar cerca de Él.

Al mismo tiempo, tener libre albedrío no significa que debas hacer todo lo que quieras. No es sabio vivir de esa manera. Lo mejor es usar tu libre albedrío para honrar a Dios. Cuando eliges seguirlo, Él te honrará enseñándote con cariño y dándote la vida eterna. Hoy, aunque puedes elegir lo que quieras, elige estar cerca de Dios.

Dios, sé que elegir estar cerca de ti es la mejor decisión que puedo tomar. Gracias por ser el Rey que ama a sus hijos y no es severo. Ayúdame a usar mi libre albedrío para tomar decisiones sabias y honrarte a ti.

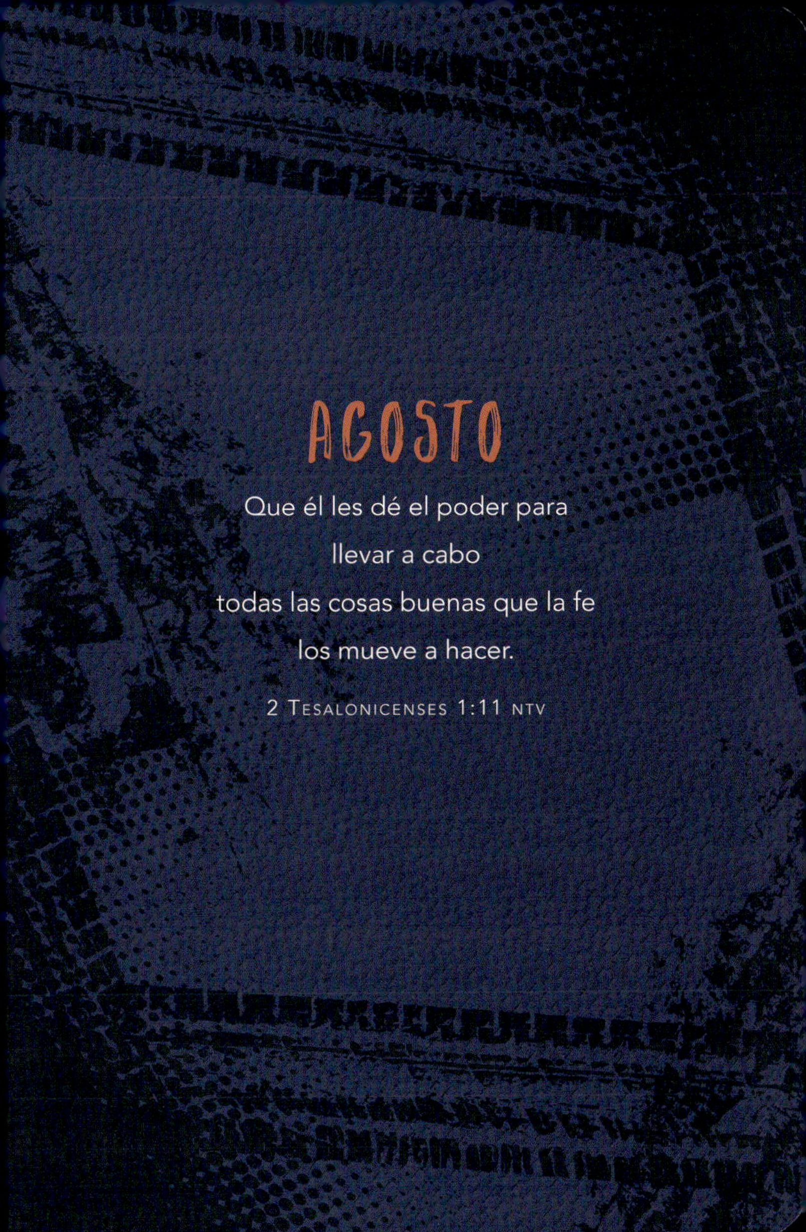

AGOSTO

Que él les dé el poder para
llevar a cabo
todas las cosas buenas que la fe
los mueve a hacer.

2 Tesalonicenses 1:11 ntv

EL ESPÍRITU SANTO

Cuando venga el Espíritu de verdad,
él los guiará a toda la verdad.
Él no hablará por su propia cuenta,
sino que les dirá lo que ha oído.
JUAN 16:13 NTV

Cuando Jesús resucitó de entre los muertos, regresó al cielo para estar con Dios el Padre. Antes de irse de la tierra, nos dio al Espíritu Santo. Él sabía que necesitaríamos a alguien que nos ayudara a seguirlo y vivir una vida consagrada. El Espíritu Santo siempre dice lo que Dios diría. Nunca te dirá que hagas algo que no esté en línea con lo que lees en la Biblia.

Cuando decides seguir a Jesús, el Espíritu Santo habita en tu corazón y te ayuda a honrar a Dios con tus decisiones. A veces, escuchar al Espíritu Santo parece obvio. En ocasiones se siente como un pequeño empujón o una voz tranquila que sabes que deberías seguir. Hoy, mientras sigues a Jesús, presta atención a lo que el Espíritu Santo podría decirte. Él solo dice cosas que son buenas. Puede guiarte a ser amable con un desconocido, tener paciencia con tu hermano, o ser generoso con tu dinero de cumpleaños. Escucha atentamente y síguelo bien.

Espíritu Santo, gracias por estar conmigo. Me alegra tener a alguien que me enseñe cómo vivir y seguir a Dios. Ayúdame a escuchar atentamente lo que tú me dices.

DIOS ES MISERICORDIOSO

Ten misericordia de mí, oh Dios,
debido a tu amor inagotable.
SALMOS 51:1 NTV

¿Sabes qué es la misericordia? La misericordia es darle a alguien algo que no se merece. La misericordia es cuando discutes con tu hermano y tu papá te sienta, les ayuda a resolver el problema y les abraza en lugar de gritar porque sabe que tuviste un día difícil. Realmente mereces una consecuencia, pero tu papá fue misericordioso porque manejó la situación con amor y bondad.

Dios siempre es misericordioso. Toda la muerte y resurrección de Jesús fue un acto gigante de misericordia. Ninguno de nosotros merece ser salvado por Jesús. Todos pecamos y no cumplimos con el estándar de Dios, pero Dios es misericordioso y abrió un camino para que estemos cerca de Él incluso cuando no lo hemos ganado. Dios a menudo nos da lo que no merecemos. ¿Cómo puedes mostrar en ese día misericordia a las personas que hay en tu vida? Puede ser tentador tratar a las personas de la misma manera en que te tratan, pero la misericordia dice: «Te amaré incluso cuando no me guste cómo has actuado».

¡Gracias por ser tan misericordioso, Dios! Quiero amar a los demás como tú me amas a mí. Ayúdame a mostrar misericordia a los que me rodean. Enséñame más sobre la misericordia. Muéstrame oportunidades para dar tu misericordia a los demás.

EXÁMENES

Examíname, Señor, ¡ponme a prueba!,
purifica mi corazón y mi mente.
Tu gran amor lo tengo presente
y siempre ando en tu verdad.

Salmos 26:2–3

Imagina acercarte a tu maestro y decir: «¡Póngame un examen!». Probablemente, no vas a hacer eso. Por lo general, las personas no se lanzan a la oportunidad de ser evaluadas, pero esto es exactamente lo que se está diciendo en este salmo. Pedirle a Dios que te examine es diferente porque Él es siempre bueno, y nunca te avergonzará.

Cuando le pides a Dios que te examine, puedes estar seguro de que te entenderá completamente. Mirará tu corazón y te dirá amablemente si hay algo que requiere tu atención. Podría decirte que pidas perdón a alguien, que pases un tiempo descansando, o mostrarte un área en la que necesitas cambiar. Pase lo que pase, Dios es siempre bueno, y un examen de Él no es motivo de nerviosismo. Es el mejor maestro que encontrarás nunca.

Examina mi corazón, Dios. Muéstrame si hay algo que debería hacer de manera diferente. Enséñame cómo estar abierto a que me examines. Sé que serás bueno y amable. Gracias por ser un maestro tan paciente.

BUENOS EJEMPLOS

Acuérdense de los líderes que les enseñaron
la palabra de Dios.
Piensen en todo lo bueno que haya resultado
de su vida y sigan el ejemplo de su fe.

HEBREOS 13:7 NTV

A medida que sigas a Jesús cada vez más, comenzarás a ver cuán grandioso es tener un ejemplo a seguir. Observa a los adultos a tu alrededor que aman a Dios. ¡Son grandes ejemplos para ti! Han pasado mucho tiempo aprendiendo a seguir a Jesús, y pueden enseñarte cómo hacerlo. Puedes hacer preguntas cuando estés confundido, y ellos pueden recordarte lo que es verdadero cuando lo olvidas.

Amar a Dios y a los demás no es algo que aprendes una sola vez. Podrías pasar toda tu vida aprendiendo esas cosas y aún no sería tiempo suficiente. Por eso, las personas mayores a tu alrededor pueden ser tan útiles. Observa su ejemplo y cómo ha crecido su fe. Hoy, encuentra a alguien que sea mayor que tú y pregúntale qué ha hecho Dios en su vida. Aprende de sus historias y encuentra ánimo en ellas.

Dios, gracias por darme ejemplos de fe a seguir. Ayúdame a ver esos ejemplos y a sentirme animado. Quiero aprender de los demás.

GRANDES OBRAS

«Les digo la verdad, todo el que crea en mí hará las mismas obras que yo he hecho y aún mayores, porque voy a estar con el Padre».

JUAN 14:12 NTV

En esta parte de la Biblia, Jesús está diciendo que, si crees en Él, harás las mismas cosas que Él hizo mientras estuvo en la tierra. ¡Eso es increíble! Piensa en las cosas que Jesús hizo. Alimentó a los hambrientos. Resucitó a los muertos. Sanó a los enfermos. Dio la bienvenida a los solitarios. Defendió a los débiles. ¡Jesús hizo cosas grandiosas y maravillosas! Él dice que tú puedes hacer esas mismas cosas.

Cuando pones tu fe en Jesús, pueden ocurrir milagros. Puedes orar por los enfermos, y Dios los sanará. Puedes ayudar a alimentar a los hambrientos. Puedes hacerte amigo de alguien que esté solo. Jesús hizo cosas buenas, y tú también puedes hacerlas. Él dice que puedes hacer incluso cosas mayores que las que Él hizo. En este día, pídele a Dios que te muestre oportunidades para amar a las personas como Él lo hizo. Tal vez tu mamá tenga dolor de cabeza, y puedes orar por ella. Tal vez tu vecina necesite ayuda para llevar sus compras o limpiar su patio. Cada día, hay muchas oportunidades para hacer cosas buenas y maravillosas como Jesús.

Gracias, Dios, por todas las cosas maravillosas que has hecho. Mientras pongo mi fe en ti, ayúdame a hacer las mismas obras que tú hiciste. Sé que mi poder viene de ti, y quiero amar a los demás como tú lo haces.

LAS ORACIONES DE UN HIJO

La oración del justo es poderosa y eficaz.
SANTIAGO 5:16

Una persona justa es alguien que está en una posición correcta delante de Dios. La única manera de estar en una posición correcta delante de Dios es a través de Jesús. Jesús es tu justicia. Esto significa que, cuando crees en tu corazón que Jesús es el Hijo de Dios y declaras que Dios lo resucitó de entre los muertos, entonces estás en una posición correcta delante de Dios. Tus oraciones son poderosas y eficaces debido a lo que Jesús ha hecho por ti.

Gracias a Jesús, puedes acercarte a Dios como un hijo. Un hijo le pide cosas a su padre y sabe que él proveerá. Como hijo de Dios, tus oraciones son poderosas y fuertes, y funcionarán. Hoy, haz una pequeña lista de cosas por las que puedes orar. Puedes orar por la salud de tu familia, por un amigo que esté pasando por un momento difícil, y por las cosas que necesitas. A Dios le encanta escuchar tus oraciones.

Jesús, me alegra que mis oraciones sean poderosas gracias a ti. Ayúdame a aprender a orar como un hijo de Dios. Quiero tener la confianza de que escuchas mis oraciones.

CARA A CARA

Ahora vemos de manera indirecta y velada,
como en un espejo;
pero entonces veremos cara a cara.
Ahora conozco de manera imperfecta, pero
entonces conoceré tal y como soy conocido.
1 Corintios 13:12 NVI

Nadie vivo ha visto a Dios cara a cara. Sabemos quién es Dios debido a lo que Jesús nos dijo. Él conoce al Padre mejor que nadie, y lo compartió con nosotros. Dependemos de Jesús para conocer a Dios. Jesús también murió para abrir un camino para que estemos cerca de Dios, y así podamos verlo cara a cara algún día.

Llegará el día en que podrás sentarte con el Creador del universo y tener una conversación. Podrás caminar con Él, hacerle preguntas y adorarlo en persona. ¡Ese día será increíble! Imagina cómo será estar tan cerca de tu Padre poderoso, amable y grandioso. Hasta que llegue ese día, solo podemos imaginar cómo será. Podemos conocer su amor, pero no lo entenderemos completamente hasta que lo veamos. Hoy, piensa en cuán grandioso será ese día. ¡Deja que tu corazón se emocione por ello!

Aunque pase toda mi vida tratando de entenderte, Dios, sé que no puedo conocerte por completo. Estoy emocionado por el día en que pueda verte cara a cara. ¡Ayúdame a esperar pacientemente ese día y también a emocionarme por él!

PIDE AYUDA

Los planes fracasan por falta de consejo; muchos consejeros traen éxito.

Proverbios 15:22 NTV

Imagina que estás construyendo una casa en un árbol. No estás seguro de cómo hacer todo de la manera correcta, pero insistes en hacerlo solo de todos modos. Tu papá está ahí, pero no le pides ayuda. Tu hermano mayor ha construido cosas antes, pero tampoco le pides ayuda. Incluso tu abuelo, que tiene más experiencia, estaría encantado de ayudar, pero en lugar de eso lo haces todo por tu cuenta. Sin ayuda, no puedes levantar las tablas más largas, no te permiten usar la sierra tú solo, y no eres lo suficientemente fuerte para clavar bien los clavos. Al final del día has hecho mucho trabajo, pero la casa del árbol no es como la imaginabas.

¿Suena tonto? Tenías a un montón de personas listas y dispuestas, pero rechazaste su ayuda. Con la ayuda de quienes te rodean, tu casa en el árbol habría salido mucho mejor. La Biblia dice que pedir ayuda es algo bueno. Puede ser tentador intentar hacer las cosas solo, pero trabajar en equipo siempre es mejor. Hoy, piensa en un área de tu vida donde podrías pedir ayuda.

Dios, gracias por enseñarme la mejor manera de vivir. Enséñame a pedir ayuda en lugar de hacer las cosas solo. Estoy agradecido por las personas a mi alrededor que saben más que yo.

TUS CIMIENTOS

Entonces Jesús dijo:
—Yo soy la resurrección y la vida.
El que cree en mí vivirá, aunque muera.
JUAN 11:35

¿Sabes por qué una casa necesita un cimiento? El cimiento es la parte más fuerte de la casa. Es firme y estable. El resto de la casa se construye sobre el cimiento. Si un cimiento es débil, la casa no resistirá. Un cimiento fuerte suele estar hecho de piedra o cemento para que dure mucho tiempo.

Al igual que una casa, tu fe en Dios necesita un cimiento firme. Toda tu relación con Dios se basa en la verdad de que Jesús murió por ti y te ha dado vida eterna. Cuando todo lo demás parezca confuso o difícil, puedes confiar en esa verdad. Pase lo que pase, la verdad del evangelio es lo más importante en tu vida. En este día, si no estás seguro de cómo seguir a Jesús, toma un momento para reflexionar sobre la verdad del evangelio. Deja que todo lo demás se construya sobre ese cimiento.

Jesús, gracias por el fundamento del evangelio. Ayúdame a enfocarme en eso cuando me sienta abrumado. Sé que moriste por mí y me has dado vida eterna. Que esa sea la verdad más importante en mi vida.

MUCHO TIEMPO

Dios nos escogió en él antes de la creación del mundo, para que vivamos en santidad y sin mancha delante de él.

Efesios 1:4

¿Puedes imaginar el mundo hace cien años atrás? ¿Y hace tres mil años? Eso es mucho tiempo. ¡Es difícil incluso pensar en cuánto tiempo es! ¿Sabes cuánto tiempo te ha amado Dios? Te ha amado desde antes de que nacieras y antes de que tus padres supieran de tu existencia. Su amor por ti es tan grande que no se puede medir.

Dios te amó desde que comenzó el tiempo, y te amará por la eternidad. Deja que su amor te reconforte. Deja que cambie cómo te sientes contigo mismo y con el mundo que te rodea. Deja que alegre tu corazón. Pídele a Dios hoy que te muestre su amor. Si se lo permites, te mostrará todas las maneras en que eres maravillosamente hecho.

Dios, gracias por amarme. Sé que tu amor por mí es grande, y quiero entenderlo más. Muéstrame las maneras en que me amas. Enséñame a ver todo lo que has hecho.

ALEGRÍA EN DIOS

Me llenarás de alegría en tu presencia.

SALMOS 16:11

¿Hay personas en tu vida que te hacen sonreír? Tal vez sea un amigo cercano o un miembro de la familia. Siempre que estás con esa persona, te sientes feliz, amado y emocionado de estar con ella. ¡Estar cerca de ella siempre te causa alegría! Ahora, toma este sentimiento y multiplícalo. La presencia de Dios puede causar la alegría más perfecta. Él dice que, cuando estás cerca de Él, estarás satisfecho y feliz.

Estar cerca de Él es lo mejor para ti. Si sientes que te falta alegría, acércate más a Dios. Pídele que se acerque a ti y te llene de alegría. Esto es algo que a le encanta hacer. A veces le pedimos a Dios alegría, pero olvidamos la segunda parte del versículo. La alegría viene al estar cerca de Él. Hoy, pasa tiempo con Dios y Él te dará alegría cuando estés cerca.

Gracias, Dios, por la alegría que das. Ayúdame a acercarme más a ti y a estar feliz y alegre cuando estoy cerca de ti.

TEN ESPERANZA SIEMPRE

Luego de que ustedes hayan sufrido un poco de tiempo, Dios mismo, el Dios de toda gracia que los llamó a su gloria eterna en Cristo, los restaurará y los hará fuertes, firmes y estables.

1 Pedro 5:10

Todos tenemos días difíciles. Todos atravesamos situaciones difíciles. La diferencia cuando eres seguidor de Jesús es que sabes que no durará para siempre. Puedes enfrentar un problema sin desanimarte porque sabes que Dios te está fortaleciendo. Sabes que un día Jesús regresará y hará que todo vuelva a estar bien.

Cuando tengas un día difícil, también ten esperanza. La esperanza es lo que hace soportables tus problemas. La esperanza es lo que te lleva adelante. Cuando tienes esperanza, puedes seguir adelante incluso si estás sufriendo porque dependes de un Dios que es más fuerte que tú. Hoy, pídele a Dios que te haga fuerte, firme e inquebrantable. Pídele que renueve tu esperanza para que, cuando surja un problema, no te sientas angustiado o desanimado.

Gracias, Dios, por la esperanza que tengo en Jesús. Cuando enfrente problemas, ayúdame a confiar en ti. Enséñame a depender de mi esperanza cuando surgen problemas. No quiero desanimarme ni tener miedo cada vez que algo malo sucede. Que mi esperanza esté siempre en ti.

DIOS ES AMOR

El amor nunca se da por vencido,
jamás pierde la fe, siempre tiene esperanzas
y se mantiene firme en toda circunstancia.

1 Corintios 13:7 NTV

Cuando lees esta parte de la Biblia, puedes reemplazar la palabra «amor» por «Dios». Dios es amor. Esta Escritura te dice que «nunca se da por vencido, jamás pierde la fe, siempre tiene esperanzas y se mantiene firme en toda circunstancia». Incluso cuando tú quieras rendirte, Dios no lo hará. Incluso si pierdes la esperanza, Dios no lo hará. Incluso cuando no puedas seguir adelante cuando algo es difícil, Dios siempre persevera.

Cuando eres débil, puedes depender de Él porque Él es fuerte. No importa qué problema estés enfrentando, sea grande o pequeño, el amor de Dios puede ayudarte a superarlo. No hay ningún ser humano en la tierra cuyo amor sea tan perfecto como el de Dios. En este día, si sientes ganas de rendirte recuerda que el amor de Dios es fuerte. Él siempre está de tu lado y está listo para ayudarte.

Gracias, Dios, por tu amor. ¡Tú eres amor! Me alegra que sea grande, fuerte y nunca se rinda. Ayúdame a depender de tu amor cuando esté en problemas.

EL CANTO DE DIOS

El Señor tu Dios, está en medio de ti...
se alegrará por ti con cantos.
Sofonías 3:17

¿Sabías que Dios canta sobre ti? Él entona una canción de deleite y orgullo. Quiere animarte y decirte que no estás solo. Te ama mucho, y si escuchas atentamente podrás oír su canto en tu corazón. Quiere que sepas que eres su mayor tesoro. Eres un hijo del Rey, y Él te ama. Te creó y quiere estar cerca de ti.

Cuando confías en Dios, Él moverá montañas por ti. Cuando lo sigues, te animará con su amor. Cuando escuchas atentamente, te hablará de su bondad. En este día, intenta escuchar lo que Dios te está diciendo. Para escuchar su canto necesitarás reducir el ruido en tu vida. Apaga las redes sociales, busca un lugar tranquilo y pídele a Él que te ayude a escucharlo.

Gracias, Dios, por cantar sobre mí. Gracias por la forma en que me amas y me animas. Ayúdame a escucharte. Enséñame a reducir el ruido en mi vida para poder oír tu canto.

A DIOS LE IMPORTA

Pero Dios demuestra su amor por nosotros en esto: en que cuando todavía éramos pecadores, Cristo murió por nosotros.

ROMANOS 5:8

¿Cuáles son algunas maneras en las que tu mamá o tu papá te demuestran que te aman? ¿Te abrazan cuando estás triste? ¿Te alimentan y se aseguran de que estés sano? ¿Te ayudan con tus tareas o te preparan un desayuno especial en tu cumpleaños? Probablemente puedes decir que te aman por las cosas que hacen por ti.

Dios es igual. Puedes estar seguro de que te ama por lo que ha hecho por ti. Dio a su Hijo más precioso para morir en una cruz, para que tus pecados pudieran ser perdonados y pudieras estar cerca de Él. Esto muestra su gran amor por ti. Dios se interesa por nosotros de un millón de maneras pequeñas, pero este gran sacrificio muestra su amor para siempre. Si alguna vez sientes que Dios no te ve o no se interesa por ti, piensa en que envió a Cristo para morir por ti.

Gracias, Dios, por enviar a Jesús a morir por mí. Eso demuestra cuánto me amas. Cuando dude de tu amor, recuérdame la cruz.

ÉL TE CREÓ

Tú creaste mis entrañas;
me formaste en el vientre de mi madre.
SALMOS 139:13

Cuando estabas en el vientre de tu mamá, Dios estaba creando cada parte de ti. No hay nada en ti que sea un error o un accidente. Él eligió el color de tu cabello, cuánto medirías, la forma de tu rostro y cómo funcionaría tu cuerpo. Él sabe cuáles son tus comidas favoritas, qué actividades te resultan difíciles, y en cuáles eres realmente bueno.

Él eligió cuidadosamente cada parte de ti. Él conoce todo acerca de ti y está orgulloso de cómo te hizo. Incluso si eres diferente a todas las personas que conoces, eres precioso y maravillosamente creado. Hoy, piensa en cómo Dios ama cada parte de ti y en que eres especial y perfecto.

Dios, gracias por crearme exactamente como querías. Ayúdame a ver que tú eres quien me diseñó. Ayúdame a estar agradecido por el modo en que me hiciste.

LA SABIDURÍA DE DIOS

En cambio, la sabiduría que desciende del cielo es ante todo pura y además pacífica, respetuosa, dócil, llena de compasión y de buenos frutos, imparcial y sincera.

SANTIAGO 3:17

Dios es sabio, y deberías pedirle sabiduría. Pero, ¿qué es exactamente la sabiduría? Aquí en Santiago puedes leer que la sabiduría es pura, pacífica, gentil y fácil de complacer. La sabiduría siempre ayuda a los demás y hace el bien. La sabiduría siempre es justa y sincera. Así es la sabiduría.

Si le pides sabiduría a Dios, Él te la dará. Esa es una de las muchas cosas que promete a sus hijos. Como Dios siempre cumple sus promesas, puedes tener sabiduría en cualquier momento que la pidas. Si sientes que no tienes sabiduría que es pacífica y ayuda a los demás, entonces dedica algún tiempo hoy a pedírsela a Dios. Tal vez sientas que siempre estás peleando con hermanos o amigos. Tal vez sientas que te irritas o frustras fácilmente cuando las cosas no van como quieres. Pídele a Dios que te ayude a tomar mejores decisiones dándote sabiduría divina.

Dios, gracias por tu sabiduría. Por favor, dame sabiduría que sea pacífica, gentil y fácil de complacer. Ayúdame a tomar decisiones sabias y a estar siempre listo para ayudar a los demás. Quiero honrarte con mis pensamientos y acciones. Enséñame a ser sabio como tú eres sabio.

CON TODO EL MUNDO

Recuérdales a todos que deben mostrarse obedientes y sumisos ante los gobernantes y las autoridades. Siempre deben estar dispuestos a hacer lo bueno: a no hablar mal de nadie, sino a buscar la paz y ser respetuosos, demostrando plena humildad en su trato con todo el mundo.

TITO 3:1–2

Habrá momentos en la vida en los que los gobernantes y las autoridades de esta tierra hagan algo con lo que no estés de acuerdo. Las personas a cargo, ya sean líderes, alcaldes o presidentes, no siempre hacen las cosas como todo el mundo quiere. Lo más importante es que tú estés listo para hacer lo que es bueno.

Incluso cuando no estés de acuerdo, Dios te pide que seas respetuoso y amable con todos. No debes hablar de otros de manera negativa, aun cuando otras personas hagan lo incorrecto. Dios pide que seas considerado y pacífico con todos. Por lo que debes hablar con amabilidad y respeto. Puede ser tentador denigrar a los demás, especialmente cuando las personas a tu alrededor lo hacen. Pero tú sé la persona que defiende a los demás y habla de ellos como lo haría Jesús. Él defendía lo que era verdadero y correcto, pero siempre lo hacía con gentileza.

Gracias, Dios, por enseñarme a vivir de una manera que te honre. Quiero que las cosas que digo muestren respeto hacia los demás. Aun cuando no esté de acuerdo, enséñame a ser amable y gentil con mis palabras.

ESPERAR

Espera con paciencia al Señor;
sé valiente y esforzado;
sí, espera al Señor con paciencia.

Salmos 27:14 NTV

Dios puede hacer grandes milagros en un instante. Es lo suficientemente fuerte para crear el mundo tan solo con hablar, pero Dios no siempre actúa así. A veces se mueve de maneras que no entendemos. Cuando pides algo, la respuesta puede ser sí, no, o espera.

Cuando Dios te pide que esperes, aún puedes tener la esperanza de que hará lo que has pedido. Sus tiempos son perfectos, y si te pide que esperes, no tienes por qué desanimarte. Esperar puede ser realmente difícil, pero Él te dará esperanza y te mantendrá fuerte. Es bueno esperar pacientemente en lo que Dios está haciendo porque Él sabe lo que es mejor. Sus tiempos son perfectos, y si dice que hará algo, lo hará. Hoy, si estás esperando algo, pídele a Dios que te anime mientras esperas. Recuerda que sus tiempos son mejores que los tuyos.

Me alegra poder confiar en tus tiempos, Dios. Ayúdame a mantener la esperanza y a estar lleno de tu fuerza. Esperar es difícil, pero sé que tú sabes lo que es mejor.

HABLA

¿Quién se levantará a defenderme de los malvados? ¿Quién se pondrá de mi parte contra los malhechores?

Salmos 94:16

Cuando sabes lo que es correcto, es importante que sepas cómo defenderlo. Cuando ves a alguien haciendo algo incorrecto, está bien decir: «Eso no está bien». Cuando alguien se burla de otra persona, puedes expresar tu opinión. Cuando alguien está siendo excluido, puedes decir algo al respecto. Puedes expresarte con amabilidad y gentileza, pero al mismo tiempo ser firme.

Es bueno y correcto defender la verdad. Jesús lo hizo todo el tiempo. Mientras estuvo en la tierra, ayudó a personas que eran tratadas injustamente. No permitió que las personas salieran impunes con sus pecados. Él era perfecto, amable, amoroso, sabio y valiente. Defendía la verdad. Con la gracia de Dios y el poder del Espíritu Santo, tú también puedes ser valiente y amable. Si lo pides, Dios te mostrará oportunidades para defender lo que es correcto. Te dará las palabras adecuadas y el valor para expresarlas.

Jesús, ayúdame a defender lo que es correcto. Ayúdame a ser la clase de persona que no ignora la injusticia. Enséñame a ser valiente y amable al mismo tiempo. Quiero ayudar a las personas que están sufriendo igual que tú lo hiciste.

DI GRACIAS

Los que viven en remotos lugares se asombran
ante tus prodigios;
desde el amanecer hasta el anochecer
tú inspiras canciones de alegría.
SALMOS 65:8

Cuando estás caminando por la acera y el sol calienta tu cara, dale las gracias a Dios. Cuando ves caer la nieve y todo está tranquilo y hermoso, dale las gracias a Dios. Cuando estás corriendo con tus amigos y la brisa es refrescante, dale las gracias a Dios.

Hay ejemplos de las maravillas de Dios por todas partes. Si estás dispuesto a mirar, puedes ver la obra de Dios a tu alrededor. En este día, mira a tu alrededor e intenta prestar atención a todo lo que Dios ha hecho. ¿Qué ves que es encantador? ¿Qué ves que es interesante? ¿Qué ves que Él ha creado? Cuando notes la obra de sus manos, alábalo. Deja que todas las cosas buenas que Él ha hecho te causen alegría.

Gracias, Dios, por todo lo que has hecho. Ayúdame a ver cómo has embellecido el mundo; está lleno de tus maravillas. Ayúdame a verlas y a estar agradecido contigo.

IMPORTA

Dios, en su santo templo,
es padre de los huérfanos y defensor de las viudas.
Dios les da un hogar a los desamparados.

SALMOS 68:5–6 RVC

Dios podría parecer lejano porque no puedes verlo, pero siempre está cerca. Él cuida de sus hijos. Le encanta cuidar de las personas en las que nadie más se fija. Está cerca de los solitarios y los tristes. Puedes confiar en que, si alguna vez te sientes solo o desamparado, Dios estará ahí para ti.

También puedes amar como Dios tratando a las personas como Él las trata. Puedes defender a las personas que no pueden defenderse y crear un lugar acogedor para aquellos que están solos. La manera en que hablas, tratas y miras a las personas importa. Tu bondad puede hacer que otros se sientan amados y cuidados. Piensa en cómo puedes amar hoy a los que te rodean. ¿Cómo puedes ser un buen amigo? ¿Un buen hermano? ¿Un buen hijo?

Gracias por ser un padre tan bueno, Dios. Gracias por cuidarme y hacer que las personas se sientan amadas. Quiero amar a las personas como tú lo haces. Muéstrame cómo puedo hacerlo hoy.

LA VERDADERA RELIGIÓN

La religión pura y verdadera a los ojos de Dios Padre consiste en ocuparse de los huérfanos y de las viudas en sus aflicciones, y no dejar que el mundo te corrompa.

SANTIAGO 1:27 NTV

Religión parece una palabra grande y seria. Puedes pensar que ser religioso es difícil. Dios define la religión de manera diferente a como lo hace el mundo. La religión no consiste en seguir un conjunto de reglas o llevar un registro de las cosas buenas que haces y esperar que sea más largo que el de las cosas malas. No es esperar que Dios no note tus errores o ir a la iglesia, pero ignorar a Dios el resto de la semana.

La Biblia dice que la verdadera religión es cuidar de los huérfanos y las viudas. La forma más pura de religión es servir a otras personas como si fueran más importantes que tú. Esta es la religión que honra a Dios. A Él le gusta cuando sus hijos se cuidan unos a otros. Le da gran alegría cuando satisfacemos las necesidades de los demás sin quejarnos. Pídele a Dios en este día que te ayude a recordar qué es la verdadera religión.

Dios, no quiero malgastar mi tiempo intentando ser religioso de una manera que no te honre. Ayúdame a acordarme siempre de cuidar de los huérfanos y las viudas. Enséñame cómo poner las necesidades de los demás por delante de las mías.

EL MISMO JESÚS

Se mantenían firmes en la enseñanza de los apóstoles, en la comunión, en el partimiento del pan y en la oración.

HECHOS 2:42

Encuentra un amigo, un hermano, o tu papá o tu mamá y salgan afuera. Miren al cielo y describan lo que ven. Aunque estén viendo lo mismo, es posible que lo vean de manera diferente. Cada uno podría apreciar una parte diferente de él. Amar a Dios es igual. Aunque todos seguimos al mismo Jesús, cada persona tiene una experiencia diferente. Parte de seguir a Jesús es compartir tu vida con otros cristianos. Juntos, pueden aprender más sobre Jesús y cómo honrarlo con sus vidas. Pueden enseñarse mutuamente cómo amar bien y pueden animarse unos a otros.

Seguir a Jesús no siempre es fácil en el mundo en que vivimos. Habrá dificultades y pruebas que enfrentarás a medida que crezcas. Por eso es importante animarnos mutuamente a seguir amando a Dios con todo el corazón. Hoy, aprende de los creyentes que te rodean mientras compartes tu vida con ellos.

Dios, estoy contento de poder aprender de quienes me rodean. Enséñame cómo seguir compartiendo mi vida con otros cristianos. Quiero animar a otros a amarte más.

UNA PALABRA AMABLE

Con paciencia se convence al gobernante.
¡La lengua amable quebranta hasta los huesos!
PROVERBIOS 25:15

¿Alguna vez has tenido una discusión a gritos? Ambos siguen gritando, y realmente no se resuelve ni se arregla nada. Pelear con tus palabras nunca es productivo. No convencerás a alguien que está molesto para que vea tu punto de vista cuando tus palabras son duras y están llenas de ira. La paciencia y la amabilidad son las mejores formas de hacer entender tu punto.

La Biblia dice que una palabra amable puede tocar a una persona terca. Aunque a veces puedas sentir ganas de gritar, tu arma más poderosa es una palabra suave y amable. Puede requerir práctica aprender a hablar de esta manera, pero valdrá la pena. Hoy, pídele a Dios que te ayude a hablar con suavidad y a tener paciencia con tus palabras. Cuando sientas el deseo de gritar o enojarte, respira profundamente e intenta comunicarte de otro modo.

Dios, sé que la gentileza es mejor que la ira. Enséñame cómo ser paciente y amable con mis palabras. Quiero que el modo en que hablo muestre a las personas que las amo.

TU AYUDA

¡Mi ayuda viene del Señor,
quien hizo el cielo y la tierra!
Salmos 121:2 NTV

¿A quién acudes en busca de ayuda cuando estás en problemas? ¿Qué haces y dónde vas cuando enfrentas un problema que no sabes cómo manejar? Sin importar cómo hayas respondido esas preguntas, la verdad es que tu ayuda viene del Señor. Cuando lo necesitas, Él está cerca de ti. Cuando no sabes cómo enfrentar un problema, Él está ahí para guiarte. Cuando tienes miedo y te sientes solo, Él siempre está de tu lado.

Dios está ahí para ayudarte pase lo que pase. Si puede crear el cielo y la tierra con solo unas pocas palabras, entonces puede ayudarte con lo que sea que necesites. Lo único que tienes que hacer es pedírselo. Hoy, practica pedirle ayuda a Dios. Cuanto más acudas a Él con pequeñas cosas cotidianas, más fácil será acudir a Él cuando las cosas grandes salgan mal.

Dios, gracias por ayudarme siempre que lo necesito. Enséñame a acudir a ti en busca de ayuda. Recuérdame que eres el Creador del cielo y de la tierra, y que eres lo suficientemente fuerte para ayudarme.

CADA MAÑANA

Pero algo más me viene a la memoria,
lo cual me llena de esperanza:
Por el gran amor del Señor
no hemos sido consumidos
y su compasión jamás se agota.
Cada mañana se renuevan sus bondades.

Lamentaciones 3:21–23

Imagina que estás tumbado en tu cama en la noche. Has tenido un día difícil en la escuela. Tuviste una pelea con tu amigo. Tus tareas parecen abrumadoras. Tu hermano hizo algo que te molestó, y estás enojado porque no pudiste hacer lo que querías después de la cena. Tener un día difícil puede ser realmente agotador. Puede parecer que esa frustración durará para siempre, pero, pase lo que pase, la misericordia de Dios se renueva cada mañana.

Cada día es un nuevo comienzo. Es una oportunidad para embarcarte en una nueva aventura. Incluso si ayer fue horrible, la mañana es una oportunidad para comenzar de nuevo. Confía en que Dios puede manejar lo que sucedió ayer. Si estás dispuesto a entregarle tu estrés, Él lo reemplazará con paz y la esperanza que necesitas para comenzar de nuevo. Él te ama mucho, y quiere que comiences cada día confiando en Él.

Gracias, Dios, por hacer que cada día sea nuevo. Puedo dejarte encargado de los problemas de ayer y puedo empezar de nuevo. En lugar de preocuparme, ayúdame a confiar en ti para que cuides de mí.

FE Y SUEÑOS

Por la fe Abraham, cuando fue llamado para ir a un lugar que más tarde recibiría como herencia, obedeció y salió sin saber a dónde iba.

HEBREOS 11:8

¿Tienes un gran sueño en tu corazón? A veces, Dios nos pide que hagamos cosas que son grandes y que no tienen sentido para los demás. Cuando eso sucede, aférrate firmemente a ese sueño. No te dejes desanimar porque parezca difícil o imposible. A menudo, Dios nos pide que tengamos fe en cosas imposibles. En esos momentos, podemos ver cuán grande y fuerte es Dios. Él puede hacer que los sueños imposibles se hagan realidad.

Abraham tenía fe, aunque no sabía hacia dónde iba. Escuchó a Dios y confió en Él en el camino. Puede haber un momento en tu vida en el que Dios te pida que hagas lo mismo. Incluso cuando no puedas ver cómo será, puedes confiar en Dios en el camino. Puedes practicar confiar en Él para cosas pequeñas, y eventualmente te encontrarás confiando en Él también para cosas realmente grandes.

Dios, ¡gracias por ser digno de confianza! Ayúdame a escuchar tus instrucciones y a obedecer, aunque parezca imposible. Dame grandes sueños que me lleven a depender de ti. Ayúdame a seguirte incluso cuando no tenga sentido para mí.

SOLO CON FE

En realidad, sin fe es imposible agradar a Dios,
ya que cualquiera que se acerca a Dios
tiene que creer que él existe
y que recompensa a quienes lo buscan.

HEBREOS 11:6

Si lees tu Biblia, encontrarás muchos ejemplos de lo que agrada a Dios y lo que no. Puede ser tentador hacer una lista de reglas y esforzarte mucho por seguirlas. Si haces eso, tu relación con Él se convertirá en un conjunto de «debes» y «no debes». Aunque las reglas pueden ser buenas, la parte más importante de agradar a Dios es la fe.

Incluso si sigues todas las reglas, no puedes agradar a Dios sin fe. Seguir las reglas no significa nada si no se hace con fe. La fe significa que crees en Él pase lo que pase. La fe significa que, por encima de todo, confías en que eres amado y que Dios recompensa a quienes lo buscan. Agradas a Dios asegurándote de que tu fe sea fuerte e inquebrantable. Si sientes que tu fe es débil, pídele a Dios que la fortalezca. Él te dará oportunidades para crecer y te alentará con la verdad.

Dios, ayúdame a tener fe en todo lo que hago. No quiero solamente seguir una lista de reglas; quiero tener una fe fuerte en ti primero. Enséñame a confiar en ti y creer que lo que dices es verdad. Fortalece mi fe mientras te busco.

SIEMPRE LO VAS A NECESITAR

Escucha, hijo mío, acoge mis palabras
y los años de tu vida aumentarán.
Yo te guío por el camino de la sabiduría,
te dirijo por sendas de rectitud.
PROVERBIOS 4:10–12

A medida que crezcas, te darán más y más responsabilidades y tendrás más independencia. Puede ser tentador querer aferrarte firmemente a cada nueva oportunidad de independencia que te den. Necesitar menos a tus padres es liberador, y es bueno crecer y hacer cosas por ti mismo. Al mismo tiempo, nunca serás demasiado mayor para Dios.

Nunca serás demasiado mayor para necesitarlo y escucharlo como tu Padre. Incluso si vives hasta los 104 años, seguirás siendo hijo de Dios y tu necesidad de Él será la misma que cuando tenías nueve. Los planes de Dios siempre serán mejores que los tuyos. Siempre sabrá lo que necesitas y cómo proveerte. Dios seguirá siendo el mejor papá incluso cuando seas anciano y tengas el cabello gris. Él te guiará y dirigirá todos los días si aceptas lo que Él dice.

Dios, gracias por guiarme y enseñarme cómo vivir. Ayúdame a aceptar lo que dices y a escuchar tus palabras. Sé que siempre necesitaré tu ayuda, sin importar cuántos años tenga. Gracias por ser tan amable y paciente conmigo.

JUNTOS

«Porque donde dos o tres se reúnen en mi nombre, allí estoy yo en medio de ellos».

MATEO 18:20

Seguramente has aprendido que a tus padres les encanta cuando tú y tus hermanos o amigos se llevan bien. Cuando son amables el uno con el otro, se alegran. Cuando eligen amarse bien mutuamente, se deleitan. De la misma manera, a Dios le encanta cuando sus hijos están juntos. Él se alegra cuando nos reunimos en su nombre. Cuando te encuentras con otros seguidores de Jesús y conversan sobre lo que Dios ha hecho, eso le produce alegría.

Dios promete estar cerca de ti cuando te reúnes para orar y adorarlo. Dios siempre cumple sus promesas, así que, si alguna vez sientes que estás lejos de Dios, busca a otro creyente y oren juntos. Dios dice que estará allí, y puedes creer todo lo que Él dice. Hoy, reúnete con otro cristiano y hablen sobre la bondad de Dios. Alábenlo por todo lo que Él está haciendo, y oren juntos.

Gracias, Dios, por estar con nosotros cuando nos reunimos en tu nombre. Dame oportunidades de estar con otros cristianos y adorarte a ti. Ayúdame a animar a otros creyentes y a orar con ellos con frecuencia.

SEPTIEMBRE

Estén alerta.

Permanezcan firmes en la fe.

Sean valientes.

Sean fuertes.

Y hagan todo con amor.

1 Corintios 16:13–14 NTV

CULPABILIDAD

El malvado huye, aunque nadie lo persiga; pero el justo vive confiado como un león.
PROVERBIOS 28:1

Un niño está en la cocina robando una galleta cuando entra su hermana. Inmediatamente grita: «¡No fui yo!». Su hermana no le preguntó qué estaba haciendo, y no es ella la que puede castigarlo por agarrar la galleta. Su culpa era tan fuerte, que gritó la frase incluso cuando no era necesario.

Cuando cometes un error, éste puede perseguirte hasta que lo enfrentes. La culpa por haber hecho algo malo puede ponerte nervioso. Por eso, cuando tomas una mala decisión, la mejor opción es confesar lo que hiciste y pedir perdón. Dios no quiere que pases tu día sintiéndote culpable. No quiere que seas de los que huyen incluso cuando nadie les está persiguiendo. Quiere que seas seguro y valiente porque sabes que Él puede lidiar con tus errores.

Gracias, Dios, por perdonar mis pecados. Ayúdame a acudir a ti cuando meto la pata para que puedas perdonarme y borrar mi culpa. Sé que eres lo suficientemente grande para lidiar con mis errores. Enséñame a vivir con sinceridad, dependiendo de ti para el perdón.

CONOCER LO BUENO

¡Qué grande es la riqueza, la sabiduría y el conocimiento de Dios! ¡Es realmente imposible para nosotros entender sus decisiones y sus caminos!

ROMANOS 11:33 NTV

¿Entiendes por completo la forma en que el calor del sol influye en la tierra? Probablemente no del todo, pero puedes sentirlo en tu rostro y sabes que lo necesitamos. ¿Entiendes cómo la luna causa las mareas del océano? De nuevo, tal vez no, pero ves su luz en el cielo nocturno y sabes que tiene un propósito. No tienes que entenderlo todo para saber que es importante y bueno.

Lo mismo ocurre con la sabiduría de Dios. Sus caminos son buenos, y lo necesitamos a Él, aunque no siempre comprendamos cómo actúa. Mientras lo sigues, Dios te dará el entendimiento que necesitas. A medida que hagas preguntas y aprendas sobre Él, tu conocimiento de Dios crecerá. Es bueno aprender sobre Dios, pero también es bueno simplemente confiar en que Él es bueno y que necesitas su conocimiento más que el tuyo propio.

Dios, tu sabiduría es inmensa. Ayúdame a confiar en lo que estás haciendo incluso cuando no entienda. Sé que tus caminos son buenos. Quiero pasar mi vida tratando de entenderte más.

ÉL NUNCA FALLA

Pues yo estaré contigo como estuve con Moisés.
No te fallaré ni te abandonaré.
Sé fuerte y valiente.
JOSUÉ 1:5–6 NTV

Dios le pidió a Moisés que hiciera cosas locas y maravillosas. Le pidió que hiciera cosas aterradoras y que le pusieron nervioso. Le pidió que defendiera a los israelitas cuando nadie más lo hacía. Le pidió que confrontara al faraón de Egipto y realizara milagros. Moisés fácilmente podría haber dicho: «No, gracias, estás pidiendo demasiado», pero no lo hizo. Confió en lo que Dios le dijo. Dios animó a Moisés, y cumplió sus promesas. Prometió que no lo abandonaría ni lo dejaría, y así fue.

Cuando Dios te dice algo, siempre lo cumplirá. Incluso si te pide que hagas algo que parezca una locura, puedes confiar en quién es Él. Puedes confiar en que Él te dará todo lo que necesitas para hacer lo que te pide. Él es fiel para permanecer cerca y guiarte con amabilidad y sabiduría.

Dios, gracias por animarme mientras intento hacer tu voluntad. Ayúdame a confiar en lo que has dicho y a tener fe en que nunca me abandonarás ni me dejarás. Ayúdame a ser valiente al hacer lo que me has pedido.

DIOS DESCANSÓ

Al llegar el séptimo día, Dios descansó porque había terminado toda la obra que había emprendido.

GÉNESIS 2:2

Dios es el ser más fuerte, poderoso e increíble del universo. Él puede hacer cualquier cosa y es más poderoso de lo que puedas entender. Pero aún con todo su poder, descansó después de crear el mundo. Se tomó un descanso después de todo su arduo trabajo. Si Dios descansa, entonces tú también deberías hacerlo. No es bueno seguir y seguir hasta que te agotes. Ralentiza, tómate tiempo para descansar, y te sentirás renovado.

Dios te creó con la necesidad de descansar. No es perezoso ni malo tomar un descanso. A veces necesitas recargar energías, y hacerlo es sabio. Es inteligente descansar en lugar de trabajar hasta que estés exhausto. Cuando te agotas, no haces un buen trabajo y tus emociones también se cansan. Hoy, tómate un descanso. Ralentiza, respira profundamente y haz una actividad que te dé descanso. Tal vez leer un libro tranquilamente o dar un paseo. Duerme una siesta o simplemente pasa un rato a solas en tu cuarto. ¡El descanso es bueno!

Gracias por el descanso, Dios. Ayúdame a ralentizar cuando lo necesite para recargar energías. Enséñame cómo trabajar duro, pero sin agotarme. Quiero aprender a descansar bien porque sé que un buen descanso te honra a ti.

DE TU LADO

¿Qué más podemos decir?
Que, si Dios está a nuestro favor,
nadie podrá estar en contra de nosotros.
ROMANOS 8:31 RVC

¡No hay nada en tu vida que sea demasiado difícil de manejar para Dios! No importa lo grande que parezca un problema; no tienes que tener miedo, porque Dios está de tu lado. Él siempre está ahí listo para ayudarte. Lo único que tienes que hacer es pedírselo.

Cuando te sientas solo, triste, nervioso o asustado, la fuerza de Dios está disponible para ti. No hay problema o persona que sea más grande que Dios. Él siempre será el mejor padre, el rey más poderoso y el maestro más amable. Nadie puede manejar un problema mejor que Dios. Hoy, sin importar lo que enfrentes, recuerda que tienes a tu lado al Creador de todo el universo, ayudándote en cada momento.

Dios, te alabo porque sé que eres fuerte y poderoso. Gracias por amarme tanto y por estar de mi lado. Enséñame a pedir tu ayuda cuando enfrente problemas y dificultades.

ESPLENDOR Y MAJESTAD

El esplendor y la majestad son sus heraldos; hay poder y alegría en su morada.

1 Crónicas 16:27

Cuando algo es espléndido, es muy impresionante. Algo es majestuoso cuando es extremadamente hermoso. Estas son algunas de las mejores palabras para describir quién es Dios. Él es espléndido; es majestuoso. ¿Puedes imaginar algo que sea muy bueno y muy hermoso? Incluso nuestra mejor imagen de belleza espléndida no se comparará con Dios.

Un día lo verás cara a cara y te quedarás maravillado ante Él. Su belleza va más allá de lo que podemos imaginar o concebir. No hay nada en la tierra que se compare con la majestuosidad de Dios. Aunque Dios ha creado cosas impresionantes para que las contemplemos, éstas no se comparan con quién es Él. En este día, maravíllate ante quién es Dios. Pídele que te muestre un poco de su esplendor y majestad.

¡Eres magnífico, Dios! Eres espléndido y majestuoso, y quiero adorarte todos los días. Dame un destello de tu esplendor. Quiero estar maravillado ante quién eres.

HAZ A LOS DEMÁS

«Así que en todo traten ustedes a los demás tal y como quieren que ellos los traten a ustedes».

MATEO 7:12

Puede ser realmente fácil tratar a otras personas de una manera diferente a cómo te gustaría ser tratado. Si no estás prestando atención, tus palabras podrían sonar ásperas o tus acciones podrían no comunicar amor. Siempre que interactúes con otros, imagina cómo te gustaría ser tratado. Si no te gustaría que te hablaran de cierta manera, no hables así a los demás. Si algo dañaría tus sentimientos, ten cuidado de no actuar de esa manera.

Parte de ser un buen amigo y amar bien es pensar en cómo se sienten los demás. Jesús fue el mejor en pensar en los demás y amarlos bien. Hoy, pregúntate a ti mismo: ¿qué haría que alguien se sintiera amado y especial? Y después hazlo. Dios será fiel para enseñarte cómo amar.

Gracias, Dios, por ayudarme a amar a los demás como tú lo haces. Cuando no esté siendo amable, recuérdame que debería tratar a los demás como quiero ser tratado. Perdóname por las veces que no he prestado atención a cómo se sienten los demás.

DIOS ES FUERTE

Entrégale tus cargas al Señor,
y él cuidará de ti.
Salmos 55:22 NTV

Imagina que estás de excursión con tu familia. Te das cuenta de que hace más calor de lo que pensabas, así que te quitas la chaqueta. Después de caminar un rato, le pides a tu papá que te la lleve. Estás cansado, y simplemente te parece demasiado difícil llevarla y seguir adelante. Después de un rato, le das tu botella de agua y más tarde también entregas tu mochila. Tu papá es fuerte, y sabes que te ayudará. Unos pocos artículos pequeños no son demasiado pesados para alguien como él.

Así es exactamente cómo puedes ver a Dios. Tus cargas no son demasiado pesadas para Él. Mientras vives tu día, no seas tímido al pedirle a Dios que cargue tus preocupaciones. Cuéntale sobre tus miedos, frustraciones y problemas. Él puede quitártelos y darte paz en su lugar.

Gracias, Dios, por ser lo suficientemente fuerte para lidiar con mis preocupaciones. Cuando tenga un problema, ayúdame a entregártelo en lugar de llevarlo yo mismo. Sé que quieres ayudarme y que eres capaz de hacerlo.

AMA COMO DIOS AMA

Ya que Dios nos amó tanto, sin duda nosotros también debemos amarnos unos a otros.

1 JUAN 4:11 NTV

¿Cuál es tu posesión más preciada? ¿Qué pasaría si la regalaras? Eso es exactamente lo que hizo Dios por ti. Él envió a Jesús, su Hijo amado, a morir en la cruz porque te ama mucho. Sabiendo que Dios te ama tanto, te pide que ames a todos los que te rodean.

Cuando no sientas ganas de ser amable, recuerda lo amable que Dios ha sido contigo. Él te ama incondicionalmente y te pide que ames a los demás de la misma manera. Sus hijos son su posesión más preciada, y debemos tratarnos mutuamente de una manera que demuestre que entendemos eso. Tomamos ese gran amor que Dios tiene por nosotros y lo transmitimos a todos los demás. Hoy, ama a quienes te rodean porque tú eres amado.

Dios, gracias por tu amor. Ayúdame a tomar ese amor y transmitirlo a los demás. Cuando no sienta ganas de ser amable con los demás, ayúdame a recordar que todos somos tus hijos. Quiero ser la clase de persona que ama bien.

TUS SECRETOS

Dios… conoce los secretos de cada corazón.

Salmos 44:21 NTV

¿Alguna vez intentaste esconder algo de tus padres? Puede ser aterrador decir la verdad, así que parece más fácil esconderlo. Probablemente sepas que esconderlo nunca termina bien. No se siente bien esconder algo en tu corazón, y es mejor para todos cuando dices la verdad.

¿Sabías que no puedes esconder nada de Dios? Él puede ver los secretos de tu corazón. Incluso si crees que estás manteniendo algo oculto, Dios lo ve. Él ve lo que es secreto y también ve cómo te sientes al respecto. Si tienes miedo, Dios lo ve. Si estás nervioso, Él lo ve. Si estás enojado, Él lo ve. Te fortalecerá desde adentro si se lo pides. Él te ayudará a decir la verdad porque la verdad es importante para Él; no tienes que tener miedo a ser sincero con Dios. Él ya te ve y te ama pase lo que pase.

Gracias por verme, Dios. Me alegra que puedas ver los secretos de mi corazón porque sé que te interesas por mí. Ayúdame a ser sincero cuando sea necesario. Dame el valor para hablar cuando deba hacerlo.

DEPENDER DE ÉL

¿Cómo puedes decir que Dios no toma
en cuenta tus derechos?
¿Acaso nunca han oído?
¿Nunca han entendido?
El Señor es el Dios eterno,
el Creador de toda la tierra.
Él nunca se debilita ni se cansa;
nadie puede medir la profundidad
de su entendimiento.

Isaías 40:27–28 NTV

Dios siempre está de tu lado. Él sabe todo sobre ti y está listo para ayudarte. Lo mejor es que no tiene límites. Eso significa que no hay nada que Él no pueda hacer. Dios puede arreglar cualquier cosa, sin importar lo grande o aterradora que parezca. Nunca estás solo ni olvidado porque Dios te ve y quiere estar cerca de ti.

Cuando tengas problemas, háblale. Pídele ayuda. Le encanta cuando sus hijos dependen de Él. Puede ver cada situación más claramente que tú, y es tan sabio que siempre sabe qué es lo mejor. Hoy, cuando algo suceda y no sepas cómo manejarlo, pídele ayuda a Dios.

Gracias por ver todos mis problemas, Dios. Enséñame a pedirte ayuda cuando la necesito en lugar de sentirme solo. Sé que estás de mi lado y sabes lo que es mejor para mí.

UNA OBRA EN PROGRESO

Y estoy seguro de que Dios, quien comenzó la buena obra en ustedes, la continuará hasta que quede completamente terminada el día que Cristo Jesús vuelva.

FILIPENSES 1:6 NTV

¿Alguna vez has trabajado en un proyecto y luego, a mitad de camino, sentiste que no era exactamente lo que querías? En lugar de rendirte, seguiste adelante. Al final, te diste cuenta de que era perfecto. Estabas contento con lo que habías hecho, y te alegraste de no haber abandonado. Tu proyecto era una obra en progreso.

¿Sabías que tú también eres una obra en progreso? Dios nunca te mirará, decidirá que cometiste demasiados errores, y se rendirá contigo. Te amará fielmente todos los días. Él sabe que siempre estás aprendiendo, y nunca dejará de ayudarte. Él ve todo de ti y está complacido contigo.

Gracias, Dios, por no rendirte nunca conmigo. Gracias por trabajar siempre en mi vida y ayudarme a ser más como tú. Enséñame a ser alentado por tu fidelidad en lugar de desanimarme por mis errores.

JESÚS SABE

«Conozco tus obras, tu amor, fe, servicio y perseverancia. Además, sé que tus últimas obras son más abundantes que las primeras».

APOCALIPSIS 2:19

¿Alguna vez has planeado una fiesta sorpresa? Cuesta mucho trabajo mantenerla en secreto para que la persona no se entere, pero a veces se entera. ¿Cómo lo supo? La iglesia para la que se escribió este versículo podría haberse hecho la misma pregunta sobre Jesús. ¿Cómo sabía Él las cosas que ellos habían hecho? No estaba allí con ellos en persona. Había muerto, resucitado, ¡y ya estaba en el cielo! Aun así, Jesús sabía las cosas que habían hecho. Sabía que habían mostrado amor a las personas, les habían servido y habían seguido haciendo el bien incluso cuando las cosas se ponían difíciles. Él veía sus buenas obras.

Sea lo que sea que hagas, Jesús lo sabe. Él sabe cuándo eres especialmente amable con tu hermano o cuándo haces una rabieta para conseguir lo que quieres. Jesús conoce tus acciones, ya sean buenas o malas. ¿Y sabes qué? Él te ama incluso si te equivocas; incluso si lo que haces no es bueno. Su amor no cambia en base a lo que hagas.

Jesús, gracias por verme y amarme completamente. Gracias por ver mis errores y aun así amarme. Tu bondad hacia mí me hace querer amar bien a los demás. Enséñame a vivir de una manera que te honre.

PLANES PARA TI

Porque yo conozco los planes que tengo para ustedes —afirma el Señor—, planes de bienestar y no de calamidad, a fin de darles un futuro y una esperanza.

Jeremías 29:11

Dios sabía exactamente cómo sería tu vida incluso antes de que nacieras. Dios sabe qué traerá cada día antes de que lo vivas. Los planes que tiene para tu vida son buenos. Puedes confiar en que Él sabe lo que es mejor y, si se lo permites, te llevará en una gran aventura.

Confiar en Dios es la mejor decisión que puedes tomar. Confiar en Él vale la pena porque Él ve todo y es amable y bueno. Siempre te guiará con amabilidad. El camino por el que te llevará estará lleno de vida y esperanza. Nunca te arrepentirás de seguir el plan de Dios para tu vida. Hoy, pregúntale acerca de tu futuro. Él no nos dice todo lo que haremos, pero a menudo pone sueños en nuestros corazones y nos da algo hacia lo que apuntar.

Dios, gracias por ser un padre bueno y sabio. Tú sabes lo que es mejor para mí. Ayúdame a confiar en ti porque tus planes para mí son buenos. Muéstrame el camino que debo tomar. Enséñame cómo seguirte de cerca.

ALABAR AYUDA

Bendeciré al Señor en todo tiempo;
su alabanza estará siempre en mi boca.
Alabaré al Señor con toda el alma.
SALMOS 34:1–2 RVC

Cuando tienes frío, buscas una manta. Cuando estás cansado, descansas. Cuando tienes hambre, buscas algo de comer. Para cada problema hay una solución. Cuando el problema está en tu corazón, la solución es alabar a Dios. Es tan simple como comer cuando tienes hambre o beber cuando tienes sed.

Cuando alabas a Dios, tu corazón puede pasar de estar enojado a estar contento, de triste a esperanzado, o de ansioso a agradecido. Alabar a Dios es algo bueno que hacer. Siempre hay algo por lo que alabarlo. Puede que tengas un día en el que sea realmente difícil encontrar una razón para estar agradecido, pero siempre hay algo. Al margen de lo que esté sintiendo tu corazón, alabar a Dios siempre es una solución.

Gracias, Dios, porque cambias mi corazón cuando te alabo. Alabarte me da esperanza y me ayuda a estar agradecido. Ayúdame a aprender a alabarte en todo momento.

DIOS A TU ALREDEDOR

Pero ustedes sí han visto con sus propios ojos todas las grandes obras que el Señor ha hecho.

Deuteronomio 11:7

¿Sabías que Dios está actuando en el mundo que te rodea? Cuando tus maestros o tus padres hablan de Dios, es posible que te imagines a un anciano que vive en el cielo, o tal vez recuerdes una imagen de una Biblia para niños que has visto. Independientemente de lo que veas en tu mente, ¿te imaginas que simplemente está pasando el rato, un poco aburrido, sentado en las nubes con los ángeles? ¡Dios no es así en absoluto! Él está moviéndose y actuando en el mundo que te rodea. Está haciendo grandes cosas.

A veces, lo único que tenemos que hacer es prestar atención. Si abres los ojos y miras de cerca, verás cómo está actuando. Dios está haciendo cosas buenas a tu alrededor: en la naturaleza, en las vidas de las personas que te rodean, y también en tu vida. ¿Puedes nombrar algo grande que Dios haya hecho en tu vida?

Dios, ayúdame a ver todo lo que estás haciendo. Quiero verte correctamente y no solo imaginarme cómo eres. Enséñame a observar tus obras y a alabarte por todo lo que has hecho. ¡Siempre estás haciendo cosas grandiosas!

EL REGALO DE UNA SONRISA

Un corazón alegre le hace bien al rostro.
PROVERBIOS 15:13 RVC

¿Cuál es tu recuerdo favorito? Tal vez sea aquella mañana de Navidad cuando nevó y recibiste exactamente lo que pediste. O tal vez fue cuando finalmente superaste ese nivel difícil en tu videojuego o anotaste un gol en tu deporte favorito. Cuando piensas en tu recuerdo más feliz, ¿te hace sonreír? Una sonrisa es la manera que tiene tu cuerpo de mostrar felicidad al mundo exterior.

¿Sabes lo genial de que Dios nos haya hecho así? ¡Una sonrisa puede ser contagiosa! Eso significa que, si sonríes, puedes compartir tu felicidad con quienes te rodean. Es un gran regalo que dar, y no te cuesta nada. Observa a ese estudiante que siempre se sienta solo en el comedor. Muéstrale una sonrisa y observa qué pasa. Una simple sonrisa puede compartir felicidad con aquellos que la necesitan a tu alrededor. Pídele a Dios que te enseñe a ser un dador alegre y alguien que da ánimo a los demás.

Dios, gracias por darme recuerdos felices que me hacen sonreír. Ayúdame a compartir alegría con los demás sonriendo y animándolos. Quiero levantar a los demás en lugar de derribarlos. Enséñame a tener una alegría que se desborde hacia los demás.

COMPARTE LAS BUENAS NUEVAS

*«Vayan por todo el mundo
y prediquen la Buena Noticia a todos».*
MARCOS 16:15 NTV

Cuando tienes buenas noticias, ¿no sientes que te mueres de ganas de compartirlas? Probablemente se lo cuentas a todo el que encuentras. Cuando estás emocionado por algo, es difícil guardártelo para ti solo.

Después de que Jesús resucitó de entre los muertos, pero antes de subir al cielo para estar con el Padre, dio una última enseñanza. Su último mandamiento a sus discípulos fue ir por todo el mundo y compartir las buenas noticias del evangelio. Lo último que les dijo fue que hablaran al mundo del milagro de su muerte y resurrección.

Jesús sabía que la verdad sobre Él traería esperanza y sanidad a todo el mundo, así que quería que sus discípulos compartieran esas buenas noticias. Ahora que conoces la bondad de lo que Jesús ha hecho, puedes emocionarte por ello y compartir su bondad con quienes te rodean. ¡Cuéntales a tus amigos y vecinos lo que Dios ha hecho!

Gracias, Dios, por las buenas noticias del evangelio. Ayúdame a compartir esas buenas noticias con quienes me rodean. Dame valentía y las palabras adecuadas que decir. Quiero ser alguien que enseñe a otras personas acerca de ti.

EN BUSCA DEL TESORO

«Te daré los tesoros de las tinieblas
y las riquezas guardadas en lugares secretos,
para que sepas que yo soy el Señor,
el Dios de Israel, que te llama por tu nombre».

Isaías 45:3

¿Qué podría ser más emocionante que una búsqueda del tesoro? Hay muchos libros y cuentos sobre grandes exploradores y piratas que enterraron y buscaron tesoros. Sus tesoros generalmente contenían oro y plata, rubíes y zafiros, y otros objetos de valor. Se guardaban en una caja de madera, y se libraban grandes batallas para ver quién se lo quedaba. ¡Esas son historias llenas de aventuras!

¿De qué tipo de tesoro está hablando la Biblia aquí? Este versículo fue escrito para un rey en particular hace mucho tiempo, en el año 500 a.C. Dios le dijo al rey Ciro que encontraría el tesoro para que el rey supiera quién era el Rey de reyes: ¡Dios! Dios tiene muchas cosas planeadas para tu vida; algunas de ellas son aventureras y otras son aburridas. Algunas son divertidas y otras serán dolorosas, pero todas están planeadas para que sepas quién es el verdadero Rey.

Dios, gracias por dirigirme siempre hacia Jesús. Sé que en todo lo que tienes planeado para mi vida, lo más importante es que sé que Jesús es el verdadero Rey. Ayúdame a ver esa verdad. Quiero adorarlo todos mis días.

VALENTÍA EN DIOS

Pedro bajó de la barca
y caminó sobre el agua en dirección a Jesús.
Pero al sentir el viento fuerte, tuvo miedo
y comenzó a hundirse. Entonces gritó:
—¡Señor, sálvame!
MATEO 14:29–30

Jesús le pidió a Pedro que hiciera algo milagroso. Le pidió que caminara sobre el agua. Pedro obedeció. ¡Salió valientemente de la barca y caminó sobre el agua! No fue hasta que Pedro apartó la mirada de Jesús cuando empezó a hundirse. Cuando dejó de enfocarse en Jesús, comenzó a preocuparse por las cosas que le rodeaban, como el viento y las olas. Si Pedro hubiera permanecido tranquilo y confiado en Jesús, probablemente podría haber caminado más lejos sobre el agua.

A veces, Dios podría pedirte que hagas algo increíble y milagroso. Cuando lo haga, es importante que te mantengas enfocado en las cosas correctas. No te enfoques en lo que podría salir mal. Es entonces cuando caerás. En cambio, piensa en lo que Dios ha dicho y en quién es Él. Puedes depender de Él porque es fuerte y porque su amor por ti es grande.

Dios, enséñame a confiar en ti cuando me pidas que haga cosas grandes. Ayúdame a mantener mis ojos en ti en lugar de enfocarme en lo que da miedo. Sé que puedes ayudarme a hacer cosas milagrosas. Dame oportunidades para fortalecer mi fe y confiar más en ti.

FORTALEZA EN LA DEBILIDAD

...«porque mi poder se perfecciona en la debilidad».

2 Corintios 12:9 RVC

¿Cómo te sientes cuando haces algo mal? ¿Y qué pasa cuando no sabes cómo arreglar un problema? Puede ser frustrante darte cuenta de que hay algo que no puedes hacer. Es fácil enfocarse en pensar que no eres suficiente. Tal vez sientes que no eres lo bastante fuerte, inteligente o rápido.

¿Sabías que con Dios tu debilidad es algo bueno? Cuando te sientes débil, la fuerza de Dios se hace aún más evidente que cuando eres fuerte. Es bueno tener fallas porque entonces puedes ver el poder de Dios en acción. Si fueras perfecto, no necesitarías a Dios. Es bueno saber que necesitas a Dios. En lugar de sentirte mal por lo que no puedes hacer, piensa en cómo esas áreas te permiten depender de Dios.

Enséñame a depender de ti, Dios. Cuando tenga un problema, ayúdame a enfocarme en lo que tú puedes hacer en lugar de en lo que yo no puedo hacer. Quiero ver tu poder en acción en mi vida.

DIFERENTES Y JUNTOS

Después de esto miré y apareció una multitud tomada de todas las naciones, tribus, pueblos y lenguas; era tan grande que nadie podía contarla. Estaban de pie delante del trono y del Cordero, vestidos de ropas blancas y con ramas de palma en la mano. Proclamaban a gran voz: «¡La salvación viene de nuestro Dios!».

APOCALIPSIS 7:9–10

Un día, todos adoraremos a Dios juntos. A nadie le importará el aspecto del otro o en qué nos diferenciemos. Lo único que importará será que estaremos todos juntos ante el trono de Dios. Habrá personas de todos los países y rincones de la tierra. Todos adorarán a Dios en sus propios idiomas, todos juntos. ¡Será hermoso! Habrá un mar de rostros con diferentes tonos de piel y un coro de voces cantando en sus propios idiomas.

Todos seremos diferentes, pero estaremos unidos por nuestra alabanza y adoración a Dios. Será algo distinto a cualquier cosa que hayas experimentado en la tierra. Hoy, pídele a tu mamá o tu papá que te ayuden a encontrar una canción de adoración en otro idioma. Escúchala e imagínate a todas las personas reunidas ante el trono de Dios. Deja que tu corazón se llene de esperanza y anticipación al imaginar cómo será el cielo.

Gracias, Dios, por crearnos a todos tan diferentes. Sé que, aunque nos diferenciemos, nos une nuestro amor por ti. Ayúdame a amar a las personas como tú las amas. Enséñame a anticipar el momento en que todo será perfecto.

EN CONTROL

«Pues, así como los cielos están más altos que la tierra, así mis caminos están más altos que sus caminos y mis pensamientos, más altos que sus pensamientos».

Isaías 55:9 NTV

Dios es el Creador de los cielos y la tierra. Él hizo todo y lo sabe todo. Es más inteligente y más fuerte que nosotros. Siempre está en control. Esto es cierto sin importar lo que esté sucediendo en nuestras vidas. Incluso cuando tienes un día realmente malo, Él sigue siendo el Rey. Él está en control en tus mejores días y en los peores. No hay nada que puedas hacer o sentir que cambie el hecho de que Dios está en control.

Esta es una buena noticia porque significa que siempre puedes depender de Él. Es confiable y constante. No importa cómo te sientas, Dios está en control. Si las cosas no van como quieres o sucede algo aterrador, Dios está en control. Esto nunca cambiará. Hoy, puedes encontrar consuelo en saber eso.

Dios, gracias por estar siempre en control. Gracias porque, pase lo que pase, tú eres el Rey y puedo depender de ti. Ayúdame a encontrar consuelo en el hecho de que tú nunca cambias.

PEREZA NO ES DESCANSO

El perezoso desea y nada consigue,
pero el que es diligente será prosperado.
PROVERBIOS 13:4 RVC

Descansar y ser perezoso no es lo mismo. Dios hizo que tu cuerpo necesite descanso, y es bueno que tomes un descanso del trabajo cuando lo necesites. La pereza es cuando no estás dispuesto a trabajar en absoluto. Mientras que el descanso es bueno, la pereza no lo es. La Biblia dice que, si eres perezoso, no obtendrás lo que quieres. El trabajo duro siempre traerá una recompensa. Cuando aprendas a trabajar duro por lo que quieres, te irá bien en la vida.

Incluso ahora, a tu corta edad, puedes practicar tener una buena ética de trabajo. Esto significa hacer un trabajo bien y sin quejarte hasta que esté terminado. Cuando tu mamá te pida que limpies tu cuarto, hazlo bien y termínalo del todo. Recoge cosas que ella no te pidió. Dobla tu ropa sin que te lo pida. Si tu papá te pide ayuda con un proyecto, no te quejes. ¡Dale lo mejor de ti! Hoy, practica hacer cada tarea que tengas con excelencia.

Dios, gracias por enseñarme la mejor manera de vivir. Ayúdame a ser alguien que trabaja duro y no se queja. Dame la fuerza para trabajar duro cuando lo necesite. No quiero ser perezoso. Quiero honrarte con mi modo de trabajar.

LUZ DE JESÚS

Porque Dios, que dijo: «¡Que la luz
resplandezca en las tinieblas!»,
hizo brillar su luz en nuestro corazón
para que conociéramos
la gloria de Dios que resplandece en
el rostro de Jesucristo.
2 CORINTIOS 4:6

¿Qué sucede cuando enciendes la luz en un cuarto oscuro? De repente, puedes verlo todo. Cuando la luz se enciende y llena los rincones del cuarto, nada queda oculto. Lo mismo ocurre con tu corazón. Cuando la luz de Jesús llena tu corazón, nada queda oculto. Ya no tienes que vivir en la oscuridad, como si no pudieras ver. El amor de Jesús te muestra quién es Dios, y este conocimiento te ilumina desde adentro hacia afuera. A través de Jesús, puedes entender la gloria de Dios.

Deja que el amor de Jesús brille en toda tu vida. Deja que lleve calidez y luz a cada rincón de tu ser. Donde hay luz, no puede haber oscuridad. Donde hay amor, no puede haber miedo. Hoy, pregúntale a Dios si hay partes de ti que necesiten más luz. Él es fiel para mostrarte gentilmente lo que necesitas.

Jesús, ¡gracias por tu luz! Gracias por tu amor que me ayuda a entender quién es Dios. Enséñame a vivir en la luz y no en la oscuridad. No quiero que ninguna parte de mi corazón esté oculta para ti.

ÉL MERECE LA ALABANZA

Alabe al Señor todo lo que él ha creado,
todo lo que hay en su reino.
Que todo lo que soy alabe al Señor.
Salmos 103:22 NTV

Todo lo que haces puede ser un acto de adoración, desde lo que dices hasta lo que piensas y haces. Puedes honrar a Dios con toda tu vida. Él es digno de toda tu alabanza. Él ha creado todo lo que ves. Él es nuestro Padre, bueno y generoso. Su perfección es digna de tu alabanza.

Cuando adoras a Dios, estás reconociendo su perfección. Deja que tu actitud, tus pensamientos y cómo tratas a los demás sean una forma de alabar a Dios. Cuando despiertes en la mañana, pregúntale a Dios cómo puedes adorarlo ese día. Dile por qué estás agradecido y haz todo lo posible por amar a las personas que te rodean. Hoy, alábalo por quién es Él y lo que ha hecho.

Dios, eres digno de mi adoración y alabanza. Ayúdame a ver tu bondad cada día y a agradecerte por lo que has hecho. Sé que puedo utilizar mis palabras y mis acciones para honrarte. Muéstrame cómo adorarte con la manera en que vivo mi vida.

NUNCA SOLO

«Y les aseguro que estaré con ustedes siempre, hasta el fin del mundo».

MATEO 28:20

Jesús promete que estará contigo siempre. No hay nadie en la tierra que pueda hacer este tipo de promesa. Incluso las personas que más te aman no pueden predecir qué deparará el futuro o si siempre estarán cerca de ti. Al margen de cuáles sean los cambios que se produzcan en tu vida, Jesús siempre estará contigo. Él siempre cumple sus promesas. Si dice que estará contigo, entonces lo estará. Puedes depender de lo que dice. No importa a dónde vayas o cómo te sientas, Jesús estará contigo.

Él hizo esta promesa justo antes de regresar al cielo para estar con Dios. Después de su muerte y resurrección, fue lo último que dijo a todos los que estaban allí. Debió de ser una promesa muy importante si fue lo último que quiso que la gente escuchara. Podría haber dicho: «Asegúrense de seguir las reglas» o «No se olviden de Dios», pero no lo hizo. Su última promesa fue un recordatorio de que nunca estamos solos. En este día, piensa en que Jesús está siempre contigo, y deja que eso te cause consuelo y alegría.

Gracias, Jesús, por estar siempre conmigo. Cuando estás cerca, me siento amado y cuidado. Ayúdame a depender de ti y a ser reconfortado por tu cercanía.

SER SINCERO

Una respuesta sincera
es como un beso amistoso.
PROVERBIOS 24:26 NTV

Lo mejor es decir siempre la verdad. Incluso cuando sea difícil, la verdad producirá libertad. Decir la verdad te hace digno de confianza. Torcer tus palabras y exagerar detalles no construye confianza. Si quieres que las personas crean lo que dices, necesitas practicar ser alguien que siempre dice la verdad.

La sinceridad te hace confiable. Otras personas pueden confiar en ti porque saben que no mientes. Es bueno ser confiable. Si comienzas a mentir, pronto descubrirás que la gente no creerá lo que dices. Por eso decir la verdad es siempre la mejor opción, incluso cuando es difícil o te resulta incómodo. Hoy, practica ser alguien que dice la verdad. Pídele a Dios el valor para ser sincero cuando no quieras serlo.

Dios, quiero ser una persona sincera y digna de confianza. Dame el valor para decir la verdad incluso cuando sea difícil. Ayúdame a ser el tipo de persona que es confiable y habla con sinceridad.

UNA REPRENSIÓN

Más vale ser reprendido con franqueza
que ser amado en secreto.

PROVERBIOS 27:5

Una reprensión es cuando alguien te dice que has hecho algo mal. Puede que no siempre se sienta así, pero es bueno cuando las personas que más te quieren te corrigen de manera amorosa. Por lo general, no nos gusta que nos digan que estamos equivocados, pero es algo que deberíamos aceptar. Todos estamos aprendiendo, y la corrección es una parte normal de la vida. Cuando odies la corrección, dejarás de aprender y crecer.

No tiene sentido ser terco e insistir en que siempre tienes la razón. Es bueno aprender a amar la corrección porque, incluso como adulto, necesitarás saber admitir que estás equivocado. Practica en este día escuchar a quienes te rodean y que son más sabios que tú, y que hacen su mejor esfuerzo para enseñarte.

Gracias, Dios, por las personas en mi vida que me aman lo suficiente para enseñarme lo correcto y lo incorrecto. Ayúdame a amar el aprendizaje y el crecimiento. Sé que no siempre tengo la razón. Enséñame a buscar tu sabiduría.

EN LA MAÑANA

Mañana tras mañana me despierta
y me abre el entendimiento a su voluntad.
ISAÍAS 50:4 NTV

Busca a Dios cada día. En la mañana, al despertar, pregúntale qué tiene planeado para tu día. Antes de hacer cualquier otra cosa, dedica un momento a dar gracias a Dios por el día y hablar con Él acerca de lo que necesitas. Alábalo por quién es Él y lo que ha hecho. Cuando le das tu atención, Él te ayuda a entender su voluntad.

Seguir a Jesús no es un misterio. Si pasas tiempo con Él, lo conocerás mejor. Él no se está escondiendo de ti. Siempre está ahí, esperando que lo mires. Él quiere hablar contigo. No dejes que el día se vuelva tan ocupado que no le prestes atención a Él. Dedica tiempo a Dios antes de que te olvides. Ponlo primero en tu corazón y en tu agenda. Permítele enseñarte y guiarte durante tu día. No intentes hacerlo todo por ti mismo.

Dios, gracias por la manera en que me amas. Gracias por estar siempre cerca de mí. Ayúdame hoy a entender tus planes para mi vida. Guíame a lo largo del día y enséñame a vivir una vida que te honre.

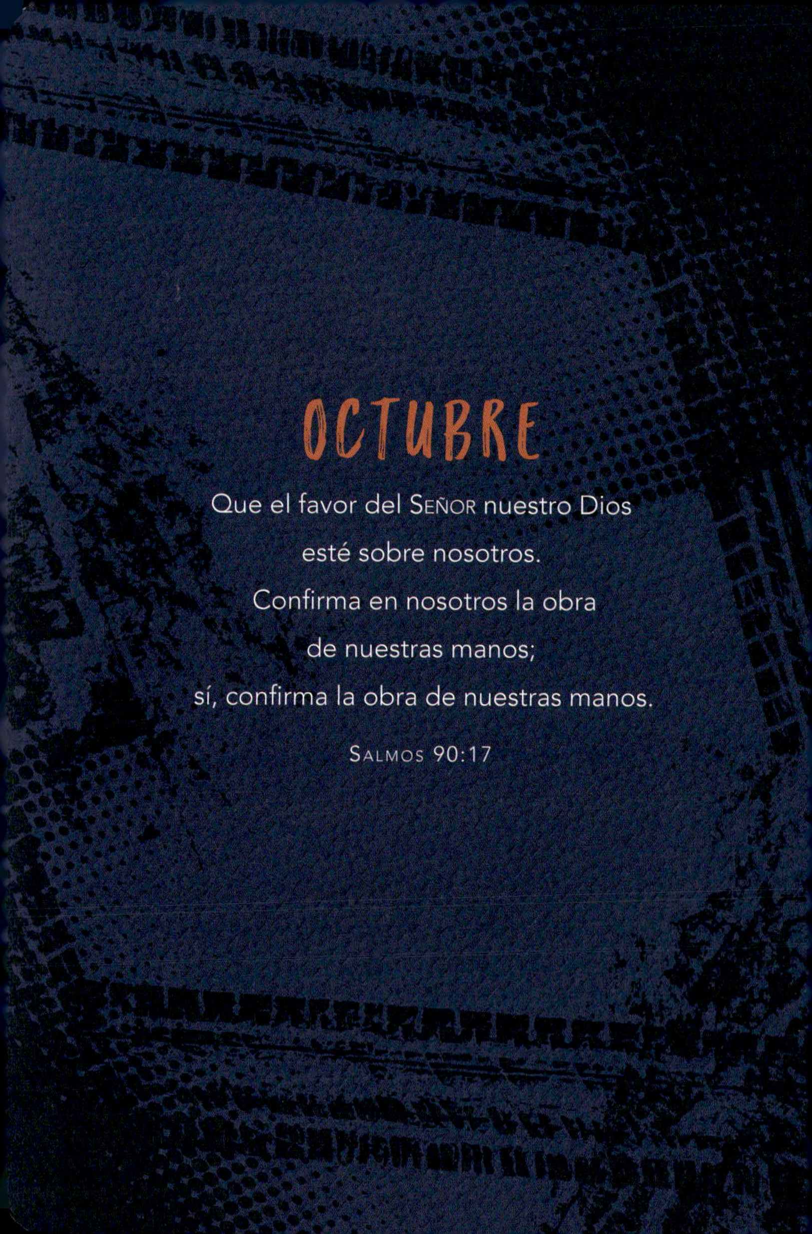

OCTUBRE

Que el favor del Señor nuestro Dios
esté sobre nosotros.
Confirma en nosotros la obra
de nuestras manos;
sí, confirma la obra de nuestras manos.

Salmos 90:17

OPORTUNIDADES

Amados hermanos, cuando tengan que enfrentar cualquier tipo de problemas, considérenlo como un tiempo para alegrarse mucho porque ustedes saben que, siempre que se pone a prueba la fe, la constancia tiene una oportunidad para desarrollarse.

SANTIAGO 1:2–3 NTV

¿Qué es lo primero que haces cuando sucede algo difícil? Tal vez perdiste tu partido de fútbol, tu mejor amigo se muda a otro lugar, u otra fiesta de cumpleaños se cancela debido al mal tiempo. Cuando suceden esa clase de cosas, es fácil estar frustrado y molesto. Está bien sentirte molesto, y es bueno llorar. También es importante recordar lo que dice la Biblia acerca de las pruebas.

La Palabra de Dios dice que consideremos las pruebas como oportunidades para la alegría y el desarrollo. Eso significa que, incluso aunque una situación sea difícil, también puede ayudarte a aprender algo y fortalecer tu fe. En este día, cuando sucedan cosas difíciles recuerda que puedes crecer debido a ellas. Esto podría parecer realmente complicado, pero Dios está de tu lado. Él siempre te ayudará cuando se lo pides.

Gracias, Dios, por estar conmigo cuando suceden cosas difíciles. Ayúdame a ver cómo puedo crecer incluso cuando sea difícil. Enséñame a depender de ti cuando esté triste.

SEGURO EN LA NOCHE

En paz me acuesto y me duermo,
porque solo tú, Señor,
me haces vivir confiado.
Salmos 4:8

¿Te resulta difícil quedarte dormido? ¿Te sientes solo, triste o con miedo en la noche? Este es un versículo realmente bueno para recordar cuando te vas a la cama. Cópialo hoy en una hoja de papel y colócalo cerca de tu cama, o pide a tu mamá o tu papá si pueden ponerlo en la pared.

Dios promete que puedes dormir en paz. Él es quien te protegerá y te mantendrá a salvo. Cuando tengas pensamientos ansiosos, puedes confiar cuando los entregas a Dios en que Él te dará paz a cambio. Practica conversar con Él en la noche cuando estés tumbado en la cama. Háblale sobre tu día y pídele lo que necesites. Dale gracias por quién es Él y lo que ha hecho. En lugar de sentirte ansioso porque estás solo, piensa en ese momento como un tiempo especial que puedes pasar con Dios.

Dios, gracias por mantenerme seguro en la noche. Ayúdame a confiar en ti cuando sienta miedo. Mientras hablo contigo acerca de mis preocupaciones, dame paz y ayúdame a descansar.

PECADOS PISOTEADOS

Volverás a tener compasión de nosotros.
¡Aplastarás nuestros pecados bajo tus pies
y los arrojarás a las profundidades del océano!
MIQUEAS 7:19 NTV

¿Alguna vez has marchado por encima de hojas secas un día de otoño? Crujen cuando caminas sobre ellas y las pisas o las pisoteas, se rompen en pedazos diminutos y se esparcen en el viento. Esos pedazos diminutos nunca podrán volver a unirse para formar una hoja completa.

Del mismo modo, Dios pisotea tus pecados. Los dispersa tan lejos como puede, y nunca pueden volver a juntarse. Cuando le pides perdón, este es el regalo que te da. Él toma tus mayores errores y se libra de ellos por completo. Cuando tienes el perdón de Dios, nada puede devolverte tus pecados. Dios hace esto por ti porque te ama. Sabe que no vivirás de modo perfecto, y tus pecados no le sorprenden. Hoy, confía en que Dios se ocupa de tus pecados y pide perdón cuando cometas errores.

Gracias por tu perdón, Dios. Cuando cometa errores, ayúdame a pedir perdón rápidamente. Gracias por tomar mis pecados y pisotearlos.

AGRADAR AL SEÑOR

Vivan como hijos de luz...
y comprueban lo que agrada al Señor.
Efesios 5:8, 10

Queremos agradar a las personas que admiramos. Tal vez tienes un entrenador a quien intentas impresionar con todas tus fuerzas en los entrenamientos, o quizá haces tus tareas antes de que tus padres te pregunten porque sabes que se alegrarán. ¿Sabías que Dios observa las cosas que hacemos? Hay cosas que agradan a Dios y otras que no le agradan.

Tú sabes que jugar bien en tu deporte agradará a tu entrenador porque está a cargo del equipo. Sabes que hacer tus tareas sin que te lo pidan agradará a tus padres. La pregunta es esta: ¿cómo sabemos lo que agrada a Dios? Él no lo oculta de nosotros. ¡Está en la Biblia! Cuando lees la Biblia, puedes descubrir exactamente qué cosas agradan a Dios y qué cosas no le agradan. Sigue leyendo su Palabra y aprendiendo lo que le agrada. Él siempre estará dispuesto a enseñarte y guiarte con misericordia y bondad.

Gracias, Dios, por darme la Biblia como una guía para saber vivir. Enséñame a vivir una vida que te honre a ti. Muéstrame cómo puedo agradarte, y enséñame a arrepentirme cuando esté haciendo algo equivocado.

BUENOS AMIGOS

No se dejen engañar.
«Las malas amistades, echan a perder
las buenas costumbres».
1 CORINTIOS 15:33 NBV

Tal vez no te das cuenta, pero te vuelves parecido a las personas con las que pasas más tiempo. Mientras más tiempo pasas con ellas, más te influenciarán. Comenzarás a conversar y actuar como ellos. Dios sabe que esto es verdad, y la Biblia está llena de enseñanza sobre cómo ser sabios cuando hacemos amistades.

Escoge amigos que te alienten y te edifiquen. Escoge amigos que sean buenos y amables. Del mismo modo, aprende a ser ese tipo de amigo para otros. Haz todo lo que puedas para ser una buena influencia sobre las personas que te rodean. Habla con amabilidad, ama bien, y piensa en lo que necesitan otras personas antes de pensar en tus propias necesidades. Al ser un buen amigo, puedes enseñar a otras personas acerca del amor de Dios.

Dios, ayúdame a ser un buen amigo para otros. Enséñame a alentar a otros y amar bien. Si estoy siendo influenciado de una mala manera, ayúdame a pedir ayuda y pasar tiempo con amigos que me alienten.

BUENOS AMIGOS

Por eso, anímense y edifíquense unos a otros.

1 Tesalonicenses 5:11

Parte de ser un buen amigo es animar a los demás. Puedes utilizar tus palabras para fortalecer a otras personas. Las palabras amables son como medicina. Pueden sanar heridas y quebrantos. Cada día, puedes edificar a las personas que te rodean.

Siempre hay oportunidades para hacer eso. Cuando un amigo haya hecho un buen trabajo con una tarea, puedes decirle que lo hizo bien. Puedes decirle a tu mamá que te gustó mucho la cena. Cuando tu hermana está triste, puedes darle un abrazo y decirle que la amas. Puedes orar por personas y decirles que Dios se interesa mucho por ellas. En este día, busca oportunidades para animar a quienes te rodean. Fortalécelos con tus palabras y lleva alegría a sus corazones hablando con palabras amables.

Dios, muéstrame oportunidades de animar a mis amigos y mis familiares. Enséñame a usar mis palabras para animarlos. Quiero que las cosas que diga muestren a las personas cuánto los amas.

RECUERDA TUS PASOS

Pero después me acuerdo de todo
lo que has hecho, oh Señor;
recuerdo tus obras maravillosas
de tiempos pasados.
Siempre están en mis pensamientos.
SALMOS 77:11–12 NTV

¿Alguna vez has seguido un mapa? Debes seguir atentamente cada una de las direcciones. Giras a la izquierda, giras a la derecha, y rodeas cada obstáculo hasta llegar a tu destino. Si te pierdes, miras tu mapa y recuerdas tus pasos para ver dónde te equivocaste.

¡Seguir a Jesús es igual que eso! Si alguna vez te sientes perdido, puedes mirar de nuevo donde ya estuviste y recordar todas las cosas buenas que Dios ha hecho. Incluso en un día malo puedes recordar lo que Dios hizo en el pasado y alabarlo por ello. Algunas veces, hacer esto puede incluso hacer que tu día malo mejore. Ayuda recordar tus pasos y ver dónde hiciste un giro equivocado. En este día, si estás batallando, recuerda lo que Dios ha hecho.

Gracias, Dios, por todo lo que tú has hecho. Ayúdame a recordar toda tu bondad cuando esté triste o molesto. Recuérdame las maneras en que tú has cuidado de mí para que pueda enfocarme en esas cosas.

AL REVÉS

«Amen a sus enemigos y oren por quienes los persiguen, para que sean hijos de su Padre que está en los cielos».

MATEO 5:44-45

Hay muchas partes del reino de Dios que parecen estar al revés. Amar a tus enemigos es una de esas cosas. La Biblia dice incluso que oremos por quienes nos dañan. Es porque Dios sabe que, cuando guardas odio en tu corazón, eso te daña. Él sabe que el odio es pesado y hace que te sientas mal, y quiere que tu corazón esté lleno de amor y que confíes en Él para que lidie con tu dolor.

Dios es mucho más capaz que tú de ocuparse de tus enemigos. Cuando confías en Él, descubrirás que te preocupas menos y tienes más paz. Amar a tus enemigos es difícil, pero mientras más lo practicas, más natural parecerá. Cuando ores por ellos, comenzarás a verlos como Dios los ve: como hijos que tienen valor, igual que tú.

Gracias, Dios, porque con tu ayuda puedo amar a mis enemigos. Es difícil hacerlo, pero sé que amar a mis enemigos es mejor para mi corazón que aborrecerlos. Enséñame a orar por ellos y honrarte a ti con el modo en que veo a los demás.

TUS ORACIONES

Por esta razón me arrodillo delante del Padre, de quien recibe nombre toda familia en el cielo y en la tierra.

EFESIOS 3:14–15

Dios puede ser tu mejor amigo. Puedes conversar con Él como lo harías con un amigo. Puedes hablarle sobre tu día, hacerle preguntas y pedir ayuda. Puedes darle gracias por lo que ha hecho y decirle cuáles son tus cosas favoritas que hacer. No hay nada que sea demasiado grande o demasiado pequeño cuando se trata de la oración. Todo es importante cuando estás hablando con Dios. Él nunca está demasiado ocupado para escucharte incluso si solamente quieres hablar del tiempo o decirle lo que te molesta, o que no puedes encontrar tu camiseta favorita. A Dios le gusta cuando sus hijos se comunican con Él.

Tampoco hay una lista de cosas que necesitas hacer antes de poder hablar con Dios. No tienes que estar contento para hablar con Dios. Puedes estar enojado, triste, decepcionado o preocupado. Él es lo bastante grande para manejar todas tus emociones. Recuerda hoy que, sin importar cómo te sientas o lo que necesites decir, Dios quiere escucharte en oración.

Gracias, Dios, porque siempre puedo orar. Sé que tú quieres escucharme. Ayúdame a recordar que me amas, y que te gusta que hable contigo. Enséñame a orar en todo momento, acudiendo a ti con mis sentimientos y pensamientos.

QUERER LO MALO

Aunque tengo el deseo de hacer lo bueno, no soy capaz de hacerlo. No hago lo bueno que quiero hacer, sino lo malo que no quiero hacer.

ROMANOS 7:18–19

¿Alguna vez supiste qué era lo correcto hacer, pero algo en tu interior te hizo sentir que tenías que hacer lo malo? Tal vez tu hermana hizo algo para molestarte. Aunque sabías lo que debías hacer, le hiciste tropezar cuando pasó por tu lado. Quizá alguien en la escuela estaba teniendo un día difícil. Tú sabías que debías ayudarlo, pero en cambio lo ignoraste.

En la Biblia, Pablo nos recuerda que es normal sentir y hacer eso. Dice que puede ser difícil hacer lo que sabemos que es bueno. Te recuerda que lo más importante es saber que, incluso cuando tomas una mala decisión, Jesús es quien puede perdonarte. En este día, incluso si cometes errores debes saber que Jesús está lleno de misericordia y gracia.

Dios, gracias por tu Palabra. Gracias porque, incluso cuando hago lo malo, tú eres rápido para perdonarme y enseñarme a seguirte. A veces es difícil hacer lo bueno, pero confío en que tú seguirás enseñándome cómo vivir.

NUNCA TE AVERGÜENCES

Nunca te avergüences de contarles a otros acerca de nuestro Señor.

2 Timoteo 1:8 NTV

A medida que sigues a Jesús, te encontrarás con otras personas que no lo hacen. Tal vez nunca han oído quién es Jesús. Con amor, tú puedes hablarles acerca de Dios y de todo lo que ha hecho. Puedes compartir la esperanza que tienes en Jesús, y puedes amarlos como Dios los ha amado. No puedes controlar cómo reaccionarán otros al evangelio, pero puedes compartirlo con amabilidad y confianza. Después de todo, ¡el evangelio son buenas noticias! Es la mejor noticia que el mundo ha oído jamás, y es bueno y correcto compartirla.

No hay necesidad de sentirte avergonzado; lo que estás diciendo es verdad. Puedes usar tus palabras para hablar de quién es Dios, pero también puedes usar tus acciones para mostrar su amor a las personas. El modo en que tratas a otros puede enseñarles sobre cómo los ama Dios. Por eso es importante amar bien y poner a otros por delante de ti mismo. Busca oportunidades hoy para compartir las buenas noticias sobre quién es Dios con tus palabras o con tus acciones.

Dios, enséñame a compartir quién eres tú. Dame la valentía y las palabras correctas que decir. Que mis acciones enseñen a otros acerca de cuánto los amas. Quiero ser siempre valiente y amable cuando esté hablando de quién eres tú.

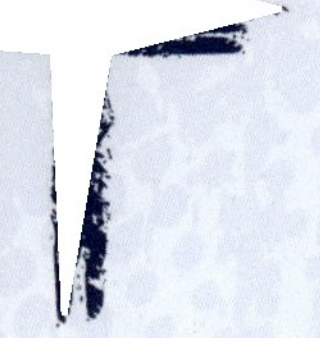

LA VOZ DE DIOS

Me apresuraré sin demora
a obedecer tus mandatos.

SALMOS 119:60 NTV

Imagina que estás en un parque con tus amigos. Escuchas que la mamá de alguien dice que es el momento de irse, pero no dejas de jugar porque no era tu mamá. Más adelante oyes otra voz, y te levantas y caminas hacia tus padres porque reconoces la voz de tu mamá. Has pasado toda tu vida con tu mamá, y su voz es familiar para ti.

Lo mismo es cierto en tu relación con Dios. Mientras más tiempo pases con Él, más conocerás su voz y más rápidamente podrás escuchar. También sabrás cuando oigas algo que no viene de Él, igual que no te inquietó que la mamá de otro niño lo llamara. Para saber cuándo te está hablando Dios, tienes que pasar tiempo conociéndolo. Cada día que lees la Palabra, hablas con Dios y pasas tiempo con Él, sabrás cada vez más cómo obedecerlo y seguirlo.

Dios, ayúdame a seguirte bien. A medida que pase más tiempo contigo, ayúdame a reconocer tu voz y confiar en lo que tú dices. Quiero oír tu voz y obedecer lo que pides de mí. Quiero estar familiarizado con cómo suena tu voz, y quiero saber que tú estás hablando.

CONOCE SU VOZ

«Y ellas lo siguen porque conocen su voz. Nunca seguirán a un desconocido; al contrario, huirán de él porque no conocen su voz».

JUAN 10:4–5 NTV

Jesús es el Buen Pastor, y nosotros somos las ovejas. ¿Has visto alguna vez un rebaño de ovejas? Las ovejas siguen al pastor porque conocen su voz. Están familiarizadas con el pastor porque él es quien cuida de ellas cada día. Del mismo modo, puedes seguir a Jesús porque conoces su voz. Es importante estar familiarizado con el sonido de su voz, de modo que no confundas la voz de otro con la voz de Jesús.

Para conocer su voz puedes leer la Palabra de Dios. Mientras más leas la Biblia, más comprenderás cómo es Jesús. Mientras más sepas cómo es Él, más entenderás cómo habla y cómo suena su voz. Eso te mantendrá cerca de Él porque no seguirás a un extraño. Jesús es el mejor Pastor; es amable y bueno. Cuida muy bien de sus hijos igual que un buen pastor cuida de sus ovejas.

Gracias, Dios, por hablar y guiarme. Enséñame a seguirte. Enséñame a reconocer tu voz. Ayúdame a permanecer cerca de ti y hacer lo que te honra.

SENTADOS JUNTOS

Tres amigos de Job se enteraron de todo el mal que le había sobrevenido y, de común acuerdo, salieron de sus respectivos lugares… y durante siete días y siete noches se sentaron en el suelo para hacerle compañía. Ninguno de ellos se atrevía a decirle nada, pues veían cuán grande era su sufrimiento.

Job 2:11, 13

Algunas veces, cuando una persona atraviesa algo realmente difícil y doloroso, lo mejor que puedes hacer es estar con él o ella. Job se enfrentaba a la muerte y la enfermedad, y en lugar de intentar arreglar todos sus problemas, sus amigos simplemente se sentaron a su lado. Sabían que sus problemas eran más grandes que cualquier cosa que ellos pudieran resolver.

Habrá momentos en la vida cuando alguien a quien conoces experimente algo que es muy doloroso. Para ser un buen amigo en esos momentos, lo mejor que puedes hacer es dejar saber a esa persona que estás a su lado. Puedes estar con ella en su dolor en lugar de intentar arreglar las cosas. Tu presencia puede producir mucho consuelo, igual que la presencia de Dios te consuela a ti cuando estás triste. Puede que no tengas respuestas o soluciones para los problemas, pero siempre puedes estar al lado de quienes sufren.

Dios, ayúdame a ser ese amigo que ofrece apoyo cuando otros están tristes. Enséñame a estar con las personas cuando atraviesen cosas dolorosas. Quiero consolar a mis amigos cuando sucedan cosas malas.

UN MAÑANA DESCONOCIDO

No te jactes del mañana,
ya que no sabes lo que el día traerá.
PROVERBIOS 27:1 NTV

Nadie sabe lo que sucederá mañana. Incluso con toda la tecnología que tenemos, no podemos predecir el futuro. La persona más inteligente tampoco sabe lo que traerá el mañana. Podrías tener una idea de cómo se verá, pero la verdad es que puede suceder cualquier cosa.

Por eso Dios dice que no presumas del mañana. Quiere que te enfoques en lo que estás haciendo hoy. Quiere que prestes atención a lo que está delante de ti en este momento. Cuando pasas el tiempo preocupándote o presumiendo del mañana, pierdes el tiempo que tienes para el presente. En cambio, enfrenta cada día tal como llegue y deja que Dios se preocupe por el mañana. Él es el único que sabe cómo será.

Dios, gracias por el día que tú me has dado. Ayúdame a enfocarme en el presente en lugar de preocuparme de lo que puede suceder mañana. Yo no sé lo que sucederá en el futuro, pero sé que puedo confiar en ti.

MODESTOS COMIENZOS

No menosprecien estos modestos comienzos,
pues el Señor se alegrará
cuando vea que el trabajo se inicia.

Zacarías 4:10 NTV

Todos los grandes sueños comienzan con algo pequeño. El trabajo duro y los modestos comienzos son necesarios si quieres ver una recompensa al final de tu trabajo. Si quieres escribir un libro, tienes que comenzar con solamente una palabra. Si quieres escalar un monte, cada pequeño paso cuenta. Si quieres ser un gran jugador de fútbol, primero tienes que aprender habilidades básicas y sencillas. Todas estas pequeñas cosas no parecen importantes al principio, pero sumadas se convierten en algo grande. Esos pequeños pasos podrían no ser emocionantes, pero los necesitas.

Del mismo modo, Dios ve el trabajo que haces sin importar cuán pequeño parezca ser. Él honra ese trabajo porque requiere de perseverancia y esperanza. Cada pequeño paso ayuda a prepararte para algo más grande. En este día, piensa en cómo puedes prepararte para los sueños que Dios te ha dado.

Gracias, Dios, por prepararme siempre para vivir una vida que te honre a ti. Ayúdame a hacer ahora pequeñas cosas que más adelante sumarán. Gracias por alegrarte en el trabajo que hago.

DAR Y QUITAR

El Señor ha dado; el Señor ha quitado.
¡Bendito sea el nombre del Señor!

Job 1:21

Todo lo bueno que tienes es un regalo de Dios. Él provee para ti y te da lo que necesitas. Algunas veces, Dios también quita cosas. Podrías perder algo que para ti es realmente precioso. Job perdió sus posesiones, pero también perdió a su familia. Incluso en medio de su gran dolor, siguió alabando el nombre de Dios.

Pase lo que pase, Dios es digno de tu alabanza. Tengas mucho o tengas poco, Dios es digno. Estés contento o triste, Dios es digno. En todo momento puedes alabar a Dios. Algunas veces suceden cosas difíciles, y tal vez no comprendas por qué. Su bondad nunca cambia incluso cuando tú no comprendes por qué ocurrió algo. Su bondad puede ayudarte a atravesar esos tiempos difíciles. Sin importar cómo se vea este día, practicar alabar el nombre del Señor.

Gracias por tu bondad, Dios. Estoy contento porque nunca cambia sin importar lo que yo atraviese. Ayúdame a alabarte en todo momento y adorarte cuando las cosas sean difíciles. Ayúdame a mantener mi mirada en ti incluso cuando no comprenda por qué está sucediendo algo.

AMOR DERRAMADO

Pero cada día el Señor derrama
su amor inagotable sobre mí,
y todas las noches entono sus cánticos
y oro a Dios, quien me da vida.
Salmos 42:8 NTV

¿Puedes sentir el amor de Dios a tu alrededor? Cada día, Él derrama su amor sobre ti. Te rodea de él, y nunca se aparta de ti. Cuando pases tiempo con Dios, Él te dará su paz y te hará sentirte seguro. Te dirá la verdad acerca de quién eres, y te animará. Cada día, de muchas maneras diferentes, Él te mostrara cuán amado eres.

Abre tus ojos a todo lo que Él hace por ti. Podría darte un lindo amanecer o lluvia para tu jardín. Podría enviarte un amigo en el momento oportuno, o podría ayudarte a recordar lo que aprendiste durante tu prueba de matemáticas. Podría darte perseverancia durante tu juego de fútbol o animarte con una canción concreta. Hay muchas maneras diferentes en las que Dios puede mostrar su amor por ti. Si prestas atención, las verás. Adóralo por darte vida y permitirte experimentar su amor.

Gracias, Dios, por tu amor. Abre mis ojos para que vea todas las maneras en que tú me amas. Ayúdame a observar todo lo que haces por mí cada día. Te alabo por darme vida y por amarme con un amor tan perfecto e interminable.

NO ESTÁS SOLO

Que las palabras de mi boca
y la meditación de mi corazón
sean de tu agrado, oh Señor.

Salmos 19:14

Dios no te deja solo para que averigües como agradarlo a Él. No espera que siempre sepas qué hacer. No se enoja contigo por pedir ayuda, y nunca te rechazará cuando lo necesites. Él te enseñará a vivir una vida que le agrada. Cuando te enseña, lo hace con bondad y ternura. Si no estás seguro de qué hacer, puedes preguntarle tal como hizo el salmista.

A Dios le encanta cuando le pides ayuda. No tienes que demostrar que puedes lograrlo haciéndolo tú solo. Es bueno depender de Dios porque eso demuestra que sabes que Él es más fuerte que tú. Siempre habrá situaciones en las que no estarás seguro de qué hacer. Si le preguntas a Dios, Él te dirigirá y te guiará. Te hablará mediante el Espíritu Santo acerca de lo que le agrada y lo que no le agrada.

Gracias, Dios, por enseñarme a honrarte. Gracias por no dejarme solo para averiguar qué hacer. Puedo apoyarme en tu fortaleza y pedirte ayuda, sabiendo que te encanta ayudarme.

TIPOS DE ADORACIÓN

Que alaben su nombre con danzas;
que le canten salmos al son del arpa y el pandero.
SALMOS 149:3

Adorar a Dios no tiene una fórmula. No hay una manera correcta de hacerlo. No tienes que hacer ciertas cosas para adorarlo. Hay muchas maneras para poder adorar a Dios. Puedes cantarle, o puedes danzar para Él. Cualquier cosa puede ser adoración a Dios cuando lo entregas a Él con todo tu corazón. Puedes hacer un dibujo en adoración. Puedes hacer bien un trabajo; eso puede ser adoración. Puedes honrarlo con tus palabras y con el modo en que tratas a los demás.

Hay oportunidades interminables de adorar a Dios cada día. Puedes escribir un poema acerca de Él, o puedes crear un dibujo. Piensa en lo que te gusta mucho hacer y entrégalo a Dios. Dios se alegra cuando le entregas lo que tienes. Hagas lo que hagas hoy, hazlo para Dios. Entrégalo a Él con todo tu corazón. Permite que tus acciones alaben a Dios.

Gracias, Dios, porque puedo adorarte de muchas maneras diferentes. Quiero alabarte con mis palabras y mis acciones. Ayúdame a honrarte con todo lo que hago. Gracias por los dones y talentos que me has dado. Quiero entregarlos a ti cada día.

SUMO SACERDOTE

Nuestro Sumo Sacerdote comprende nuestras debilidades, porque enfrentó todas y cada una de las pruebas que enfrentamos nosotros, sin embargo, él nunca pecó.

HEBREOS 4:15 NTV

Jesús es tu Sumo Sacerdote. En el Antiguo Testamento, el sumo sacerdote era la única persona que podía acercarse a Dios. Ahora que tenemos a Jesús, todo el mundo tiene acceso a Dios. Él es nuestro Sumo Sacerdote. No es un sumo sacerdote que no te comprende. En realidad, ¡te comprende por completo! Él puede ayudarte en todas tus debilidades porque, cuando caminó sobre la tierra, enfrentó las mismas tentaciones que tú. Él tuvo todos los mismos problemas, pero no pecó.

Por eso es un maestro tan bueno. No tiene que averiguar cómo podrías sentirte, pues lo sabe. Él experimentó las mismas pruebas que nosotros, pero siguió perfectamente a Dios cada día de su vida. No cayó en la tentación, y tampoco pecó. Hoy, cuando enfrentes algo difícil, recuerda que Jesús te comprende y quiere ayudarte.

Jesús, gracias por venir a la tierra y vivir como un ser humano. Gracias por comprenderme y por conocer mis debilidades. Enséñame a tomar las decisiones correctas como lo hiciste tú. Incluso cuando sea tentado, quiero seguirte.

JUICIO

No juzguen para que nadie los juzgue a ustedes.
MATEO 7:1

¿Alguna vez te han malentendido? ¿Alguna vez fuiste acusado por alguien que no conocía la historia completa? Imagina que no hiciste tus tareas de la escuela porque estuviste enfermo toda la noche. En la mañana, tu maestra está frustrada porque no sabía que estuviste enfermo. Le resultaría fácil suponer que sencillamente no hiciste tus tareas.

Algunas veces hay detalles en una situación que tú no comprendes. Por eso la Biblia dice que no juzguemos. Debemos dejar el juicio a Dios porque Él es bueno y perfecto. Él ve cada situación claramente, y su justicia nunca tiene fin. Es el único que puede tomar decisiones verdaderamente justas porque ve nuestros corazones. Cuando intentes juzgar una situación, probablemente cometerás errores y terminarás haciendo daño a personas, igual que habría sido doloroso si tu maestra te hubiera reprendido por no hacer tu tarea antes de saber la historia completa.

Dios, enséñame a ser la clase de persona que no juzga a los demás. Tú eres un juez bueno y perfecto. Ayúdame a dejar el juicio en tus manos. Dame compasión por los demás cuando no conozca la historia completa.

ÉL PUEDE HACERLO

Al que puede hacer muchísimo más que todo lo que podamos imaginarnos o pedir, por el poder que obra eficazmente en nosotros, ¡a él sea la gloria... por los siglos de los siglos!

EFESIOS 3:20–21

Es probable que trates a las personas que te rodean según lo que crees que pueden hacer. Si el auto está estacionado en la entrada de tu casa y quieres jugar al básquet, ¿le pides a tu papá que lo mueva con sus manos y lo aparte de la entrada? ¡No! No lo haces porque sabes que él no puede hacer eso. Le pides que haga cosas por ti que sabes que es capaz de hacer.

¿Crees que Dios es capaz de hacer más de lo que puedas pedir o imaginar? ¡Pide! Pídele que haga cosas grandes. ¡Él puede hacer cosas realmente grandes y poderosas! Pedirle no significa que siempre sucederá, pero tu fe en Él es lo que más importa. Alaba a Dios por cuán poderoso es y porque es capaz de hacer más de lo que podrías soñar jamás.

Gracias por ser un Dios grande. Ayúdame a creer que puedes hacer cosas grandes en mi vida. Sé que tú puedes hacer más de lo que yo podría pedir o imaginar. Quiero tener fe en tu poder y confianza en tu fuerza.

ACÉPTENSE MUTUAMENTE

*Por tanto, acéptense mutuamente,
así como Cristo los aceptó a ustedes
para gloria de Dios.*
ROMANOS 15:7

Hay muchas personas que son distintas a ti. Podrían verse diferente o hablar en otro idioma. Podrían tener diferentes tradiciones familiares o comer alimentos distintos. Sin importar cuáles sean nuestras diferencias, por dentro somos iguales. Cada persona en la tierra fue creada por Dios para glorificarlo a Él. Todos cometemos errores, y ninguno de nosotros es perfecto.

Lo que nos hace diferentes no es tan importante como lo que nos hace iguales. Todos estamos aprendiendo a honrar a Dios, y algunas veces fracasaremos; por eso es importante aceptarnos los unos a los otros. Debemos amarnos unos a otros como Dios nos ha amado. Él no tiene una lista de cosas que necesitas hacer antes de que Él te ame. Del mismo modo, tú no deberías tener una lista de requisitos para otras personas. Cuando aceptas a alguien, decides amarlo tal como es.

Ayúdame a ver a las personas como tú las ves, Dios. Enséñame a aceptar a quienes me rodean y amarlos como tú me has amado. Quiero que el modo en que trate a los demás te dé alabanza a ti.

TUS DONES

Ahora bien, hay diversos dones,
pero un mismo Espíritu…
Hay diversas funciones, pero es un mismo Dios
el que hace todas las cosas en todos.

1 Corintios 12:4, 6

Dios da dones a cada uno de sus hijos. Algunas personas son creativas, algunas son inteligentes, y otras son realmente buenas para recibir a personas en sus hogares. Hay muchos dones diferentes. Puede que conozcas exactamente qué dones te ha dado el Señor. En ese caso, dale gracias por lo que te ha dado y pídele que te fortalezca.

Está bien si no sabes cuáles son tus dones. Algunas veces toma tiempo comprender y ver cómo te ha creado Dios. Si no estás seguro, pídele que te lo muestre. Piensa en lo que más te gusta hacer. Piensa en lo que te da energía y te hace sentir más vivo. Cuando utilizamos nuestros dones, con frecuencia nos sentimos felices y contentos. A medida que vayas creciendo, Dios seguirá mostrándote cómo está actuando en tu vida.

Gracias, Dios, por los dones que tú me has dado. Sé que estás actuando en mi vida. Ayúdame a ver cómo me has creado para que así pueda practicar el usar los dones que me has dado.

EL TESORO DE DIOS

«¿Y qué beneficio obtienes si ganas el mundo entero pero pierdes tu propia alma?».
MARCOS 8:36

A lo largo de tu vida podrías ser tentado de diferentes maneras. Dios dice que la senda para seguir a Jesús es angosta y que no hay muchos que se mantendrán en ella. Tendrás muchas oportunidades de pensar en cómo quieres vivir y qué tipo de persona quieres ser. Siempre es mejor seguir a Jesús incluso cuando sea difícil.

Habrá ocasiones en las que las personas que te rodean persigan el éxito, el dinero o la satisfacción. Estas cosas no son malas, pero nunca deberían ser lo más importante en tu vida. Tu relación con Dios es lo más importante en tu vida. Cuando los sigues, confías en que Él se ocupará de esas necesidades en lugar de buscarlas frenéticamente tú mismo. Dios dice: «¡Yo tengo el tesoro! Sígueme, y lo compartiré contigo. Sé exactamente dónde está el premio. Deja de apresurarte y permite que te ayude».

Dios, ¡tú eres la parte mejor y más importante de mi vida! Ayúdame a buscarte a ti en lugar de buscar lo que el mundo quiere. No quiero perder mi alma por cosas que no perdurarán. Ayúdame a seguirte todos los días de mi vida incluso cuando otros no te sigan.

PALABRAS Y ÁRBOLES

Las palabras suaves son un árbol de vida.
PROVERBIOS 15:4 NTV

Imagina un árbol. Es muy alto y también potente, robusto, y con raíces profundas en el suelo. Da sombra en los días de calor, y proporciona un hogar para muchos animales. Puede ofrecer cobijo de la lluvia, y sus hojas producen oxígeno nuevo para que respires.

Las palabras suaves son como un árbol fuerte. Proporcionan cobijo y descanso a las personas a quienes se las das. Una palabra amable es refrescante y alentadora. En este día, busca oportunidades de ser como un árbol para las personas que te rodean. Utiliza palabras suaves para animar a alguien que esté desanimado. Habla de manera amable para dar descanso y cobijo a alguien que esté estresado.

Dios, sé que las palabras tienen poder. Quiero ser la clase de persona que anima a otros con mis palabras. Ayúdame a hablar con amabilidad a quienes me rodean. Enséñame a proporcionar descanso, cobijo y vida con las cosas que digo.

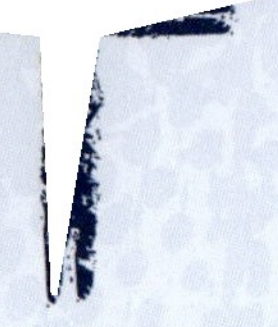

LA GRANDEZA DE DIOS

Dios hace tronar su voz
y se producen maravillas:
¡Dios hace grandes cosas
que rebasan nuestra comprensión!
JOB 37:5

Dios puede hacer más de lo que podrías imaginar. Su poder es más grande de lo que podemos comprender. A veces olvidamos estas cosas acerca de Dios, de modo que no le pedimos ayuda. Si hay algo que te esté molestando, habla sobre ello con Dios. Si hay algo que necesitas, pídeselo. En lugar de preocuparte y dejar que se acumule el estrés, conversa con Dios. Deja que Él sea quien se preocupe de eso.

Él es quien puede hacer cosas grandes que están más allá de tu comprensión. Él es poderoso y fuerte, cuya voz resuena como el trueno de maneras maravillosas. Cuando recuerdas la verdad acerca de quién es Dios, dependerás de Él cada vez más. En este día, conversa con Dios sobre lo que necesitas, y deja que Él sea quien cuide de ti.

Dios, tú puedes hacer cosas grandes y maravillosas. Ayúdame a recordar estas cosas acerca de ti. Quiero depender más de ti. Ayúdame a entregarte mis preocupaciones en lugar de aferrarme a ellas. Sé que tú puedes manejarlas mejor que yo.

TÚ PUEDES AYUDAR

Estén listos para ayudar a los hijos de Dios cuando pasen necesidad.

ROMANOS 12:13 NTV

¡No eres demasiado joven para ser una gran ayuda en el reino de Dios! Este versículo en Romanos no es solamente para los adultos. Puede que no tengas acceso a la misma cantidad de tiempo, dinero o habilidades que los adultos que te rodean, pero eres igual de capaz para compartir el amor de Dios con alguien que tenga necesidad.

Puedes decir palabras alentadoras. Puedes servir con alegría de cualquier manera posible. Puedes dar un abrazo o ayudar cuando te lo pidan. Tu capacidad de amar a otros es grande, y el versículo de hoy te recuerda que estés siempre preparado y dispuesto a ayudar a quien lo necesite. Puedes estar seguro de que, a medida que prácticas ser amable y amoroso con quienes te rodean, aprenderás cada vez más acerca del corazón de Dios.

Dios, gracias por dejarme ayudar en tu reino. Quiero ser la clase de persona que ayuda a quienes lo necesitan. Muéstrame oportunidades de hacer eso, y enséñame a amar como tú amas.

PRACTICA SER SABIO

Por lo tanto, cuiden mucho su comportamiento.
No vivan neciamente, sino con sabiduría.
EFESIOS 5:15 DHH

Una y otra vez en la Biblia, Dios nos pide que seamos sabios. Vivir como alguien que es sabio significa que usas el buen juicio cuando tomas decisiones. Esto significa que piensas en cómo afectarán tus acciones a otros, a ti mismo y a tu futuro. La sabiduría es algo que obtendrás con la edad, pero también es algo que Dios da libremente a todos.

Cuando se lo pidas, Dios te dará sabiduría. En la Biblia dice que, si no tienes sabiduría, puedes pedirla y Él te la dará. Esta es una promesa que Dios ha hecho, y Él siempre cumple sus promesas. Cada día, puedes practicar usar la sabiduría, ralentizando y pensando en tus acciones antes de hacer algo. Esto puede ser muy difícil, pero es como levantar pesas para fortalecer un músculo. Mientras más lo haces, más fácil se vuelve.

Dios, gracias por dar sabiduría libremente. Sé que me has pedido que viva con sabiduría. Por favor, dame sabiduría cuando la necesite. Ayúdame a practicar usar la sabiduría cada día. Necesito tu ayuda para tomar decisiones sabias.

SER RECOMPENSADO

Envidiaba a los orgullosos
cuando los veía prosperar a pesar de su maldad.
¿Conservé puro mi corazón en vano?
¿Me mantuve en inocencia sin ninguna razón?
SALMOS 73:3, 13 NTV

A veces, podrías mirar la vida de alguien y sentir celos. Tal vez sientas que te han pasado por alto, especialmente cuando estás intentando realmente hacer bien las cosas. ¿Significa eso que Dios te ama menos? ¡No! Lo que tienes en esta vida no tiene nada que ver con hacer un trabajo lo bastante bien. La mayor recompensa que Dios tiene para ti está guardada en el cielo con Él.

Hacer lo correcto no siempre significa conseguir lo que quieres en este momento. Cuando pones tu confianza en Dios, verás que lo que tiene preparado para la eternidad es mejor que cualquier cosa que pudiera darte en la tierra. Hoy, si sientes que has hecho lo correcto sin recibir ninguna recompensa, pide a Dios que cambie tu perspectiva.

Dios, ayúdame a seguirte porque te amo y no porque espero algo a cambio. Enséñame a vivir una vida que te agrade. Tú sabes lo que es mejor para mí. Cuando sienta celos de otras personas, ayúdame por favor a cambiar mi corazón. Gracias por todo lo que me has dado.

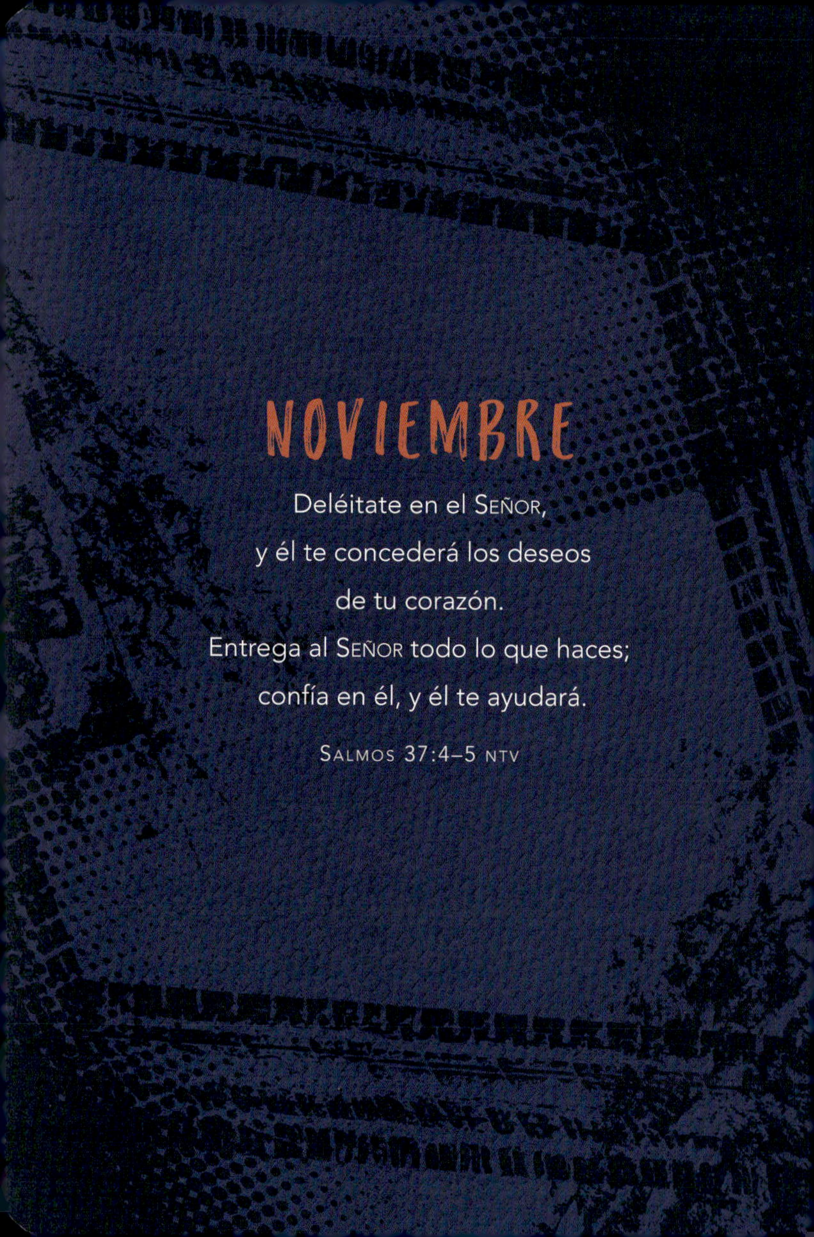

NOVIEMBRE

Deléitate en el Señor,
y él te concederá los deseos
de tu corazón.
Entrega al Señor todo lo que haces;
confía en él, y él te ayudará.

Salmos 37:4–5 NTV

APOYA A OTROS

Los fuertes en la fe debemos apoyar a los débiles, en vez de hacer lo que nos agrada.

ROMANOS 15:1

Cuando sigues a Jesús, una de las cosas más importantes que puedes hacer es amar a los demás. Este es uno de los mayores mandamientos que nos dio Jesús. Debemos amar a otros del mismo modo que nos amamos a nosotros mismos. Esto significa servir a las personas y ayudarles siempre que podamos.

Si se te dan bien las matemáticas, ofrécete a ayudar a un compañero de clase que no las entienda muy bien. Si te gusta mucho leer, ofrécete para leer a tu hermano pequeño mientras tus padres preparan la cena. Si sabes quitar la nieve de la acera cuando nieva, ofrécete a limpiar también la de tu vecino. Hay muchas cosas que puedes hacer para ayudar a otros. En este día, toma un momento para pensar en lo que puedes hacer para servir a quienes te rodean. ¿En qué áreas eres fuerte? ¿Cómo puedes usar esas cosas para ayudar a alguien que no es tan fuerte como tú?

Gracias, Dios, por hacerme fuerte en ciertas áreas. Recuérdame que ayude a otros cuando lo necesiten, y que use mis dones para servir a quienes me rodean. Dame oportunidades de ayudar a otras personas y honrarte a ti.

CON LOS OJOS CERRADOS

Ya sea que te desvíes a la derecha
o a la izquierda, tus oídos percibirán
a tus espaldas una voz que te dirá:
«Este es el camino; síguelo».

ISAÍAS 30:21 NVI

¿Has jugado alguna vez al juego de Marco Polo? Una persona se mueve de un lado a otro con los ojos cerrados gritando: "¡Marco!" mientras el resto del grupo intenta mantenerse alejado de esa persona y grita "¡Polo!" como respuesta. La persona con los ojos cerrados debe seguir el sonido de las voces de los otros e intentar atraparlos. Cuando tienes los ojos cerrados, podrías sentirte desorientado. Al mismo tiempo, esas voces se vuelven muy importantes. Como no puedes ver, oír se convierte en el único modo de que puedas saber dónde te diriges.

Tu relación con Dios es igual a eso. No puedes verlo en persona guiándote, pero puedes oír su voz. A medida que aprendas cómo es ese sonido, se volverá más fácil ir donde Él te diga que vayas. Él se deleita en dirigir a sus hijos, y su voz es tranquila y amable. Si se lo pides, te dirigirá.

Gracias, Dios, por querer dirigirme. Ayúdame a aprender a oír tu voz y andar en el camino que me indiques. Ayúdame a escuchar bien y confiar en lo que tú dices.

ESPÍRITU NUEVO

No nos desanimamos. Al contrario, aunque por fuera nos vamos desgastando, por dentro nos vamos renovando día tras día.

2 CORINTIOS 4:16

Tu cuerpo durará solamente el tiempo que vivas en la tierra, pero tu espíritu estará vivo para siempre. Como seguidor de Jesús, tu espíritu seguirá viviendo con Él en la eternidad. Por eso la Biblia dice que, aunque tu cuerpo se vaya desgastando, en el interior estás siendo renovado. Tu cuerpo envejecerá y finalmente será más débil, pero tu espíritu se mantiene joven.

Esto es alentador, porque incluso los días que estás enfermo o tan solo muy cansado, tu espíritu puede estar vivo y bien. Pase lo que pase en la vida, tu espíritu es la parte más importante de ti, y durará para siempre. Pide a Dios el que renueve tu espíritu. Pídele que te refresque y te dé vida nueva. A pesar de cómo te sientas por fuera, Dios puede renovar espíritu.

Gracias, Dios, por renovar mi espíritu cada día. Ayúdame a enfocarme más en lo que tú estás haciendo en mi corazón que en lo que sucede a mi alrededor. Dame hoy, por favor, vida nueva y renueva mi espíritu.

COMPARTE TU FE

Más bien, honren en su corazón a Cristo como Señor. Estén siempre preparados para responder a todo el que pida razón de la esperanza que hay en ustedes. Pero háganlo con gentileza y respeto.

1 PEDRO 3:15

Eres un seguidor de Jesús, y en algún momento otras personas te preguntarán acerca de eso. Las personas tendrán preguntas sobre tu relación con Dios. Debes estar preparado para hablarles de la esperanza que tienes en Jesús. El evangelio es buenas noticias, y siempre deberíamos estar preparados para compartir esas buenas noticias con quienes nos rodean.

Si eso te pone nervioso, pide a Dios que te dé las palabras correctas que decir. Él conoce tu corazón, y te enseñará con paciencia y bondad. Cuando hables sobre Jesús a otras personas, es importante ser respetuoso, bueno y amable. No es tu tarea demostrar que tienes la razón o discutir con alguien acerca de Dios. Dios solamente te pide que hables de la esperanza que tienes, y que lo hagas con amabilidad.

Gracias, Dios, por la esperanza que me has dado por medio de Cristo. Muéstrame oportunidades para hablar a otros acerca de quién es Jesús. Dame las palabras correctas que decir y ayúdame a tener valentía para compartir mi fe.

ESCONDITE

Pues tú eres mi escondite;
me proteges de las dificultades
y me rodeas con canciones de victoria.
SALMOS 32:7 NTV

¿Tienes un lugar donde vas cuando estás molesto o tienes miedo? Tal vez te gusta subirte a tu cama y acurrucarte entre las mantas. Tal vez tienes un lugar secreto en el patio de tu casa que te parece que es solamente tuyo. Puede que te guste que alguien a quien amas te abrace fuerte. Cuando estás triste, un escondite puede hacerte sentir seguro.

Dios puede ser ese escondite para ti. Puede ser quien te dé esperanza y te proteja de los problemas. Él es lo bastante grande para abrazarte y lo bastante fuerte para protegerte de los problemas. Cuando acudes a Él, Él siempre estará ahí para ti. Lo extraordinario acerca de Dios es que siempre está cerca de ti. Él no es como una cama, un lugar en el patio, u otra persona. Esas cosas no siempre las tendrás disponibles; sin embargo, ¡Dios estará ahí! Sin importar dónde estés en la tierra, Dios puede ser tu escondite.

Dios, gracias por ser mi escondite. Sé que eres lo bastante grande para mantenerme a salvo y protegerme de los problemas. Ayúdame a acudir a ti cuando necesite un lugar donde esconderme.

DA TU VIDA

No hay un amor más grande
que el dar la vida por los amigos.
JUAN 15:13 NTV

El amor que Jesús tiene por ti es el mayor amor que existe. Él dio su vida por ti. No hay mayor amor que ese. La Biblia dice que debemos amarnos unos a otros de la misma manera. Debes dar tu vida por tus amigos. Eso no significa que tengas que morir porque ellos, sino que significa que debes poner sus necesidades por delante de las tuyas.

Si tu amigo está triste, toma tiempo para consolarlo. Si tu amigo tiene hambre, comparte tu almuerzo. Si tu amigo está contento, alégrate con él. Poner tu vida por otros significa pensar en cómo se sienten y hacer todo lo posible para servirlos incluso si tienes que emplear tu tiempo, energía o dinero. La mayoría de las veces, amar a otros te costará algo. Lo hermoso sobre seguir a Jesús es que sabes que el costo de amar a otros vale la pena debido a cómo te ama Cristo a ti.

Jesús, gracias por dar tu vida por mí. Enséñame a amar a los demás de la misma manera. Quiero estar dispuesto a servir a quienes me rodean incluso cuando me cueste algo. Lléname de tu amor para que pueda darlo a otros.

CUANDO LOS MALOS GANAN

Quédate quieto en la presencia del Señor,
y espera con paciencia a que él actúe.
No te inquietes por la gente mala que prospera,
ni te preocupes por sus perversas maquinaciones.
Salmos 37:7 NTV

¿Has visto alguna vez una película en la que el malo parece conseguir exactamente lo que quiere? Puede ser desalentador, y hará que te preguntes si el héroe es tan heroico, después de todo. Del mismo modo, podría haber veces en la vida en las que parezca que alguien que no lo merece consigue el premio. Habrá ocasiones en las que personas que toman malas decisiones parecerán ser las más exitosas.

En esos momentos, puede ser fácil sentirte desanimado y preguntarte dónde está Dios. La Biblia dice que en esos momentos podemos esperar con paciencia a que Dios actúe. No es tarea nuestra cuestionar el momento oportuno de Dios. Él se moverá en el momento perfecto y de la manera perfecta. Lo único que tenemos que hacer es confiar en Él.

Gracias, Dios, por tu momento perfecto. No siempre comprendo situaciones en las que parece que la persona equivocada está consiguiendo las mejores cosas. Ayúdame a mirarte a ti en lugar de sentirme frustrado o molesto. Quiero practicar la espera paciente hasta que tú actúes.

DAR GRACIAS

Cada vez que pienso en ustedes,
le doy gracias a mi Dios.
FILIPENSES 1:3 NTV

¿Hay personas en tu vida por las que estás agradecido? Cuando pienses en ellas, ¡dale gracias a Dios por sus vidas! Dile que estás muy contento por tener a alguien que te ama y te hace sentir especial. Es un gran regalo ser amado bien.

Algunas veces, cuando nos acostumbramos a algo, olvidamos cuán especial es eso. Cuando tu mamá cuida de ti cada día, puede ser fácil olvidar cuán especial es eso. Cuando tu amigo es bueno contigo todo el tiempo, puede ser fácil olvidar cuán dichoso eres por tener un buen amigo. Cuando tu papá toma tiempo para jugar contigo, puede ser fácil olvidar que no todos los niños tienen un papá así. En este día, piensa en las maneras en que otros te aman. Es bueno para tu corazón decirle a Dios por lo que estás agradecido. Es bueno observar las cosas que algunas veces damos por hechas.

Dios, gracias por las personas que hay en mi vida y me aman. Ayúdame a ver las maneras en que soy amado y cuidado. Ayúdame a ser agradecido por todo lo que tú me has dado.

TENER FE

*Porque no nos fijamos en lo que se ve,
sino en lo que no se ve, ya que las cosas que se ven
son pasajeras, pero las que no se ven son eternas.*

2 Corintios 4:18 DHH

Cuando sigues a Jesús, tienes que aprender a creer en lo que no puedes ver. Cuando pones tu fe en Él, eso significa que confías en su muerte y su resurrección, aunque no lo viste con tus propios ojos. No puedes ver a Dios, pero sigues creyendo que Él es real.

Eso es lo que significa tener fe. Las cosas que no puedes ver son incluso más importantes que lo que puedes ver. Lo que no puedes ver (tu esperanza en Jesús) durará para siempre. Cualquier cosa que puedes ver finalmente es pasajera. No hay nada en la tierra que durará para siempre. Solamente el reino de Dios nunca tendrá fin. Recuerda hoy poner tu esperanza en lo que no puedes ver.

Dios, vale la pena poner mi fe en ti. Fortaléceme y ayúdame a poner mi esperanza en lo que no puedo ver. Cuando esté cansado, ayúdame a recordar que tu reino durará para siempre. No hay ningún problema que durará para siempre, sino solamente mi fe en ti.

NUBE DE CREYENTES

También nosotros que estamos rodeados de una nube tan grande de testigos... corramos con perseverancia la carrera que tenemos por delante.

HEBREOS 12:1

¿Has sentido alguna vez que seguir a Jesús es difícil? Tal vez parece confuso. Cuando te sientas perdido, puedes mirar las vidas de otras personas que han servido a Dios con fidelidad. Si estás desalentado, puedes seguir el ejemplo de creyentes en la Biblia. Moisés, David, Ester, Pablo, Abraham, Rut: todas estas personas estuvieron dedicadas a Dios y fueron recompensadas por su fe en Él.

Estos creyentes no eran perfectos, pero sabían que su fe era más importante que la perfección. Todo el mundo se siente desalentado en ocasiones. Todos cometemos errores. Lo que importa es que tu fe sea más fuerte que tus fracasos.

Gracias, Dios, por los ejemplos de otros que te han seguido. Cuando esté desalentado, ayúdame a ver que confiar en ti es más importante que mis errores. Todas las personas a las que puedo mirar en la Biblia no fueron perfectas, pero estuvieron dedicadas a ti. Enséñame a seguir esos ejemplos.

EJEMPLO A SEGUIR

Que nadie te menosprecie por ser joven. Al contrario, que los creyentes vean en ti un ejemplo a seguir en la manera de hablar, en la conducta, en amor, fe y pureza.

1 Timoteo 4:12

Podrías sentir que no puedes hacer tanto como los adultos porque eres un niño. No puedes manejar un auto, tomar todas tus decisiones o vivir por ti mismo. Hay muchas cosas que podrás hacer cuando seas mayor, pero solamente porque seas joven no significa que seas menos importante que los adultos que te rodean. De hecho, puedes establecer un ejemplo para todos los seguidores de Jesús mediante cómo hablas, actúas y amas a otros.

Tu edad no te limita para que puedas ser bueno, escuchar a Dios, o animar a otros con tus palabras. Esas son las cosas que más importan, y la edad no tiene nada que ver. La Biblia te dice que no dejes que nadie te menosprecie debido a tu edad. Nunca sientas que, porque eres joven o inexperto, no vales nada. ¡Dios te considera muy valioso!

Gracias porque, aunque soy joven, Dios, puedo enseñar a otros acerca de tu amor. Ayúdame a hablar de un modo que muestre a las personas que tú las amas. Ayúdame a actuar de un modo que te honre a ti. Quiero confiar en ti y edificar mi fe, aunque todavía soy joven.

RESPETO Y AMOR

Den a todos el debido respeto:
amen a los hermanos, teman a Dios,
respeten al rey.
1 Pedro 2:17

¿Has oído el término *amor incondicional*? Significa amar a otros sin esperar nada a cambio. Dios nos pide que amemos a todas las personas. ¿Sabías que también nos pide que respetemos a todas las personas? Amor y respeto van de la mano. Son como dos caras de la misma moneda.

Cuando respetas a alguien, hablas de esa persona con palabras amables, escuchas lo que tiene que decir, y le tratas como si fuera la persona más importante en la sala. Así es como debemos actuar con todas las personas. Dios no nos pide que respetemos solamente a las personas que creemos que lo merecen; nos pide que amemos y respetemos a todo el mundo igualmente. Piensa hoy en cómo puedes mostrar respeto a todas las diferentes personas que hay en tu vida.

Dios, enséñame a respetar bien a los demás. Quiero hacer que otras personas se sientan importantes y vistas. Muéstrame áreas de mi vida en las que haya sido irrespetuoso, y ayúdame a cambiar mi conducta.

PARA BIEN

Sabemos que Dios dispone todas las cosas para el bien de quienes lo aman, a los cuales él ha llamado de acuerdo con su propósito.

ROMANOS 8:28 DHH

Dios siempre actúa para tu bien. Se mueve constantemente en tu vida, aunque tú tal vez no lo sepas. Hay detalles de tu vida que Él ha orquestado y que tú no entiendes todavía. Él es el alfarero, y tú eres el barro. Como un alfarero, Dios sabe exactamente cómo será su obra de arte. Él sabe qué tipo de barro utilizar, qué forma darle, y cuál será su propósito. El alfarero toma decisiones constantemente para hacer la mejor pieza de arte que pueda.

Lo mismo es cierto acerca de ti. Dios toma decisiones para tu bien constantemente. Él cuida de ti con amor y agrado. Te protege y te guía por el mejor camino para tu vida. Puede que no siempre lo veas, pero Dios está de tu lado, y siempre te ayuda. En este día, pide a Dios que te muestre cómo se ha movido en tu vida.

Gracias, Dios, por todo lo que haces por mí. Ayúdame a ver cómo actúas para mi bien. Abre mis ojos a la obra de tus manos. Sé que me amas. Gracias por mantenerme en el mejor camino.

PREPARANDO UN LUGAR

*Voy a prepararles un lugar, y si voy
y preparo un lugar para ustedes, regresaré.
Los llevaré conmigo para que estén donde estoy yo.*

JUAN 14:2–3 PDT

Cuando Jesús se levantó de la muerte, regresó al cielo para estar con el Padre. Antes de hacer eso, nos dijo que iría a preparar un lugar para nosotros. Él está preparando un hogar donde viviremos por toda la eternidad. Prometió que regresaría una segunda vez, y cuando lo haga, nos iremos y viviremos en ese hogar.

¿Puedes imaginar cómo será ese lugar? Imagina el hogar más perfecto, en el que estás seguro, cuidado y siempre contento. Ya no habrá más llanto, ni problemas ni dolor. Cuando tengas un mal día, puedes recordar que Jesús está preparando un lugar para ti. Puedes mirar con ilusión ese día incluso cuando las cosas sean difíciles para ti ahora.

Gracias, Jesús, por preparar un lugar para mí. Gracias por no olvidarte de mí. Sé que tú eres fiel. Cuando esté atravesando un tiempo difícil, ayúdame a recordar que algún día todas las cosas serán perfectas.

BORRADOS

Yo, sí, yo solo, borraré tus pecados
por amor a mí mismo
y nunca volveré a pensar en ellos.

ISAÍAS 43:25 NTV

Cuando alguien comete un error, puede ser difícil olvidarlo. Una de las cosas más milagrosas acerca de Dios es que perdona nuestros pecados y nunca más vuelve a pensar en ellos. No los saca a la luz, y no hacen que piense diferente acerca de ti.

Su perdón es para siempre, y su misericordia es grande. Aunque no lo merecemos, Él perdona nuestros pecados y hace que dejen de existir. No nos echa en cara nuestros errores, y tampoco nos ama menos. Su deseo es que estemos cerca de Él y sabe que el pecado se interpone en el camino. Pase lo que pase, cuando le pides perdón a Dios, Él será fiel en dártelo.

Gracias, Dios, porque tú perdón me permite estar cerca de ti. Enséñame a acudir a ti rápidamente cuando haya hecho algo mal. ¡Es asombroso que tú nunca más vuelves a pensar en mis pecados! Ayúdame a ver tu misericordia y a estar agradecido por lo que has hecho.

NO PRESUMAS

Es mejor que te alabe gente extraña,
y no que te alabes tú mismo.
PROVERBIOS 27:2 RVC

¿Alguna vez conociste a alguien que solamente hablaba de sí mismo? Imagina que tu amigo consiguió el primer premio en una feria de arte. Su dibujo era realmente hermoso, y sabes que trabajó muy duro en ello. Estás alegre por él, pero al mismo tiempo puede ser frustrante cuando ese amigo presume de ello. Escuchar a alguien presumir de lo que ha hecho puede ser agotador, y tampoco te hace sentir muy bien contigo mismo.

La Biblia dice que es mejor que la alabanza venga de quienes te rodean en lugar de que tú te alabes a ti mismo con tus propias palabras. Es bueno estar orgulloso de algo que has hecho, pero puedes permitir que otros te alienten en lugar de presumir tú mismo de ello. Del mismo modo, debes ser rápido en elogiar a otros por lo que han hecho. Todos necesitamos aliento, y es bueno ser la clase de persona que se alegra con otros cuando logran algo.

Dios, ayúdame a ser la clase de persona que no presume de lo que ha hecho. No quiero que mis palabras hagan que otras personas se sientan mal. Enséñame a ser consciente de lo que estoy diciendo y a esperar que otros me elogien en lugar de hacerlo yo mismo. Muéstrame cómo puedo elogiar a otros hoy.

IGUALMENTE IMPORTANTES

Hermanos míos, ya que tienen fe en nuestro glorioso Señor Jesucristo, no se consideren mejores que los demás.

SANTIAGO 2:1 PDT

Hay algunas cosas que están muy claras en la Biblia. Una de esas cosas es que todas las personas tienen el mismo valor. Dios ve a cada uno de sus hijos igualmente importantes. No importa lo que nos hace diferentes; el amor de Dios es siempre el mismo, y te pide que veas a los demás de esa misma manera.

Puede ser tentador mirar nuestras diferencias y considerarlas mejores o peores, pero este modo de pensar no es lo que Dios desea. Quiere que veas a otros como Él lo hace, como preciosos y valiosos. De hecho, nuestras diferencias son hermosas y deberían celebrarse. En este día, cuando te encuentres con alguien que sea diferente a ti, recuerda que el amor de Dios es el mismo y que el tuyo también debería serlo.

Gracias por nuestras diferencias, Dios. Gracias por crearnos a todos iguales, sin que uno sea más importante que el otro. Ayúdame a ver a las personas como tú las ves.

PADRE BONDADOSO

Y cuando todavía estaba lejos, su padre lo vio llegar. Lleno de amor y de compasión, corrió hacia su hijo, lo abrazó y lo besó.

LUCAS 15:20 NTV

¿Conoces la historia del hijo pródigo? El hijo era muy orgulloso. Tomó su herencia, se fue de su casa y tomó algunas malas decisiones. Terminó regresando porque necesitaba la ayuda de su padre. No se merecía el amor de su padre, pero su padre le dio la bienvenida a su casa y lo celebró. Aunque había hecho muchas cosas mal, el hijo fue abrazado y amado.

Esta es una imagen perfecta de cómo te ama Dios. Incluso cuando haces mal las cosas, Él se sigue deleitando en ser tu Padre. Te recibe con los brazos abiertos. Puedes acudir a Él con tu mayor error, y Él tendrá compasión de ti. Sobre todo, Dios quiere estar cerca de ti. Él es tu Padre bondadoso que se alegra cuando decides pedirle ayuda.

Padre, tú eres bondadoso. Ayúdame a comprender que siempre estás contento de estar conmigo. Mis errores no me separan de ti. Enséñame a acudir a ti cuando necesite ayuda, sabiendo que no serás un papá enojado.

TU ESCUDO

Esperamos confiados en el Señor;
él es nuestro socorro y nuestro escudo.

Salmos 33:20

Un guerrero usa un escudo porque es algo fuerte que se sitúa entre él mismo y su enemigo. Lo protege de las armas que se usan contra él. Dios es tu ayuda y tu escudo. Él siempre te protege. Incluso cuando no lo sabes, Dios te mantiene a salvo y te rodea. No solo te protege cuando lo pides o cuando eres consciente de ello. Te protege en todo momento: cuando estás durmiendo y cuando estás despierto.

Cuando tengas miedo, recuerda que Dios es tu escudo. Él está entre tus enemigos y tú. Eres fuerte porque Él es fuerte. Estás a salvo porque Él está ahí. Él nunca deja de ser tu escudo. Nunca se toma un descanso, y nunca deja de prestar atención. Su cuidado sobre ti es constante y firme. En este día, si comienzas a sentirte ansioso o temeroso, recuerda quien está a tu lado. Recuerda que Dios está contigo, protegiéndote y dándote esperanza.

Dios, gracias por ser mi escudo fuerte. Sé que tú eres quien me protege y me mantiene a salvo. Cuando tenga miedo, ayúdame a recordar que tú vas delante de mí. Tú estás entre mis temores y yo.

AMA EL CONOCIMIENTO

El que ama la disciplina, ama el conocimiento.

PROVERBIOS 12:1 PDT

A nadie le gusta que le digan que está equivocado. No siempre es una experiencia cómoda. Al mismo tiempo, aceptar la corrección muestra que estás dispuesto a trabajar duro hasta que algo se haga de la manera correcta. Cuando escuchas la sugerencia de otra persona, eso muestra que te gusta el conocimiento.

Esto es importante porque nadie tiene la razón todo el tiempo. Todos cometemos errores, y todos hacemos cosas mal algunas veces. Lo importante es que estés aprendiendo de tus errores. Cuando entiendes que es imposible ser perfecto, puedes tener la libertad de meter la pata y volver a intentarlo. No hay ningún motivo para estar abrumado por los errores que cometes. La persistencia es más importante que ser perfecto. Cuando alguien te corrija hoy, haz todo lo posible por aprender de lo que te diga.

Gracias, Dios, por darme la capacidad de aprender. Enséñame a amar la corrección. Quiero ser el tipo de persona que aprende de sus errores y nunca se da por vencido. Que mi corazón se mantenga moldeable y libre de orgullo.

PRECIO PAGADO

Ustedes no son dueños de su cuerpo,
porque Dios los ha comprado por un precio.
Así que, con su cuerpo, honren a Dios.
1 Corintios 6:19–20 PDT

Imagina que tienes muchas ganas de comprar una bicicleta nueva. Tu mamá y tu papá te dicen que tendrás que ahorrar tu propio dinero para conseguirla. Entonces, haces todo tipo de trabajos y tareas por seis meses. Cada billete que ganas lo metes en una caja que tienes en tu cuarto. Tu abuela te regala dinero por tu cumpleaños, y lo ahorras también. Se te cae un diente, y en lugar de comprar un juguete como haces normalmente, metes el dinero en tu caja y sueñas con tu bicicleta nueva.

Al final, tienes ahorrado el dinero suficiente, y tu papá te lleva a la tienda para comprar la bicicleta. ¡Estás muy orgulloso y contento! Trabajaste duro, de modo que la bicicleta es incluso más especial para ti. Comprendes lo que cuesta, y eso hace que el dinero tenga más significado. Del mismo modo, Jesús hizo el trabajo duro de morir en la cruz para que tú pudieras acercarte a Dios. Se pagó un precio muy alto para que pudieras tener salvación. Cuando comprendes ese precio, estarás incluso más agradecido por lo que tienes.

Gracias, Jesús, por lo que hiciste en la cruz. Sé que se pagó un gran precio por mi salvación. Ayúdame a honrar lo que tú hiciste al seguirte de cerca y vivir como tú viviste.

LAS PALABRAS SON PODEROSAS

El charlatán hiere con la lengua
como con una espada,
pero la lengua del sabio brinda sanidad.
PROVERBIOS 12:18

Es probable que hayas experimentado el poder que tienen las palabras de otras personas. Cuando alguien dice algo hiriente, eso puede cambiar tu día entero. Como una espada, una palabra dura puede causar dolor y destrucción. Lo contrario es verdad cuando alguien dice algo amable o alentador. Puede animarte y hacerte sentir bien.

Tú tienes ese mismo poder con las palabras que dices. Puedes ser alguien que hiere a otros, o puedes ser alguien que brinda sanidad. Hoy, recuerda que tus palabras pueden ser un regalo para todo aquel que te rodea. Escoge con cuidado lo que dices. Cuando te sientas tentado a decir algo duro, recuerda que son más que solamente palabras. Se necesita dominio propio para decir lo correcto.

Dios, sé que mis palabras son poderosas, pero algunas veces es difícil decir lo correcto. Enséñame a tener dominio propio y decir palabras alentadoras. Quiero ser alguien que anime a otros en lugar de derribarlos.

COMANDANTE DE ÁNGELES

Pues él ordenará a sus ángeles que te protejan por donde vayas.

SALMOS 91:11 NTV

¿Has visto alguna vez una película en la que hay una gran batalla? Se enfrentan dos ejércitos, y según las órdenes de sus comandantes, atacan. Sin importar cuán grande y fuerte sea el ejército, no se moverá hasta que su comandante le diga que lo haga.

Dios es el comandante de los ejércitos del cielo. Por su palabra, los ángeles reciben la orden de protegerte. Él tiene una multitud celestial de ángeles milagrosos que escuchan cada una de sus palabras. Les ha dicho que te protejan, y lo harán. ¡Tienes ángeles manteniéndote a salvo! ¿No es eso increíble? Cuando sientas miedo, cierra tus ojos e imagina que puedes ver a los ángeles que te rodean. ¿Cambia eso tu modo de caminar? Probablemente hace que te sientas más seguro. Son ángeles enviados por Dios para proteger a su creación más preciosa: tú. Estás más seguro de lo que crees.

Dios, gracias por mantenerme a salvo. Gracias por enviar ángeles para protegerme dondequiera que voy. Ayúdame a encontrar consuelo en el modo en que tú me cuidas. Cuando tenga miedo, recuérdame tu protección.

DIOS VE

Tu Padre, que ve lo que se hace en secreto, te recompensará.
MATEO 6:18

Dios ve todo lo que haces. Esto debería darte consuelo y confianza. No tienes que hablar siempre sobre las cosas buenas que haces, ni tampoco tienes que estar molesto si alguien no observa tu buen trabajo.

Imagina que limpias el cuarto de tu hermana en su lugar, y ella no lo nota ni te da las gracias. ¿Significa eso que no contó para nada? ¡Claro que no! Dios ve las cosas que haces en secreto. Él dice que te recompensará, y lo hará. Tu recompensa podría llegar durante esta vida, o podría estar guardada para ti en el cielo. No tienes que llevar la cuenta de tus buenas obras porque puedes confiar en que Dios las ve. Cuando confías en Él, tendrás la seguridad para amar bien a otros en lugar de preocuparte por si están viendo lo que haces.

Dios, gracias por verme incluso cuando otros no me ven. Ayúdame a amar bien a otros, ya sea que lo vean o no. Enséñame a confiar en que tú estás al tanto de mis obras.

ÉL PAGÓ

Por lo tanto, ya no hay ninguna condenación para los que están en Cristo Jesús.

Romanos 8:1

Condenación significa que tienes que pagar el precio por tus errores. Jesús pagó el precio por tus pecados, de modo que tú no tienes que hacerlo. No hay ninguna condenación para ti. Cuando cometes un error, es fácil sentirte mal por eso. Dios quiere que sepas que, cuando se lo pides, Él te perdona y ya no tienes que sentirte mal. Cuando te sigues sintiendo mal por tu error, no te estás enfocando en la verdad de que Dios es lo bastante grande para manejarlo.

Dios no quiere que te quedes sentado sintiendo condenación. Quiere que te sientas libre porque el precio ha sido ya pagado. Cuando le hablas a Él acerca de tus pecados, pides perdón y te arrepientes, entregas a Dios tus pecados y tus malos sentimientos. Ya no tienes que seguir cargándolos.

Jesús, gracias por pagar el precio por mis pecados. Ayúdame a caminar en libertad. Sé que no tengo que sentirme condenado por mis errores. Ayúdame a confiar en tu perdón cuando haga algo equivocado.

DIOS ESTÁ CERCA

«Permanezcan en mí,
y yo permaneceré en ustedes».
JUAN 15:4 NTV

Cuando permaneces cerca de Dios, Él estará cerca de ti. Cuando tomas decisiones para estar cerca de Él, Él estará cerca. Puedes hacerlo comenzando tu día con Él. Cuando despiertes, pregúntale lo que tiene para ti ese día. Dale gracias por quién es Él y confía en que te guiará a lo largo del día.

Llena tu mente con verdad acerca de Dios. Puedes hacerlo leyendo la Biblia, escuchando música de adoración, o hablando acerca de Él con las personas que te rodean. Cuando tomas decisiones para estar cerca de Dios, Él se mantendrá cerca de ti. Le encanta cuando sus hijos deciden estar a su lado. No hay nada que deleite más su corazón que cuando quieres estar cerca de Él.

Quiero estar cerca de ti, Dios. Sé que me amas y sabes lo que es mejor para mí. Ayúdame a seguirte de cerca. Quiero hacer lo necesario para estar cerca de ti. Muéstrame cómo permanecer en ti cada día.

TÚ ERES UN REGALO

Los hijos son un regalo del Señor*;*
son una recompensa de su parte.
Salmos 127:3 NTV

Tú eres un regalo precioso. Eres más valioso de lo que crees. Dios te creó con propósito. Él no comete accidentes, y sabía exactamente lo que hacía cuando te creó. Cada parte de ti fue planeada con amor. El mundo es un lugar mejor porque tú estás en él. Eres un deleite para Padre del cielo, y es importante simplemente porque Él lo dice.

Cuando Dios piensa en ti, su corazón está contento. Quiere que sepas cuánto te ama. Quiere que su amor te haga sentir seguro y cuidado. Si alguna te parece que no ves o sientes el amor de Dios por ti, pídele que te lo muestre. Cuando le preguntas acerca de su amor, Él será fiel para abrir tus ojos a ese amor. Le encanta mostrar a sus hijos cuánto los ama.

Dios, sé que me amas, y sé que dices que soy precioso. Ayúdame a comprender el valor que tengo. Ayúdame a saber que soy importante porque tú dices que lo soy. Quiero ver tu amor por mí.

ESCUCHA A TUS PADRES

Hijo mío, escucha las correcciones de tu padre y no abandones las enseñanzas de tu madre.

PROVERBIOS 1:8

A medida que vas creciendo y te vuelves más independiente, quizá querrás escuchar menos a tus padres. Puede que sientas que tienes todas las respuestas o que no los necesitas tanto. La verdad es que su enseñanza y su consejo estarán siempre contigo. Cuando eres pequeño, honra a tus padres escuchando lo que dicen. No olvides las cosas que han intentado enseñarte.

En este día, escucha con atención las palabras que ellos dicen. Como tus padres, son responsables de enseñarte y están haciendo lo mejor que pueden. Dios te ha dado padres específicos por un motivo. Dale gracias por la familia en la que estás y pídele que te ayude a honrarlos con tus palabras y acciones.

Dios, gracias por los padres que me has dado. Ayúdame a honrarlos con mis palabras y acciones. Ayúdame a recordar las cosas que me han enseñado y a ser fiel a sus consejos.

29 DE NOVIEMBRE

TU VERDADERO HOGAR

Nuestra patria está en el cielo
y de ahí estamos esperando que venga
el Salvador, Nuestro Señor Jesucristo.

FILIPENSES 3:20 PDT

Cuando Dios hizo la tierra, se veía muy diferente a como es ahora. El jardín del Edén era perfecto. No había ningún problema, ni dolor ni lágrimas. Adán y Eva caminaban con Dios y vivían en perfecta paz con todos los animales allí. ¿No suena maravilloso?

Este es el hogar que Dios quería que tuviéramos. Algún día volverá a ser nuestro hogar. Vivirás en un lugar perfecto con Dios. La vida parece larga especialmente cuando eres joven, pero el tiempo que pasas en la tierra es corto. Tu verdadero hogar está con Dios. Es divertido imaginar cómo será cuando Jesús regrese otra vez. ¿Cómo nos veremos nosotros? ¿Cómo actuaremos? ¿Cómo será que todo sea perfecto? Deléitate hoy en soñar acerca de la perfección que Dios quería para nosotros.

Dios, gracias por hacer un hogar perfecto contigo. Ayúdame a poner mi esperanza en ese lugar. Jesús, enséñame a aprovechar al máximo mi tiempo en la tierra mientras espero a que tú regreses.

DIOS CONFIABLE

Deberían depositar su confianza en Dios, quien nos da en abundancia todo lo que necesitamos para que lo disfrutemos.

1 Timoteo 6:17 NTV

Dios es fiel para cuidar de sus hijos. ¡Puedes confiar en Él! Confiar en Él significa que crees que es lo bastante fuerte para cumplir sus promesas. Cuando confías en Dios, no te preocupa el futuro. Él te da paz a pesar de lo que esté sucediendo a tu alrededor.

Igual que a tu papá le gusta verte en paz, Dios también se deleita en eso. Le gusta darles a sus hijos lo que necesitan porque es un papá bueno. Piensa hoy en algún área en tu vida en la que puedas trabajar en la confianza en Dios. Tal vez necesitas ayuda en la escuela, o necesitas ayuda para llevarte bien con un amigo o un familiar. Puede que tu familia esté atravesando un tiempo difícil. Pídele a Dios lo que necesitas y confía en que Él quiere ayudarte.

Gracias por ser un Dios confiable. Gracias por ser mi Padre bueno. Ayúdame a confiar en ti y creer que tú puedes darme las cosas que necesito.

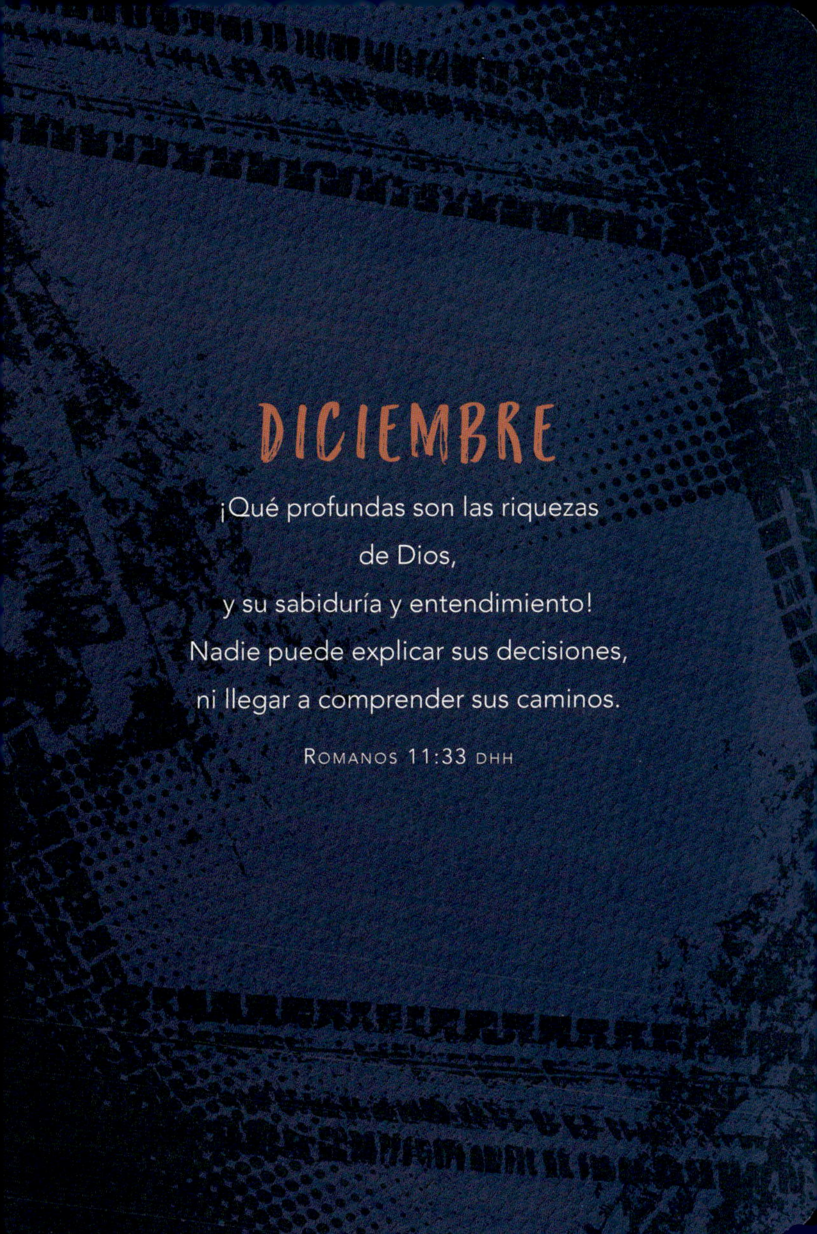
DICIEMBRE
¡Qué profundas son las riquezas
de Dios,
y su sabiduría y entendimiento!
Nadie puede explicar sus decisiones,
ni llegar a comprender sus caminos.
Romanos 11:33 dhh

CUANDO JESÚS REGRESE

«Dios mismo estará con ellos.
Él les secará toda lágrima de los ojos,
y no habrá más muerte ni tristeza ni llanto ni dolor.
Todas esas cosas ya no existirán más».

APOCALIPSIS 21:3–4 NTV

Cuando Jesús murió, resucitó y después regresó al cielo, prometió que regresaría a la tierra por segunda vez. Prometió a sus discípulos que regresaría, y dijo que debían mantener su fe hasta que lo hiciera. ¿Has pensado alguna vez en cómo será cuando Jesús regrese? Él hará que todo sea perfecto. Él enderezará todo lo equivocado.

Es divertido imaginar cómo se verá la perfección. Tenemos muchas preguntas al respecto, pero hay algunas cosas que conocemos con certeza. La Palabra de Dios dice que, cuando estemos con Jesús, ya no habrá más muerte, tristeza, llanto ni dolor. ¿No es eso increíble? Debido a lo que Jesús hizo en la cruz, algún día experimentarás esa perfección. Su muerte abrió un camino para que estés con Dios para siempre. Las cosas difíciles que experimentamos ahora son temporales, pero un día experimentarás la bondad de Dios por toda la eternidad.

No siempre comprendo cómo será el cielo, Jesús, pero sé que ya no habrá llanto ni dolor. Cuando esté triste aquí en la tierra, ayúdame a recordar lo que va a llegar. ¡Gracias por morir en la cruz para abrir un camino para que yo esté contigo para siempre!

SIN ERRORES

«¿Acaso me das órdenes acerca de la obra de mis manos? Yo soy el que hizo la tierra y creó a la gente para que viviera en ella. Con mis manos extendí los cielos».

Isaías 45:11–12 NTV

Podría haber cosas acerca de ti mismo que en realidad no te gustan. Es importante que comprendas cuán perfecto y valioso eres. No es tu tarea cuestionar cómo te creó Dios. Él es tu Creador, y sabía lo que hacía cuando te formó.

Él hizo los cielos y la tierra, y toda la gente que vive en ella. Él es quien decide cómo es formada cada persona. Él no comete errores, y no cometió ningún error cuando te creó a ti. Fuiste creado exactamente como Él quería. Dios conoce cada parte de ti, y está orgulloso de cómo te creó. Eres su obra maestra preciosa. No hay ni una sola parte de ti que no sea lo bastante buena. Si hay algo en ti mismo que no te gusta, pide a Dios que te muestre cómo te ve Él.

Dios, gracias por cómo me creaste. No quiero cuestionar la obra que tú has hecho o decir que no es lo bastante buena. Ayúdame a verme a mí mismo del modo en que tú me ves. Muéstrame cuán valioso soy para ti.

SÉ UN SIERVO

«Más bien, el que quiera ser más importante entre ustedes debe hacerse su siervo».

MATEO 20:26 PDT

Podría parecer al revés, pero en el reino de Dios la grandeza se produce al poner a otros primero. La importancia solamente llega al servir a otros. El mundo te dirá que te pongas a ti mismo primero, que tus necesidades son más importantes, y que luches por tus propias metas. Dios dice que, si quieres ser importante, debes servir a los demás.

Hay muchas oportunidades para que puedas servir. En este día, practica el buscar maneras de poder ayudar a otros. Tal vez, en lugar de salir apresuradamente el primero por la puerta podrías ayudar a tu hermano pequeño a ponerse sus botas. Cuando tu mamá esté limpiando la mesa, podrías ofrecerte para ayudar con los platos sucios. Podrías leer un libro a un hermano o sentarte en el almuerzo al lado de alguien que no tiene ningún amigo. Siempre hay maneras de poner las necesidades de otros por delante de las tuyas.

Gracias, Dios, por enseñarme cómo servir a otros. Ayúdame a ver oportunidades de ayudar y de poner a otros primero. Cuando sea tentado a darme importancia a mí mismo, ayúdame a recordar que la importancia viene al ser un siervo.

SUS DESEOS

Deléitate en el SEÑOR
y él te concederá los deseos de tu corazón.
SALMOS 37:4

Podrías leer este versículo y pensar que significa que, si amas a Dios, Él te dará todo lo que quieras. Eso no es cierto del todo. Si te deleitas en el Señor, Él te dará los deseos de tu corazón ¡porque serán los mismos que sus deseos!

Mientras más tiempo pases con Dios, más te volverás semejante a Él. A medida que esto suceda, te encontrarás queriendo las mismas cosas que Él quiere. Cuando lo adoras y aprendes más acerca de Él, entenderás lo que quiere, y querrás lo mismo. Cuando lo sigues, averiguarás las cosas que quieres cambiar. Enfócate hoy en cómo poder encontrar alegría al estar cerca de Dios en lugar de conseguir lo que quieres.

Dios, cambia mi corazón para que quiera lo que tú quieres. Ayúdame a encontrar mi mayor alegría en estar cerca de ti. Transforma el modo en que veo el mundo y ayúdame a ver las cosas del modo en que tú las ves. Quiero que mi corazón se parezca al tuyo.

HERMANOS Y HERMANAS

Sigan amándose unos a otros como hermanos. No se olviden de brindar hospitalidad a los desconocidos.

HEBREOS 13:1–2 NTV

Tal vez tuviste una casa llena de hermanos y hermanas, o quizá eres hijo único en tu casa. Sin importar cómo se ve a tu familia personal, tienes toda una familia de hermanos y hermanas debido a tu amor por Dios.

Dios te recuerda que te ocupes de quienes te rodean como si fueran tus hermanos y hermanas de verdad. El modo en que amas a las personas no debería cambiar dependiendo de la persona. Como cristianos, es nuestra tarea ser amables y recibir todo el mundo pase lo que pase. Observa a los desconocidos y recíbelos igual que Dios te ha recibido a ti. Presta atención a quienes son dejados fuera y trátalos con amabilidad.

Dios, ¡gracias por la gran familia que tú me has dado! Gracias porque tu amor nos junta a todos. Ayúdame a ver a las personas que son dejadas fuera o tratadas como desconocidas. Enséñame a amarlas y recibirlas pase lo que pase.

UNA BUENA CREACIÓN

¡Oh Señor, cuán numerosas son tus obras!
Todas ellas las hiciste con sabiduría.
Rebosa la tierra con todas tus criaturas.
Allí está el mar, ancho y vasto,
que abunda en animales, grandes y pequeños,
cuyo número es imposible conocer.

Salmos 104:24–25

Si te encuentras alguna vez dudando de la bondad de Dios, da un paso atrás y mira a tu alrededor. La tierra está llena de sus riquezas. Todo lo que Él ha creado es bueno y puede recordarte cuán grande es Dios. Siente el sol sobre tu cara, observa cómo la lluvia produce vida, o mira los árboles y las flores. Dios no tenía que crear un lugar hermoso para que vivamos en él, pero lo hizo porque se deleita en cuidar de sus hijos.

Deja que la creación haga que se produzca gratitud en tu corazón. Conoces al Creador del universo, ¡y puedes alabarlo por todo lo que ha hecho! La tierra está llena de buenos regalos que nos dicen cuánto nos ama Dios. Todo lo que Él ha hecho es para que lo disfrutemos. En este día, sal a dar un paseo e intenta imaginar cómo se vería el mundo si Dios no se hubiera interesado lo suficiente para hacerlo hermoso. Conversa con Dios y dale gracias por tus cosas favoritas que hay afuera. Él las hizo para ti.

Dios, gracias por todo lo que tú has hecho. Ayúdame a ver la creación como un regalo bueno y a ser agradecido por ella. Que me recuerde quién eres tú y el modo en que me amas.

EL CRÉDITO PARA DIOS

No queremos decir que nos creemos capaces de hacer algo gracias a nosotros mismos, pues Dios es quien nos da la capacidad para hacer todo lo que hacemos.

2 Corintios 3:5 PDT

¿Alguna vez alguien se apropió el crédito por tu trabajo? Imagina que ayudaste a tu papá a barrer todas las hojas en tu patio, y más adelante tu hermana comienza a gritar a tu mamá que fue ella quien lo hizo. Dice que está muy cansada y que trabajó muy duro para terminar el trabajo. Ella se está apropiando del crédito por algo que no hizo. Su mentira no cuenta la historia completa.

Lo mismo sucede cuando afirmas hacer algo por ti mismo. La verdad es que tu poder y tus capacidades vienen de Dios. Él es el único que merece la alabanza y la gloria. Sin Dios, no puedes hacer nada. Él es quien te protege, te fortalece y te ha dado muchos dones. Tu talento viene de Él. Cuando haces algo bien, es porque Dios te ha dado lo que necesitas para hacerlo. En este día, alaba a Dios por el modo en que ha actuado en tu vida. Dale gracias por todo lo que ha hecho.

Gracias por todo lo que me has dado, Dios. Ayúdame a alabarte a ti en lugar de a mí mismo. No quiero apropiarme el crédito y arrebatártelo a ti. Te adoro por todas las cosas buenas que has hecho en mi vida.

EL DÍA DE DIOS

Este es el día que hizo el Señor;
regocijémonos y alegrémonos en él.
Salmos 118:24

Podrías tener una idea de cómo irá tu día, pero Dios es el único que conoce los detalles exactos. Él ya sabía cómo iría este día antes de que tú nacieras. Él es quien hizo este día. El sol no saldría sin Él, y el mundo no despertaría sin Él. Cada día, Dios hace milagros para mantener el mundo en marcha. Puedes alegrarte en Él, ¡porque te ha dado otro día de vida!

Alábalo por todo lo que está haciendo y dale gracias por el día que te ha dado. Pregúntale cómo puedes honrarlo con tu tiempo en este día. Alégrate por tener veinticuatro horas para adorar a Dios mediante el modo en que vives. Entrégale tus caminos cuando despiertes y busca seguirlo a Él en todo lo que hagas.

Dios, ¡gracias por este día! Te doy gracias por sostenerme y darme lo que necesito para vivir. Gracias por todas las oportunidades que tengo para adorarte. Te entrego hoy mi día; enséñame a honrarte con mis acciones y decisiones.

REGLAS Y MOTIVO

Y ahora, hijos míos, escúchenme:
dichosos los que siguen mis caminos.
PROVERBIOS 8:32 NVI

Hay personas que odian seguir reglas. También hay personas a quienes no les importa en absoluto y están contentas con hacer lo que se les dice. ¿De qué tipo eres tú? Podría haber ocasiones en las que sientes que seguir a Dios que es como obedecer una larga lista de reglas.

Si eso te parece frustrante, es importante que recuerdes que Dios es muy sabio, y no nos pide que hagamos cosas sin ningún motivo. Él siempre hace lo que es mejor para sus hijos, y promete que serás dichoso cuando guardas sus caminos. Él no solo te pide que vivas de cierta manera, sino que también dice que serás recompensado por hacerlo. Él es un padre bueno y amoroso que sabe lo que es mejor para ti. Cuando te sientas frustrado por las reglas, puede ayudar recordar cuán bueno y amoroso es Dios.

Gracias, Dios, por tu dirección. No siempre quiero hacer lo que debería, pero sé que tú sabes lo que es mejor para mí. Gracias por bendecirme cuando sigo tus caminos. Ayúdame a seguirte más de cerca.

SÉ GENEROSO

Comparten con libertad y dan con generosidad a los necesitados; sus buenas acciones serán recordadas para siempre.

SALMOS 112:9 NTV

Puede que no tengas mucho dinero para poder dar, pero siempre tienes algo para compartir. Sin importar cuánto crees que tienes, siempre habrá personas que necesitan más que tú. Cada día hay oportunidades interminables de compartir con alguien que tenga necesidad. Puedes compartir tu almuerzo con un amigo que olvidó el suyo. Puedes compartir tu conocimiento y ayudar a alguien con una tarea escolar. Puedes compartir palabras amables y animar a alguien que esté triste o se sienta solo. Puedes compartir tus juguetes con un hermano o vecino. Puedes compartir un abrazo con alguien que necesite consuelo.

No necesitas dinero para satisfacer las necesidades de otros. Comparte con alegría, y Dios lo recordará siempre. Él ve todo lo que haces, y no olvidará las veces en que llevaste alegría a otros.

Dios, ayúdame a ser generoso y bueno con todo lo que tengo. Muéstrame maneras creativas de compartir con otros. Cuando comparto, ayúdame a estar alegre. Tú eres muy bueno y generoso, y quiero parecerme más a ti.

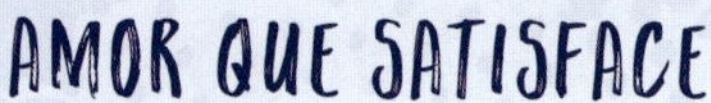

AMOR QUE SATISFACE

El amor es paciente y bondadoso.
El amor no es envidioso.
No es presumido ni orgulloso.
1 Corintios 13:4 PDT

Puede ser realmente fácil compararte con otras personas. Ya sea que tengas un cuarto lleno de los juguetes y aparatos más extraordinarios o solamente tengas uno o dos objetos que atesoras, puede ser fácil pensar que, si tuvieras una cosa más, serías más feliz. Muchas veces nos engañamos a nosotros mismos y pensamos que la alegría viene de las cosas cuando en realidad solamente puede venir de Dios.

Dios nos dice que el amor verdadero, el amor que viene de Dios, no quiere lo que les pertenece a otros. Las cosas te harán sentirte contento por un momento, pero el amor de Dios te dará satisfacción para siempre. Cuando te encuentres deseando cosas de otras personas, pide a Dios que te ayude a recordar su amor por ti y cómo ha provisto para ti.

Gracias, Dios, por cuidar siempre de mí. Cuando sienta celos de la vida de otra persona, recuérdame que tu amor por mí es mayor que cualquier cosa que pudiera querer. Ayúdame a estar contento con lo que tengo.

¿CUÁL ES TU DON?

Tenemos dones diferentes... Si el don de alguien es el de profecía, que lo use en proporción con su fe;
si es el de prestar un servicio, que lo preste;
si es el de enseñar, que enseñe;
si es el de animar a otros, que los anime;
si es el de socorrer a los necesitados, que dé con generosidad;
si es el de dirigir, que dirija con esmero;
si es el de mostrar compasión, que lo haga con alegría.

ROMANOS 12:6–8

Todos somos diferentes. Cada uno de nosotros tiene distintas cosas que se le dan bien y otras cosas que le resulta difícil hacer. Tal vez tú eres artístico, un genio de las matemáticas o un talentoso jugador de fútbol. Quizá te encanta hornear, cuidar de los animales o ayudar a tu papá a arreglar el auto. Puede que te encante ayudar, enseñar o animar a otros.

Hay incontables maneras en las que Dios ha dado dones a sus hijos. Tus dones no deben verse como los de los demás. Usa bien cualquier don que hayas recibido. Practica utilizando tu don y busca mejorar cada vez más. Con una buena actitud, da gracias por las habilidades que has recibido. Si no estás seguro de cuáles son tus dones, pregúntale a Dios. Él es quien te creó, y quien mejor te conoce. A Dios le encanta animar a sus hijos para que sean quienes Él creó.

Dios, gracias por el modo en que me creaste. Gracias por los dones que me has dado. Enséñame a honrarte usando mis dones con alegría.

TU CORAZÓN

El Señor no ve las cosas de la manera en que tú las ves. La gente juzga por las apariencias, pero el Señor mira el corazón.

1 Samuel 16:7 NTV

Es fácil enfocarte en cómo podrían verte otras personas. Todos queremos encajar y ser aceptados por las personas que nos rodean. Eso podría hacerte sentir que algunas veces necesitas tener la ropa o los juguetes correctos. Podrías sentir que siempre tienes que actuar de cierto modo o hablar de cierta manera.

La verdad es que lo de afuera no es tan importante como el interior. Otras personas podrían enfocarse en cómo actúas y cómo luces, pero Dios ve tu corazón. Él ve quién eres verdaderamente y cómo te sientes. Él conoce tus pensamientos y todos tus secretos. La opinión que más importa es la de Él. Cómo te ve Él es más importante que cómo te ven todos los demás. Él comprende cada parte de ti, y su amor por ti nunca termina.

Gracias por ver mi verdadero yo, Dios. Gracias por conocer quién soy y por amarme todo el tiempo. Sé que lo que hay en mi corazón es más importante que lo que se ve por fuera. Ayúdame a valorar tu opinión por encima de la de todos los demás.

RAÍCES AMARGAS

Esfuércense por vivir en paz con todos. Tengan cuidado de que no brote ninguna raíz venenosa de amargura, la cual los trastorne a ustedes y envenene a muchos.

HEBREOS 12:14–15 NTV

¿Alguna vez has intentado arrancar la planta diente de león? Esas plantas tienen raíces largas y anchas que llegan muy profundo en el suelo. Son tercas, y arruinarán tu pasto. Del mismo modo, tú puedes tener una raíz de amargura en tu corazón. Dos cosas que hacen crecer raíces de amargura son la comparación y la falta de perdón.

La comparación es cuando miras la vida de otra persona y te molestas porque esa persona parece tener cosas mejores que tú. La falta de perdón es cuando alguien hace algo para herirte y tú te agarras a eso por más tiempo del que deberías. Esas dos cosas pueden causar que crezca amargura en tu corazón. La amargura puede hacer que estés enojado, molesto, y seas desagradable con quienes te rodean. Es como un veneno en tu corazón. En cambio, trabaja en vivir en paz. Eso significa amar a quienes te rodean y asegurarte de perdonar enseguida. Cuando vives en paz, no hay ningún lugar para la amargura.

Gracias, Dios, por enseñarme cómo vivir. Ayúdame a ser rápido en perdonar para que pueda vivir en paz con quienes me rodean. Ayúdame a no comparar mi vida con la de otros y ser agradecido por todo lo que tengo. No quiero que haya ninguna amargura en mi corazón.

ESPERANDO A UN REY

Porque nos ha nacido un niño,
se nos ha concedido un hijo…
y se le darán estos nombres:
Consejero Admirable, Dios Fuerte,
Padre Eterno, Príncipe de Paz.

Isaías 9:6

El pueblo de Dios esperó a Jesús durante cientos y cientos de años. Los profetas les dijeron que llegaría un rey que los liberaría. ¿Puedes imaginar esperar tal cosa? Imagina la esperanza y la anticipación que sentirías. Se dijo que sería llamado «Consejero Admirable, Dios Fuerte, Padre Eterno, Príncipe de Paz».

¡Jesús es todas esas cosas! Todo lo que se dijo acerca de Él es verdad. Él es el mayor regalo que recibirás nunca. Él es tu Consejero Admirable. Siempre te enseñará con amor. Él es tu Dios Fuerte. Siempre gobernará con justicia. Él es tu Padre Eterno. Su amor por sus hijos nunca terminará. Él es tu Príncipe de Paz. Todo lo que hace es bueno y amable. En este día, piensa en cómo tuvo que haber sido esperar a Jesús.

Jesús, gracias por venir a la tierra como un bebé. Gracias por abrir un camino para mi salvación. Mientras espero la Navidad, ayúdame a ver cómo podría haber sido esperar tu llegada.

EL NIÑO REY

Cuando vieron la estrella, ¡se llenaron de alegría! Entraron en la casa y vieron al niño con su madre, María, y se inclinaron y lo adoraron. Luego abrieron sus cofres de tesoro y le dieron regalos de oro, incienso y mirra.

Mateo 2:10–11

Los sabios estaban buscando a un rey. Cuando los sabios siguieron la estrella encontraron a un bebé, un precioso niño que crecería y sería su Rey. No dieron media vuelta y regresaron a su casa pensando que habían buscado en el lugar equivocado. Le dieron sus regalos y lo adoraron. Ellos sabían que Dios tenía un plan, y que algún día ese pequeño niño sería su Salvador.

Los planes de Dios no siempre se ven como los nuestros, y no siempre tienen sentido para nosotros. Muchas personas probablemente estaban confusas por el niño cuando esperaban a un poderoso guerrero. Algunas veces, confiar en Dios significa confiar en sus planes incluso cuando no los entendemos. Solamente porque algo no tenga todo el sentido para ti no significa que no venga de Dios. En este día, pon tu confianza en los planes de Dios.

Gracias, Dios, por tu plan de salvación perfecto. Gracias por enviar a Jesús como un niño para darnos un camino para ser salvos. Ayúdame a confiar en tus planes incluso cuando no tengan sentido para mí.

ABUNDANTE GRACIA

Alabamos a Dios por la abundante gracia que derramó sobre nosotros, los que pertenecemos a su Hijo amado.

EFESIOS 1:6 NTV

Dios ha derramado gracia sobre ti. Él te ha dado la capacidad de hacer cosas que no podrías hacer por ti mismo. Él te ha dado la gracia para perdonar a otros, y te ha dado la gracia para acudir a Jesús en busca de perdón. La gracia de Dios es lo que nos salva.

Sin la gracia de Dios, estaríamos perdidos. Eso se debe a que nunca podemos ganarnos por nosotros mismos la salvación. Tiene que ser un regalo de Dios mediante su gracia. Él no tenía que salvarnos, pero lo hizo porque nos ama mucho y no porque lo merecemos. En este día, alaba a Dios por las cosas que ha hecho y también por todo lo que tú no mereces.

Gracias, Dios, por ser tan misericordioso. Ayúdame a ver tu gracia y todo lo que has hecho por mí. Sé que no puedo ganarme la salvación y que, debido a tu gracia, puedo estar cerca de ti.

LA GRACIA DE DAR

Así como sobresalen en todo —en fe, en palabras, en conocimiento, en dedicación y en su amor hacia nosotros—, procuren también sobresalir en esta gracia de dar.

2 Corintios 8:7

Siempre habrá algo que puedas dar. No tienes que tener mucho dinero para ser generoso. Puedes ser generoso con palabras amables y ánimo. Puedes dar libremente de tu tiempo y tu energía para ayudar a personas cuando lo necesiten. Dios te ha dado muchos buenos regalos, y puedes compartirlos todos. Puedes compartir tus talentos y las cosas que se te dan bien.

La generosidad es más un asunto de tu corazón que de cuánto tienes para dar. Un corazón generoso no retiene nada. Da con confianza todo lo que tiene sin importar cuán pequeño sea. Dios ve toda tu generosidad, ve las cosas pequeñas y las cosas grandes. Todo ello cuenta ante sus ojos. En este día, busca oportunidades para dar a otros.

Dios, enséñame a tener un corazón generoso. Enséñame a amar a otros sirviéndoles y dando con alegría de lo que tengo. Muéstrame oportunidades de ser generoso con lo que tengo, sin importar cuán pequeño sea.

UN DIOS CELOSO

El Señor, cuyo nombre es Celoso, es Dios celoso de su relación contigo.

Éxodo 34:14 NTV

Dios tiene celo de estar contigo. Esto significa que quiere estar cerca de ti. ¡El Creador de todo el universo quiere estar contigo! ¿No es eso extraordinario? De todas sus creaciones maravillosas, tú eres su favorito. Él nunca dejará de amarte. Su amor por ti durará para siempre.

Pase lo que pase, nada puede separarte de su amor. Él siempre peleará por tener una relación contigo incluso si tu fe se debilita. Incluso si dudas, Dios seguirá amándote. Incluso cuando estés desalentado, Dios quiere tener una relación contigo. No hay nada que pudieras hacer para que Dios te ame menos. Él siempre quiere estar cerca de ti. Él siempre será un padre amoroso, un rey justo, y un amigo compasivo.

Gracias por buscarme siempre, Dios. Gracias por amarme y por ser un padre tan bueno. Enséñame acerca de que tú eres un Dios celoso. Enséñame sobre cómo amas a tus hijos.

UN REGALO INMERECIDO

Dios los salvó por su gracia cuando creyeron.
Ustedes no tienen ningún mérito en eso;
es un regalo de Dios.
La salvación no es un premio por las cosas buenas
que hayamos hecho, así que ninguno
de nosotros puede jactarse de ser salvo.

EFESIOS 2:8–9 NTV

Es normal sentirnos bien cuando hacemos lo correcto y estar tristes cuando cometemos errores. Pero, ¿sabías que a pesar de cuántas cosas correctas hagas, nunca serás lo bastante bueno para ganarte la salvación? Del mismo modo, a pesar de cuántos errores cometas, nunca podrán arrebatarte el amor de Dios.

No hay absolutamente nada que puedas hacer para ganarte el amor de Dios, su afecto, misericordia y gracia. Él te da esas cosas como regalos, y no porque las merezcas sino porque te ama mucho. El amor de Dios se entrega gratuitamente a todos, para que nadie pueda decir que es mejor que otro. En este día, recuerda que es un regalo ser salvo mediante la fe y no mediante lo que haces.

Gracias, Dios, porque mi fe no se basa en lo que yo hago. Incluso en mi mejor día no puedo ganarme tu amor. Incluso en mi peor día no estoy separado de tu amor. Enséñame a ver la salvación como un regalo y no como algo que tengo que ganarme.

NO COMO EL MUNDO

*No vivan según el modelo de este mundo.
Mejor dejen que Dios transforme su vida con una
nueva manera de pensar. Así podrán entender
y aceptar lo que Dios quiere
y también lo que es bueno,
perfecto y agradable a él.*

ROMANOS 12:2 PDT

Mientras esperas a que Jesús regrese, vives en el mundo; sin embargo, Dios no quiere que seas como el mundo. Quiere que vivas de una manera que lo honre a Él. Quiere darte un modo de pensar que es diferente. En lugar de enfocarte en ti mismo o en tus problemas, quiere que te enfoques en Él.

Él sabe que eso puede ser difícil de hacer. Sabe cuán tentador es permitir que tu mente divague hacia todas las cosas que te inquietan. Cuando te enfocas en tus preocupaciones, dejas de enfocarte en quién es Dios. Es entonces cuando comienzas a preocuparte. En lugar de eso, permite que Dios te ayude a cambiar tu manera de pensar. Deja que Él tenga el control de tus preocupaciones. Él es lo bastante grande para manejarlas y que tú no tengas que hacerlo.

Dios, quiero vivir de un modo que te honre a ti. Cuando todos a mi alrededor están preocupados, quiero enfocarme en cuán grande eres tú. Cuando el mundo me dice que este ansioso, quiero que mis pensamientos estén fijos en ti. Enséñame a pensar de un modo que te dé honra a ti.

DESCANSO EN DIOS

Sólo en Dios hallo descanso.

SALMOS 62:1 PDT

¿Qué haces cuando estás triste, cansado o molesto? ¿Duermes una siesta? ¿Encuentras a alguien a quien dar un abrazo? ¿Te distraes o te frustras porque no puedes arreglar la situación tú mismo? Ninguna de esas cosas te dará descanso verdadero. El descanso verdadero solo puede venir de Dios. Él es quien renueva tu corazón y puede darte perfecta paz. Él puede darte vida y esperanza.

Cuando necesites un respiro, acude a Dios. Deja que su amor te reviva y te dé vida nueva. A Él le gusta restaurar cosas, hacerlas nuevas y hermosas. Le encanta arreglar lo que está quebrado. Cuando estés cansado o desalentado, Dios te restaurará. En este día, piensa en un área en tu vida que necesite renovación. En lugar de frustrarte porque tú mismo no puedes arreglarlo, pide a Dios que te dé vida nueva.

Gracias por ser un Dios de renovación. Sé que mi descanso verdadero debe venir de ti. Ayúdame a acudir a ti cuando estoy cansado en lugar de acudir a otras cosas. Enséñame a confiar en ti para recibir vida nueva.

TODO

Ustedes conocen la gracia generosa de nuestro Señor Jesucristo. Aunque era rico, por amor a ustedes se hizo pobre para que mediante su pobreza pudiera hacerlos ricos.

2 Corintios 8:9 NTV

¿Alguna vez te resultó difícil renunciar a algo por otra persona? Tal vez fue que quedaba solamente una galleta y se la diste a tu hermano. Quizá dejaste que tu hermana se sentara en tu silla favorita durante la noche de cine familiar. Es difícil renunciar a algo por otra persona.

Jesús renunció a todo para que tú pudieras tener salvación. Él estaba sentado con Dios en los cielos, y vino a esta tierra por ti. Era rico, pero se hizo pobre para que en cambio tú pudieras ser rico. Pasó de ser poderoso a ser un bebé indefenso. Él te ama tanto, que renunció a su lugar por ti. Piensa hoy acerca de que Jesús renunció a todo por ti. Él es digno de tu alabanza y gratitud.

Jesús, gracias por haber renunciado a todo por mí. Gracias por renunciar a tu poder y ser un bebé aquí en la tierra. Gracias por amarme tanto que dejaste el cielo para sacrificarte por mí.

SU PALABRA PERMANECE

La hierba se seca y la flor se marchita,
pero la palabra de nuestro Dios
permanece para siempre.
ISAÍAS 40:8

Nada en la tierra puede permanecer para siempre. Las estaciones nos muestran cada año que todo tiene un principio y un fin. Sin embargo, la Palabra de Dios es diferente. Nunca se desvanecerá, nunca morirá y nunca terminará. Verdaderamente permanecerá para siempre.

Las mismas promesas que Dios hizo cuando se escribió la Biblia son verdad hoy, y serán verdad por toda la eternidad. El tiempo no tiene ningún impacto en lo que Dios dice que es verdad. Cuando lees la Biblia, estás poniendo verdad en tu corazón que nunca podrán arrebatarte. Su Palabra es fuerte, buena, y permanecerá para siempre, más allá de cualquier cantidad de tiempo que puedas imaginar. En este día, cuando leas la Biblia recuerda que es verdad que siempre es confiable y fuerte.

¡Gracias, Dios, por tu Palabra! Gracias porque las promesas que tú haces permanecen para siempre, nunca se desvanecen y siempre son confiables. Ayúdame a depender de tu Palabra porque es fuerte y buena.

EN UN ESTABLO

Hoy ha nacido en la Ciudad de David un Salvador, que es Cristo el Señor.

LUCAS 3:11

Cuando tú naciste, tu mamá probablemente estaba en un lugar seguro y cálido rodeada de ayuda. Intenta imaginar a María, joven y quizá sola, en un establo en medio de la noche. Dios te ama tanto, que permitió que su precioso Hijo naciera en un humilde establo rodeado de animales.

En humildad, Jesús nació como todas las demás personas. Dejó su lugar glorioso al lado de su Padre para venir a la tierra como un ser humano. ¡Eso es lo mucho que te ama! Imagina estar en el lugar más perfecto posible. El clima es perfecto, estás cómodo y contento, y tienes todo lo que necesitas. Incluso la mejor situación que puedas imaginar no es tan estupenda como estar con Dios; sin embargo, Jesús dejó ese lugar para mostrarte cuánto te ama.

Jesús, gracias por venir a tierra como un bebé. Ayúdame a recordar tu amor por mí y cuánto te sacrificaste para mostrarme ese amor. Gracias, Jesús, por dejar el cielo para que yo tuviera un modo de estar con Dios.

PALABRAS AMIGABLES

El que ama la sinceridad del corazón
y tiene gracia al hablar
tendrá por amigo al rey.

PROVERBIOS 22:11

Hablar con gracia significa usar palabras amables y decir lo que es verdad con amabilidad y respeto. Cuando hablas de ese modo, harás que otras personas se sientan amadas y cuidadas. Tus palabras son importantes. Puedes dar vida con tus palabras o puedes derribar a otros. Siempre es una mejor decisión dar vida.

Cuando hables con gracia, tendrás relaciones exitosas. Cuando la Biblia dice que tendrás por amigo al rey, significa que encontrarás favor y éxito debido a tu modo de hablar. Las palabras que dices son importantes, y tú eres el único que puede controlar tu lengua. Piensa hoy con atención en cómo hablas. Pide a Dios que te enseñe a hablar con gracia y de un modo que haga que otros se sientan respetados y amados.

Dios, sé que mis palabras pueden dar vida. Enséñame a hablar con amabilidad y de un modo que haga que otros se sientan queridos y respetados. Perdóname por las veces en las que he derribado a otros con mis palabras.

VALORA A LOS DEMÁS

Con humildad consideren a los demás como superiores a ustedes mismos. Cada uno debe velar no solo por sus propios intereses, sino también por los intereses de los demás.

FILIPENSES 2:3–4

Cuidar de otros es como un músculo que tiene que ser entrenado y fortalecido. Es una habilidad que hay que practicar y que algunas veces podría parecer difícil. Igual que podrías trabajar en una habilidad en particular como un regate en básquet o resolver un problema de deletreo, valorar a otros es algo en lo que debemos trabajar cada día. Cuando pienses en los intereses y los sentimientos de otras personas, comenzará a parecerte algo más natural.

En este día, intenta poner las necesidades de otro por delante de las tuyas. Eso podría significar compartir lo que queda de tus cereales favoritos o conversar con alguien en tu salón de clase que no tiene muchos amigos. Los actos de bondad pueden ser pequeños, pero siempre marcarán una gran diferencia.

Dios, quiero que mis acciones muestren que amo a las personas. Muéstrame hoy una oportunidad para ser amable y poner las necesidades de otro por encima de las mías. Enséñame a pensar en los intereses de otros y pensar menos en mí mismo.

ENCUENTRA DESCANSO EN DIOS

«Vengan a mí todos los que están cansados y llevan cargas pesadas, y yo les daré descanso. Pónganse mi yugo. Déjenme enseñarles, porque yo soy humilde y tierno de corazón, y encontrarán descanso para el alma. Pues mi yugo es fácil de llevar y la carga que les doy es liviana».

MATEO 11:28–30 NTV

Algunos días te dejan agotado. Tal vez tuviste un partido importante o un entrenamiento del deporte que juegas. Quizá jugaste al aire libre todo el día y al llegar la cena estás agotado. En esos días, podrías irte temprano a la cama o relajarte durante la tarde para que tu cuerpo se recupere.

Igual que te ocupas de tu cuerpo cuando estás cansado, recuerda ocuparte también de tu corazón. Puedes acudir a Dios cuando tu corazón esté cansado. Cuando hayas tenido un día difícil, Él es quien te restaurará. ¿Sabes lo que es una carga? Es algo pesado que vas cargando. Dios dice que quiere ser quien lleve tus cargas. No permitas que tu corazón se angustie. Deja que Dios cargue con lo que es pesado.

Gracias, Dios, porque igual que puedo descansar cuando mi cuerpo está cansado, tú puedes darme descanso cuando mi corazón está cansado. Enséñame a depender de ti cuando esté cargando con cosas pesadas. Pase lo que pase, tú eres bueno y amable cuando yo estoy cansado.

LO QUE DURA PARA SIEMPRE

*«Almacena tus tesoros en el cielo,
donde las polillas y el óxido no pueden destruir,
y los ladrones no entran a robar».*

MATEO 6:20–21 NTV

¿Se rompió alguna vez uno de tus juguetes favoritos? Tal vez se cayó por accidente del estante, o quizá tu perro lo mordió. Cuando tus posesiones quedan arruinadas, eso puede servir como un recordatorio de que Dios tiene tesoros más grandes que nos esperan en el cielo. Esos tesoros nunca pueden ser arruinados o rotos por accidente.

Amar a Dios, seguir sus mandamientos y servir a otros son cosas que tienen un valor eterno que nunca puede disminuir. Cuando valoras esas cosas por encima de las cosas que tienes en la tierra, como tus juguetes o tus juegos, te encontrarás menos decepcionado cuando se arruinen. Está bien cuidar de esas cosas, pero es importante recordar lo que durará para siempre y lo que no durará.

Dios, ayúdame a entender cuáles son mis tesoros en el cielo. Dame una imagen de cómo sería acumular cosas en el cielo en lugar de hacerlo aquí en la tierra. Enséñame a amar lo que tú amas más que a mis propias cosas.

ROCA ETERNA

Confíen en el SEÑOR para siempre,
porque el SEÑOR, el SEÑOR mismo,
es la Roca eterna.

ISAÍAS 26:4

Dios es firme. Él es tu roca. Se puede confiar en Él, y Él nunca cambiará. Puedes confiar en Él cuando las cosas vayan bien y cuando sean difíciles. Tu confianza en Dios debería ser invariable, tal como Él es.

Confiar en Dios no es algo que haces solamente cuando tienes ganas. Si practicas poner tu fe en Él en las cosas pequeñas, cuando enfrentes un reto más grande será más fácil confiar también en Él en eso. Cada día tienes oportunidades de confiar en Dios. Pedirle lo que necesitas es un modo de confiar en Él. Entregarle tus preocupaciones y temores es otro modo de hacerlo. En este día, mantén tus ojos abiertos para ver maneras en las que puedes crecer en tu confianza en Dios.

Gracias por ser firme e invariable, Dios. Sé que tú eres mi roca eterna y que puedo poner mi confianza en ti. Ayúdame a ver oportunidades cada día para confiar más en ti.

TOMA TIEMPO

Los planes bien pensados y el arduo trabajo
llevan a la prosperidad,
pero los atajos tomados a la carrera
conducen a la pobreza.
PROVERBIOS 21:5 NTV

La mayoría de las cosas que vale la pena hacer toman tiempo y consistencia. Consistencia significa que haces lo mismo una y otra vez sin cansarte de hacerlo. Un buen ejemplo de consistencia es ir a la escuela. Tu maestra trabaja contigo un poco cada día, y al final del año sabes mucho más que al inicio. Tu maestra no espera que lo comprendas todo a la vez.

Esto también es cierto sobre muchas cosas en la vida. Un poco de trabajo cada día conduce a menudo a tener mucho éxito. Cuando intentas hacer algo a la misma vez, probablemente tendrás menos éxito. Esto es cierto acerca de tu relación con Dios, tus tareas escolares, tus relaciones con otras personas, y habilidades que estás intentando desarrollar. Un poco de trabajo cada día es mejor que tomar un atajo.

Dios, ayúdame a ser una persona consistente. Sé que puedes ayudarme con el trabajo que tengo que hacer cada día. Enséñame a apoyarme en ti y desarrollar las habilidades de planear bien y trabajar duro, especialmente al entrar en el nuevo año.

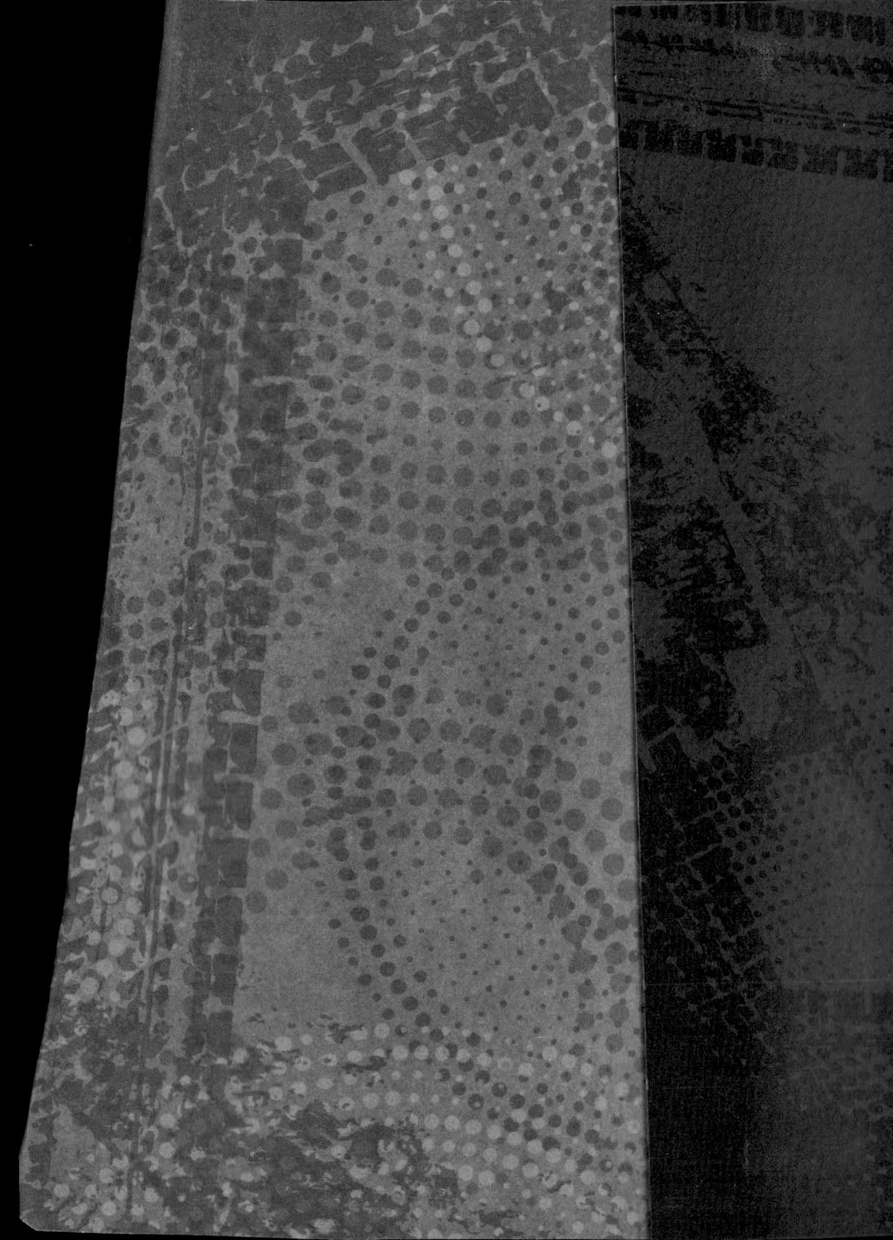